전능자의 손길

세움북스는 기독교 가치관으로 교회와 성도를 건강하게 세우는 바른 책을 만들어 갑니다.

간증의
재발견
5

전능자의 손길

고난 중에 경험한 흙수저의 행복 이야기

초판 1쇄 인쇄 2024년 8월 15일
초판 1쇄 발행 2024년 8월 20일

지은이 | 권 율
펴낸이 | 강인구

펴낸곳 | 세움북스
등 록 | 제2014-000144호
주 소 | 서울시 종로구 대학로 19 한국기독교회관 1010호
전 화 | 02-3144-3500
이메일 | cdgn@daum.net

교 정 | 김민철
그 림 | 심효섭
디자인 | 참디자인

ISBN 979-11-93996-12-6 (03230)

간증의
재발견
5

전능자의
손길

권율 지음

세움북스

서문

 제게는 평소에 글을 쓰는 습관이 있습니다. 일상의 에피소드를 포착해서 거기에 의미를 부여하고, 하나님이 주신 은혜를 일상 언어로 자주 표현합니다. 아울러 신학과 교리를 글 속에 녹여 내기도 합니다. 기록을 하다 보면 어느새 글이 기도가 되고 마음의 치유를 잔잔히 경험합니다.

 일상을 기록으로 남기는 것은 자신의 역사를 정리하는 과정입니다. 과거를 온전히 보존하는 것이기도 합니다. 기록해 두지 않으면 기억에서도 점점 사라지고 기억해 내더라도 왜곡되기 십상입니다. 물론 요즘에는 영상이나 사진으로 자기 일상을 남기지만, 글이 주는 감동과 매력은 그런 디지털 기록물과는 전혀 다른 차원입니다. 과거에 남긴 글에는 당시 상황을 해석하는 자신의 정서가 담겨 있기 때문입니다.

 저는 또래에 비해 힘겨운 성장 과정을 보냈습니다. 아직 40대 중반이지만 절반 이상의 인생 여정을 고난 가운데 허덕였습니다. 그래서인지 기록으로 남길 에피소드가 더 많은지도 모르겠습니다. 책에 나오는 모든 기록은 책을 내기 위해 쓴 글이 아니라, 원래 써 놓은 신앙 일기를 시간 순서대로 매끄럽게 다듬은 것입니다. 물론 모든 일기를 다 모은 건 아니고 일부를 선별해서 하나의 흐름으로 배열한 것입니다.

 제가 태어나기 전의 집안 분위기와 가정불화 가운데 오고 간 부모님의 대화들은 특히 모친이 생존해 계실 때 들었던 증언을 최대한 복원한 것입니다. 모친은 저희 집안에서 말할 수 없는 고통을 겪다가 가출하셨는데, 세월이 지나 아들을 만나서 그동안 맺혔던 당신의 한을 쏟아 내셨습니다. 그때 저는 어머니를 위해서라도 기록으로 남겨야겠다는 마음을 먹었습니다.

책에서 발견할 수 있듯이, 모든 글의 제목에는 날짜와 장소가 언급되어 있습니다. 주로 20대 전까지는 대략적인 연도와 계절이, 그 후부터는 좀 더 구체적으로 언급됩니다. 이 시기에는 에피소드 당일에 글을 남긴 것이 아니고 일정 기간이 지나 한꺼번에 내용을 정리해서 그렇습니다. 나중에 사역자의 길을 걸을 때부터는 여느 일기처럼 정확한 연월일이 표기되어 있습니다. 말 그대로 이 시기의 글들은 에피소드 당일에 써 놓은 실제 '일기'입니다. 그래서 뒤로 갈수록 글이 보다 생동감 있고 간결해지는 걸 발견할 수 있을 것입니다.

제가 이렇게까지 사실적으로 기록하는 이유가 있습니다. 무엇보다 저의 일상을 있는 그대로 남기기 위함이고, 또 에피소드에 담긴 하나님의 은혜를 말할 때 침소봉대(針小棒大)하지 않도록 방지하기 위함입니다.

보통 자신의 신앙 여정을 간증집으로 낼 때는 지금 시점에서 과거를 회상하며 글을 쓰곤 합니다. 몇 주 또는 몇 달 전의 에피소드는 거의 왜곡되지 않고 쓸 수 있겠지만, 몇 년 또는 몇십 년 전의 일들은 다시 쓰는 과정에서 거의 필연적으로 왜곡이 일어납니다. 기억 자체도 왜곡될 수 있지만, 그때 경험했던 하나님의 은혜를 지금 시점의 정서로 과도하게 표현할 가능성이 있습니다. 저는 이런 부분들을 좀 경계하는 편입니다. 하나님의 은혜와 그분의 일하심은 철저하게 사실에 근거해서 있는 그대로 기록해야 한다는 신념을 가지고 있습니다.

『전능자의 손길』은 한 개인의 주관적인 느낌보다는 실제 사실을 바탕으로 하나님의 일하심을 기록한 책입니다. 인생을 빚으시는 그분의 열정을 저의 언어로 독자들에게 소개하고 있습니다. 십자가의 복음이 한 인생을 사로잡을 때 실제로 어떤 일이 일어나는지 소상하게 알려 주는 책입니다. 이 책을 통해 부디 한 영혼이라도 하나님의 살아 계심을 맛보고, 복음의 능력을 자신의 인생 가운데 회복할 수 있기를 소망합니다.

마지막으로, 『전능자의 손길』에 등장하는 모든 분들에게 감사의 마음을 전하고 싶습니다. 이미 소천하신 분들도 있지만, 대부분은 아직 생존해 계시면서 저의 신앙에 지금까지 직·간접적으로 영향을 주고 계십니다. 이분들이 아니었으면 지금의 저는 존재할 수 없습니다.

그리고 저의 원고를 읽고 추천사를 써 주신 김민철 목사님, 김영한 목사님, 신재철 목사님, 이승도 장로님, 제행신 사모님, 황지영 교수님께 진심으로 감사드립니다. 또한 이 책을 기꺼이 출간해 주신 세움북스 강인구 대표님께도 심심한 감사를 전합니다.

누구보다 저와 함께 하나님 나라를 꿈꾸며 평생을 함께하는 사랑하는 아내 손미애와 세 아들에게 이 책을 헌정합니다. 모든 영광을 삼위 하나님께 돌려 드립니다.

2024년 7월
저자 권율

추천의 글

   그동안 많은 사람들을 만났습니다. 저는 사람들을 만나면 그분들과 대화하며 그분들 속에서 하나님께서 어떻게 일하시는지를 듣고 봅니다. 어떤 사람들에게는 인생에서 큰 어려움이 없이 살아가게 하시고, 어떤 사람들에게는 상상하기 힘들 정도로 힘든 인생을 살아가게도 하십니다. 그 과정에서 하나님은 정말로 다양한 방식으로 당신의 백성들을 빚고 다듬어 가십니다.

   저는 오래전 권율 목사님을 알게 되었고, 목사님이 어떻게 사역하시는지를 듣고 보았습니다. 목사님은 참 신실하게 하나님께서 목사님께 맡기신 사역을 감당하고 계십니다. 그래서 목사님께 추천사 부탁을 받았을 때 참 감사했습니다. 그런데 신기하게도 이 책의 편집까지 맡게 되면서 목사님의 어린 시절부터 현재까지의 이야기를 더욱 내밀하게 볼 수 있었습니다. 소년 권율의 아픔을 보면서 함께 울기도 했고, 복음에 대한 열정으로 전도하기 위해 애썼던 청년 권율을 보며 가슴이 뜨거워지기도 했으며, 사역의 길이 막혔을 때 함께 안타까워했고, 막혔던 사역의 길이 열릴 때 함께 기뻐하기도 했습니다. 그동안 보고 들었던 내용들을 작업하면서 새로 만나니 색달랐습니다.

   그런데 이 책의 마지막을 덮으며 저는 하나님의 일하심을 볼 수 있었습니다. 권율이라는 한 사람의 이야기이지만, 결국은 권율을 통해 역사하시는 하나님의 이야기임을 확인할 수 있었습니다. 하나님께서 당신의 나라를 이 땅에 드러내시기 위해, 그리고 권율이라는 한 사람을 통해 찬양 받으시기 위해 일하고 계심을, 그뿐만 아니라 그 일하심을 통해 당신의 백성들을 사랑하시는 하나님의 사랑을 느낄 수 있었습니다. 많은 분들이 이 책을 읽으며 우리 인생에 개입하셔서 우리를 다듬어 가시는 하나님의 사랑을 만날 수 있기를 바랍니다. 우리를 포기하지 않으시고 우리와 늘 함께하셔서 당신의 일을 행하시는 하나님을 만날 수 있기를 바랍니다.

▋ 김민철 _ 이천 한솔감리교회 담임목사, 『성도는 우리 가족뿐입니다』 저자

저자의 책을 읽으며 '사도행전 29장'을 보는 듯했습니다. 사도행전은 28장에서 끝나지만, 저자를 통해 여전히 성령님이 역사하시는 생생한 현장을 목도할 수 있었습니다. 예수님이 말세에 믿음을 보겠느냐고 하셨는데, 여전히 믿음의 사람을 통해 순전한 믿음을 볼 수 있어 참으로 감사했습니다.

저자는 불우한 가정에서 태어났습니다. 그럼에도 불구하고 수많은 영혼들을 품으며 오히려 선교적 삶을 사는 것이 정말 놀랍습니다. 저자의 삶 속에 역사하시는 주님의 능력을 본다면, 다음 세대의 자녀들뿐만 아니라 오늘날 신앙생활을 하는 성도들 역시 도전과 위로를 동시에 받을 듯합니다.

모두가 알 듯이 간증은 대부분 화려합니다. 요즘 신사도 이단들이나 교만한 목회자들은 귀신을 내쫓으며 자신을 뭔가 대단한 존재로 보이게 만듭니다. 그러나 저자의 『전능자의 손길』은 하나님의 사람으로서 보여 주는 겸손한 행적을 통해 우리에게 진정 하나님을 바라보게 만듭니다.

오늘날에도 여전히 살아 역사하시는 하나님을 보고 싶은 분에게, 또 그런 주님의 손에 붙잡혀 살아가는 믿음과 삶의 여정을 보고 싶은 분에게 기쁨으로 이 책을 추천합니다. 또한 우리 자녀들과 성도들 중에도 순수하면서 열정적인 신앙을 보고 싶은 분이 있다면 반드시 이 책을 열어 보시기 바랍

니다. 결코 후회하시지 않을 것입니다.

┃ 김영한 _ 품는교회 담임목사, Next 세대 Ministry 대표

성경은 하나님의 이야기입니다. 그런데 그 하나님의 이야기는 하늘에서 갑자기 떨어지거나 땅에서 갑자기 솟아나 우리에게 나타나지 않습니다. 하나님의 사람, 그 인생 속에 짙게 배어 드러납니다. 때로는 실패한 듯 보이고 때로는 답 없는 인생으로 보이지만, 여전히 하나님의 이야기는 인생을 통해 멈추지 않고 기록되었습니다. 우리는 그 이야기를 은혜와 사랑이라고 부릅니다.

한 소년이 있습니다. 어려운 어린 시절을 보내며 극적으로 하나님을 만나게 됩니다. 그 하나님이 너무 좋아 부르심을 따라 길을 걸었습니다. 작았던 아이는 이제 한 가정의 남편으로, 아버지로 살아갑니다. 누군가에게 하나님의 이야기를 전하며 살아가는 목사가 되었습니다. 이제부터 한 사람에게 짙게 배인 하나님 이야기를 읽게 됩니다. 저자 권율 목사님의 삶에 깊은 흔적으로 남아 있는 하나님의 사랑을 함께 읽어 가면서 그 하나님이 우리의 하나님이심을 고백하며 감사하는 시간이 될 것을 확신합니다.

사랑하는 친구, 권율 목사님의 하나님을 온 맘 다해 사랑합니다. 그의 인생 이야기가 담긴 『전능자의 손길』을 기쁜 마음으로 추천합니다.

┃ 신재철 _ 좋은나무교회 담임목사, 『만화방 교회 이야기』 저자

우리 병원의 원목이신 권율 목사님이 『전능자의 손길』을 출간했습니다. 추천사를 부탁받고 원고를 단숨에 읽었는데, 마치 한 편의 '경건 드라마'를 보는 듯했습니다. 목사님의 출생, 초중고 시절, 대학 생활, 연애와 결혼, 신

학대학원 시절, 사역자로서의 삶 등으로 구분되어 중요한 일들이 기록되어 있었습니다. 은혜의 순간들이 자서전 또는 간증처럼 정리되어 있었습니다.

한 인생은 이 땅에 태어나 주어진 삶을 살아가는데, 나름대로 독특한 삶이 빚어집니다. 좋은 일과 나쁜 일, 기쁜 일과 슬픈 일, 순탄한 길과 역경의 길, 안전한 삶과 위험한 삶, 성공과 실패 등 다양한 삶을 경험합니다. 이 책은 하나님이 한 인생을 당신의 목적에 맞게 어떻게 다듬어 가시는지를 보여 줍니다. 오직 하나님만 바라보며 성경 말씀대로 순종하고 반응할 때 어떤 결과가 나타나는지 담담하게 이야기합니다. 그 이야기는 같은 신앙의 여정을 걸어가야 하는 하나님의 사람들에게 많은 감동과 교훈과 용기와 격려를 줄 것입니다.

저자의 모습처럼 우직하게 이것저것 계산하지 않고 순전한 열심과 인내를 가지고 하나님이 이끄시는 광야 길을 우리도 걸어가야 합니다. 그리하면 우리도 함께 하나님의 손에 붙들려 저자처럼 쓰임 받게 될 것입니다. 구순을 바라보는 인생 선배로서 『전능자의 손길』을 기쁜 마음으로 추천합니다. 저처럼 다른 책을 덮어놓고 단숨에 읽게 될 것입니다. 꼭 일독을 하시고 용기 있게 인생의 광야 길을 통과하시는 데 도움을 얻기 바랍니다.

▌**이승도** _ 장로, 부산의료선교회 세계로병원 이사장

우리 인생이 하나님의 손안에 있다는 사실은 우리를 안심하게 합니다. 내가 어디를 가든 무엇을 하든 하나님의 보호 아래 전능하신 그분의 뜻 가운데 있으니 얼마나 든든한지요? 하지만 그분의 손길이 불편하고 힘들게 느껴질 때도 있습니다. 하나님의 사랑이 너무 커서 그런지는 모르겠지만, 때로는 이해할 수 없는 가혹하고 고된 훈련으로 우리를 내몰기도 하십니다.

권율 목사님의 『전능자의 손길』을 읽으면서 '왜 하나님은 사랑하는 자녀

들에게 이런 시련을 주실까, 적어도 어린 시절만큼은 보호해 주셔야 하는 게 아닐까' 싶어 안타까웠습니다. 아버지의 폭력, 어머니의 가출로 어린 율이가 얼마나 충격을 받았을까 생각하며 마음이 아팠습니다. 하지만 하나님께서는 우리를 절망 속에 내버려 두지 않으시고 여리고 작은 아이의 마음에 찾아오시는 기적을 또한 보게 됩니다. 우리 인생에서 겪게 되는 고난을 절망이 아닌 희망으로 바꾸시는 하나님을 고백하며 찬양합니다. 다른 무엇보다 목사님 안에 있는 예수 그리스도의 생명을 증거하려는 열정과 순수한 믿음이 감동으로 다가옵니다.

목사님은 성령의 일하심에 민감하면서도 날카로운 지성과 단단한 신학을 겸비하신 분입니다. 사역자로서 말씀을 암송하고 연구하는 열정과 복음을 증거하고 영혼을 살리는 일에 전심을 다하는 모습에 믿는 자로서 도전을 받습니다. 나의 삶의 목적과 가치가 무엇이며, 정말 나는 예수님을 증거하고 살고 있는지 다시 한번 묻게 됩니다.『전능자의 손길』에 담긴 이야기를 통해 많은 이들이 같은 도전과 감동을 받길 바랍니다. 우리가 하나님의 손안에 있음이 얼마나 복된 일인지요!

▌**제행신** _ 사모, 『지하실에서 온 편지』 저자

제가 섬겼던 신학대학원에서는 권율 목사님이야말로 유학도 가고 교수도 되어야 할 분이라고 다들 생각했습니다. 그런데 참 이상하게도 존경받고 우대받는 자리를 피해서 어렵고 힘든 곳으로만 찾아다니니 정말 하나님께서 특별히 뽑아내신 분인 듯합니다.

이번에 권율 목사님이 복음이 필요한 분들을 위해 책을 펴내게 됨을 진심으로 기뻐하면서 감사드립니다.『전능자의 손길』은 붙잡으면 쉽게 놓을 수 없을 만큼 잘 써진 책입니다. 권 목사님은 하나님께서 하신 일을 가감 없

이 드러내기 위해 엄청난 역기능 가정의 사연들을 솔직하게 드러냈는데, 그 용기에 경의를 표합니다. 언젠가 권 목사님이 간증했던 영상을 본 적이 있습니다. 우리의 연약함은 사람들이 예수 그리스도를 만나는 데 디딤돌이 될 수 있는데, 이러한 제 마음과도 같아서 더 공감이 되었습니다.

권율 목사님은 사역의 영광을 부흥과 성공으로 보지 않습니다. 이분은 하나님이 주신 꿈을 생각하며 죽도록 공부하고 치열하게 일상을 살고 있습니다. 이 시대의 한국 교회와 선교지를 살리려고 하나님 나라를 증거하기 위해 자신의 인생을 갈아 넣고도 행복해하며, 우리에게 거룩한 열정으로 살라고 외치는 젊은 사역자입니다. 이 책은 열심히 신앙생활을 했더니 이런저런 복을 주시더라는 간증이 아닙니다. 목사님의 가정을 향한 하나님의 특별하고 신실하신 은혜가 고스란히 녹아 있는 책입니다. 복음의 열정과 하나님의 은혜를 다시 회복하고 싶은 모든 분들에게 『전능자의 손길』을 일독할 것을 권합니다.

▌**황지영** _ 나무아래상담코칭센터 대표, 월드미션대학교 겸임교수, 『사이좋은 부모 생활』 저자

목차

출생 배경과 집안 환경

한 생명이 태어나기 전에
그분이 섭리하시는 집안 환경,
그리고 시작된 고난

살벌한 집안 분위기 (1970년대 후반, 경북 달성군 구지면)

"니는 집안의 가장인데, 허구한 날 니 마누라한테 붙잡혀 살믄 어쩌자는 기고?"

"어무이도 참, 내가 언제 마누라한테 붙잡혀 살았다는 말인교? 근데 어무이는 뭣 땜에 매일 딸들만 끼고 도는데? 아들은 늘 뒷전 아이가?"

"뭐야, 이놈아! 가장인 니가 동생들 돌봐야 할 거 아이가?"

할머니는 언제나 딸들만 편애하며 아들을 무시했다. 그러면 아들은 불같은 성격 때문에 어머니의 이상한 충고를 받아들일 수 없었다. 도리어 자존심을 지키기에 안간힘을 쏟았다. 어머니한테 잔소리를 들은 아들은 집으로 돌아와 아내에게 비겁한 푸념만 늘어놓았다. 그러면 여인은 남편이 시어머니한테 붙잡혀 사는 꼴을 늘 못마땅하게 여겼다.

"여보, 당신은 집안의 가장 아인교? 집구석 꼬라지를 이대로 지켜보기만 할라요? 질서를 좀 잡으이소! 장독대를 쳐뿌시든지, 안 그러믄 당신 여동생들 귀때기를 때려서라도 가장의 권위를 제발 좀 세우이소!"

"뭐? 이 망할 년이 못하는 소리가 없구만. 가만 안 둘 줄 알아!"

"뭐라카능교? 난 이대로는 답답해가 도저히 같이 못 살겠심더."

부부 싸움은 고부간의 갈등에서 비롯되었다. 그 옛날 일제 강점기에 고단한 시집살이를 한 할머니는, 아직 시집온 지 얼마 안 된 맏며느리를 날마다 나무랐다. 할머니 눈에는 맏며느리의 시집살이가 성이 차지 않은 것이 분명하다.

여기에 덩달아 시누이들도, 한 생명을 품은 여인한테 시집살이를 똑바로 하라며 아주 혹독하게 몰아붙였다. 심지어 큰시누이는 자기 집 밀린 빨래를 모조리 싸 들고 와서 맡겨 놓고, 며칠 뒤에 찾으러 온다며 위협하기도 했다. 그것도 생명을 잉태한 집안의 맏며느리에게 말이다!

하지만 성격이 무뚝뚝한 남편은 시집 식구들에게 시달리는 아내를 위로하기는커녕 도리어 그들처럼 나무라기만 했다.

"망할 년이 나보고 동생들 귀때기 때리라 카디만 그거 참 잘됐구만."

"당신, 정말 내 남편 맞능교? 어떻게 나한테 이럴 수 있노?"

이처럼 집안은 평안할 날이 없었다. 여인은 거의 속은 상태로 시집와서, 골치 아픈 시집 식구들에게 모진 서러움과 핍박을 당해야 했다. 남편은 자기 자존심을 세우기 위해 아내를 피투성이가 되도록 두들겨 패서 어머니한테 데리고 가기도 했다. 이래도 여자한테 붙잡혀 사는 것 같냐고 따지기 위해서이다. 심지어 여인은 남편이 홧김에 던진 부엌칼에 얼굴이 관통될 뻔한 적도 있었다. 평소에 여인이 겪은 고충은 이루 말할 수 없었다.

드디어 한 생명이 나오다! (1980년 초여름, 그리고 회상)

요란한 시집살이를 하던 여인은 '5월 민주화 운동'이 있은 지 얼마 후에 사내아이를 순산했다. 득남의 기쁨도 잠시, 여인은 이런 골치 아픈 집안에서 자식을 어떻게 키울지 그저 막막하기만 했다. 집안의 분위기는 앞으로 이 아기의 인생이 분명 순탄치 않음을 보여 주는 징조였다. 이런 고난의 현장 가운데 태어난 아기가 바로 이 글을 쓰고 있는 사람이다.

흔히 어린 시절을 떠올리면 푸근한 느낌 속으로 잠긴다던데, 나는 그렇지 않았다. 그때의 기억들은 나를 아프게 했다. (물론 지금은 개의치 않는다.) 가능하다면 그 모든 기억을 지우고 싶었다. 집안의 풍파가 너무 무겁게 느껴진 탓일까? 여하튼 그 시절에는 어떻게 해서든지 집안에서 벗어나려고 애썼다. 분명 좋은 일들도 있었을 게다. 하지만 과거의 암울한 기억은 좋은 추억들마저 나의 뇌리에서 모조리 지워 버렸다.

그런데 한 가지 좋은 기억이 있다. (아마 어릴 때 들은 말을 기억하는 것일지도.) 두 살 때의 일이었다. 어느 날 아버지는 나를 품에 안고서 거실 벽에 걸린 달력 앞으로 다가갔다. 그 당시 달력은 숫자를 제외하고는 모두 한자로 표기되어 있었다. 아버지는 아직 말도 못하는 나에게 "日, 月, 火, 水, 木, 金, 土"를 가르쳐 주었다.

아버지는 두 살배기 아들이 혹시 이 글자들을 기억하고 있는지 갑자기 궁금해졌다. 그래서 나에게 '水'라는 글자를 짚어 보라고 하니까, 나는 전혀 망설임 없이 그 가냘픈 손가락을 정확한 위치에 갖다 대었다. 깜짝 놀란 아버지는 나머지 글자들도 모두 테스트해 보았고, 결과는 역시 마찬가지였다. 놀랍게도 이 두 살배기가 일곱 개의 한자를 한 번 듣고서 모두 기억했던 것이다! 그 순간 아버지는 아들이 '위대한 학자'가 될 거라는 확신이 들었다.

집안에 둘째가 등장 (1982년 추운 겨울, 달성군 구지면)

여인의 배가 또다시 불러오기 시작했다. 할머니는 이번에도 맏며느리가 아들을 출산하기 원했다. 여인은 둘째를 임신하고도 고단한 시집살이를 계속해야 했다. 여인의 가족은 시부모와 아직 시집 안 간 시누이들을 모시고 시골에서 돼지 농장을 운영하고 있었다.

마당에는 수탉 한 마리가 여러 암탉을 거느리고 정답게(?) 나들이를 다녔다. 농장 뒤에는 오두막이 딸린 널따란 포도밭이 있었고, 그 맞은편에는 큰 웅덩이와 함께 조그마한 집이 한 채 있었다.

겨울바람이 매섭게 부는 어느 날, 남편은 둘째를 임신한 아내더러 돈사(돼지우리)에 함께 가서 일을 하자고 했다. 어쩌면 할머니가 아들을 꼬드겨서 며느리를 불러냈을지도 모른다. 여인은 어쩔 수 없이 돈사로 가서 남편이 시키는 대로 일을 해야 했다.

여인은 첫째를 배고서는 그나마 편할 수 있었는데, 둘째를 배고서는 그렇지가 않았다. 이번에도 사내아이가 집안에 더해졌다. 이제 이 아기도 앞으로 형과 함께 집안의 풍파에 허덕일 것이 분명했다.

할머니로부터 독립한 우리 가족 (1980년대 중반, 구지면 소재지)

하루는 여인이 시부모 몰래 남편에게 긴급 제안을 했다. 네 식구가 면 소재지로 이사해서 식당 일을 시작하자는 것이다. 우여곡절 끝에 남편이 어머니의 허락을 받아, 드디어 면 소재지에 조그마한 식당을 개업하게 되었다. 이 일은 남편이 아내를 위해 이루어 낸 것이었을까? 아니면 할머니의 어떤 '계산'에 따른 것이었을까? 어린 나로서는 도무지 알 길이 없었다.

어쨌든 시부모 곁을 벗어난 여인은 조금이라도 안도의 숨을 내쉴 수 있었다. 이제 여인은 열심히 돈을 벌어 두 자식을 보란 듯이 키우리라고 마음먹었다.

"여보, 이제 우리 새로 시작하입시더. 율이, 호야를 잘 키워 큰 인물로 만들어 보
입시더. 당신도 마이 도와주이소!"
"알았데이. 같이 열심히 해 보께. 근데 난 아직 어무이의 입김이 좀 무섭다카이."
"당신은 바로 그게 문제 아인교? 앞으로 계속 어무이의 말씀에 기죽어 있을 끼
라요?"

여인은 음식 솜씨가 좋았기 때문에 개업한 후 곧바로 입소문이 났다.
금세 손님들로 식당이 북적거렸다. 급기야 면 소재지에 소문이 두루 퍼져
주부 대학의 강사로 초빙되기도 했다. 심지어 군수가 이 지역을 방문할 때

면, 여인은 면사무소로부터 만찬 상 준비를 부탁받기도 했다.

　그때 할머니의 '작전'이 시작되었다. 집안에서 큰 돈벌이하는 맏며느리한테 돈 뜯어낼 궁리를 시작했다. 겉으로 내세우는 명분은, 돈사를 지을 때 대출받은 융자를 갚기 위한 것이라고 했다.

　실제로는 전혀 그렇지 않았다. 자기 딸들에게 조금이라도 더 퍼 주기 위한 것이었다. 시누이들이 식당에 방문할 때면, 여인은 매번 애간장을 태웠다. 시모의 명령을 떠받들어 그 사람들에게 상당한 분량의 고기와 각종 반찬을 내줘야 했기 때문이다.

　어째서 할머니는 딸들만 챙기고 며느리에게는 늘 차갑게 대했을까? 옛 어른들은 며느리를 늘 그런 식으로 대하는 걸까? 아무튼 여인은 시모와 시누이들 사이에 치여서 하루도 마음 편할 날이 없었다. 시부모 곁을 떠나 새롭게 삶을 시작하려 했지만, 여인 뜻대로 되는 일이 전혀 없었다. 여인은 갈수록 말도 안 되는 시집살이 때문에 엄청 힘겨워했다.

'국민학교'에 입학한 우리 형제 (1980년대 중·후반, 달성군 구지면)

　1986년 3월, 드디어 구지국민학교[1]에 입학했다. 어린 내 눈에는 모든 것이 새롭고 낯설게 보였다. 특히 왼쪽 가슴에 이름표를 단 친구들이 한 줄로 서 있는 모습이 참 신기하게 보였다. 운동장에서 교장 선생님의 훈화 말씀이 있는 동안, 푸른 하늘에는 새들이 날아다녔다. 앞으로 친구들과 함께 학교에서 공부하며 뛰놀 것을 생각하니 매우 흥분되기 시작했다.

　사실 난 친구들보다 한 살 어렸다. 할아버지가 면서기에게 소리를 질러

1　1995년 3월 1일, 달성군의 대구광역시 편입으로 '대구구지국민학교'로, 이듬해인 1996년 3월 1일부터 '대구구지초등학교'로 교명이 변경되었다.

일종의 '서류 조작'을 부탁하셔서, 남들보다 1년 일찍 입학했다. 나 같은 친구들이 몇 명 더 있었다. 비록 한 살 어리고 유치원에도 다니지 않았지만, 다른 친구들에게 뒤처지지 않으려고 부단히 노력했다.

입학식 다음 날이었다. 첫 수업 시간에 선생님은 혹시 예습해 온 학생이 있으면 손들어 보라고 하셨다. 나는 자신 있게 오른손을 번쩍 들었다. 그런데 이게 어찌된 영문인지, 해당 문제가 모두 빈칸으로 되어 있는 게 아닌가! 나는 손을 든 채로 그저 책을 내려다보고만 있었다. 선생님은 손을 든 몇몇 친구들의 책을 검사하고 내 쪽으로는 오시지 않아, 다행히 큰 위기를 넘길 수 있었다.

수업 중에 어제 일을 곰곰이 생각해 봤다. 아마도 내일부터 학교 간다는 생각에 크게 흥분되어 꿈속에서 예습을 했던 것 같다. 그때 받은 충격이 어찌나 컸던지 그 후로도 잊히지가 않았다.

3년이 지나서 동생도 같은 학교에 입학했다. 사내아이들이 다 그렇듯 우리 형제도 의외로 개구쟁이였다. 학교에서는 그런대로 모범생이었지만, 집에만 오면 우리는 한바탕 난동을 부렸다. 그러면 엄마는 우리더러 장사하는 데 방해된다며, 100원씩 주면서 나가 놀라고 소리치셨다.

어릴 적 우리 형제는 부모님과 함께하는 시간을 자주 갖지 못했다. 두 분 모두 장사한다고 바쁘셔서 우리는 매일 집 밖으로 나돌았다. 밖에서 실컷 뛰어 놀다가 해 질 녘쯤에 집으로 들어오곤 했다.

따스한 햇살이 드는 장날이 되면 우리는 동네 친구들과 온 장바닥을 휘젓고 다녔다. 이른바 '장돌뱅이 놀이'를 하며 시간을 보냈다. 장이 들어선 어느 날이었는데, 건어물 장사하러 나온 할머니들이 한눈파는 사이에 우리는 쥐포를 훔쳐 달아났다. 그러다가 한번은 들켜서 뒤쫓아 오는 할머니를 피해 부리나케 도망친 적도 있었다.

너무나 비참해진 엄마 (1980년대 후반, 추운 겨울)

어느 날 엄마에게 엄청난 위기가 찾아왔다. 할머니가 고모들과 작당하여 어처구니없는 누명을 엄마에게 뒤집어씌웠다. 이 사람들에게는 맏며느리를 길들이기 위해서라면, 어떤 순간이라도 연합할 수 있는 엄청난 '저력'이 있었다. 할머니는 고모들을 전부 모아 놓고 엄마를 즉시 농장으로 불러들였다.

"이 망할 년아, 바른 대로 말해! 돈 어디로 빼돌린 기고?"
"어무이요, 제가 무슨 돈을 빼돌렸다는 거라요?"

고모들은 엄마를 한가운데 무릎 꿇게 하고서 빙 둘러앉아 한마디씩 내던졌다.

"어디, 시어머니한테 그딴 식으로 말대꾸하는 기고? 식당 일해서 모은 돈 너희 친정으로 빼돌린 거 아이가?"
"다들 정말 너무 하심니더. 지는 진짜로 억울함니더!"

이때 아버지는 도대체 뭐 하고 있었을까? 어린 나 같아도 그 자리에 있었다면 분명 무슨 말이라도 했을 텐데⋯⋯. 이제는 더 이상 엄마가 마음 둘 곳이 없었다. 아마 그때 이 집안에서 탈출하려고 마음먹은 것 같다.

어느 날 엄마가 정말로 우리 삼부자를 남겨 두고 어디론가 가 버렸다. 큰 이모로부터 엄마가 전라도에 있다는 '제보'를 받고, 우리는 황급히 그곳으로 달려갔다. 아무것도 모르는 우리 형제는 엄마의 황당한 행동을 도무지 이해할 수 없었다. 사는 게 아무리 힘들어도 그렇지, 어떻게 두 아들을 팽개쳐 놓고 집을 나갈 수 있었을까?

다행히도 엄마는 우리와 다시 살기로 마음먹고 함께 집으로 돌아왔다. 하지만 그 후로도 엄마의 '가출 행각'은 종종 반복되었다. 이런 일이 계속되니까, 아무리 어린 나라도 우리 집안이 무언가 잘못됐다고 생각하게 되었다. 그런데 어린 나는 그것이 무엇인지를 도무지 알 길이 없었다. 아니, 어른들이 나한테는 알려 주지 않았던 것이다!

피투성이가 된 엄마 (1989년 어느 날, 달성군 구지면)

엄마의 가출 사건이 있은 후, 할머니는 아버지를 불러다 놓고 호되게 야단쳤다.

> "니는 마누라 하나도 똑바로 간수 못하노? 허구한 날 계집 치마폭에 싸여 사니까 그런 거 아이가? 니가 내 아들이라도 참 한심하데이."

어느 날 밤이었다. 너무나 끔찍한 일이 벌어지고 말았다. 나와 동생이 깊이 잠들어 있는 사이에, 아버지가 엄마를 어디론가 데리고 나가 마구 나무라면서 두들겨 패기 시작한 것이다! 아버지는 온몸이 피투성이가 된 엄마를 끌고 할머니한테 가서 큰소리치며 말했다.

> "이래도 내가 계집 치마폭에 싸여 살고 있는 거라요?"

경상도 남자들이 좀 그렇듯이, 아버지는 융통성이라곤 전혀 없었다. 꼴랑 자기 자존심 하나 지키겠다고 사랑하는 아내를 마구 두들겨 패서 피투성이로 만들어 버리다니! 아버지는 이렇게 해서라도 자기 엄마한테 인정

받고 싶은 모양이었다. 아버지가 이런 짓을 했다는 사실을 우리 형제는 전혀 모르고 있었다.

심장병으로 쓰러진 아버지 (1990년 초반, 추운 겨울)

매섭게 추운 어느 날, 아버지가 큰방에서 갑자기 쓰러졌다. 엄마가 방문을 열고 들어가 보니, 아버지가 곧이 누운 상태로 꼼짝도 못하고 있었다. 때마침 찾아온 외삼촌이 급히 구급차를 불러 아버지를 태우고 대구 영남대병원 응급실로 향했다. 뒤늦게 소식을 접한 우리 형제도 서둘러 따라나섰다. 아버지는 응급조치를 받은 후 중환자실로 옮겨졌지만, 주치의 말로는 아버지의 심장병이 치사율 90% 이상이기 때문에 앞으로 얼마 살 수 없을 거라고 했다.

우리 가족은 모두 충격에 빠졌다. 불쌍한 엄마에게 또다시 커다란 시련이 닥쳤다. 나도 내 동생도 모두 정신이 멍해졌다. 얼마 전까지 매우 건강했던 아버지가 갑자기 왜 쓰러진 것일까? 앞으로 얼마 살지 못하신다는 말에 눈앞이 캄캄해지기 시작했다. 집안의 큰 짐을 감당하던 엄마는 이제 더 큰 부담을 떠안게 생겼다.

두 아들만 없었더라면 자유를 찾아 벌써 집을 나갈 수 있었을 텐데……. 자식들을 위해 여태껏 참았으니 계속 참아 보자는 식으로 자기 인생을 연거푸 한탄했다. 그나마 건강해 보였던 남편까지 쓰러진 마당에 더 이상 이 집안에 무슨 희망을 가질 수 있을까? 도대체 엄마의 인생은 언제까지 계속 비참해져야 하는 걸까?

기적적으로 퇴원한 아버지 (1990년 초봄, 달성군 구지면)

얼마 못 살 거라던 아버지가 몇 달간의 병원 생활을 마치고 퇴원하셨다. 물론 아버지의 몸이 회복되지는 않았다. 한눈에 봐도 완전히 뼈다귀 그 자체였다. 하체에 힘이 없어 설 수도 없었고, 누가 일으켜 세우면 겨우 앉아 있을 정도이니, 한마디로 살아 있는 송장이었다.

어느 날 아버지가 방 안에서 목발을 짚고 걸음마 연습을 하다가 그만 넘어지고 말았다. 엄마는 식당 일을 혼자 감당하면서도 아버지를 지극 정성으로 돌보셨다. 엄마마저 이렇게 고생하다가 쓰러지지 않을까 심히 염려되었다. 하지만 이 정도로 쓰러질 만큼 나약한 분은 아니었다. 철없는 아버지와는 달리 엄마는 가족, 특히 두 자식을 위해 모든 것을 희생했다. 엄마의 한계는 도대체 어디까지일까?

아버지는 퇴원했지만, 아직도 집안 상황과 엄마의 마음을 제대로 헤아리지 못했다.

"내가 누워 있는 동안 다른 손님들하고 허튼짓하기만 해 봐라. 가만 안 둘 줄 알아!"

"다 죽어 가는 당신도 할 말은 있는 갑지? 이제 그만하고 정신 좀 차리이소! 당신 두 아들이 듣고 배우겠심다."

"뭐? 지금 내가 아프다고 무시하는 기가?"

아버지는 어릴 적에 '독불장군'으로 자라서 자기를 무시하는 말을 정말 싫어했다. 자기 자존심 하나만큼은 무슨 일이 있어도 지키는 사람이었다. 그런데 그 자존심 때문에 집안이 망하고 있다는 사실을 왜 깨닫지 못하는 걸까?

교회 사람들이 찾아오다 (1990년 봄, 달성군 구지면)

어느 날 우리 집에 난생처음 보는 사람들이 찾아왔다. 아마 이분들은 우리 집에 환자가 있다는 소문을 들은 것 같다. 이 사람들의 생김새를 보아 하니, 어린 내 눈에도 그리 불편하지는 않았다. 그들은 아버지가 계시는 큰방으로 들어와서, 도무지 알아들을 수 없는 말을 늘어놓으시더니 갑자기 예수님 이야기를 하기 시작했다.

그전에 친구들 따라 교회에 몇 번 가 봤지만, 구체적으로 예수님에 관한 이야기를 듣는 것은 그날이 처음이었다. 이윽고 목사라는 분이 설교하기 시작했다.

> "예수님은 우리의 죄와 허물을 대신해서 십자가에 달려 죽으시고 사흘 만에 부활하셨습니다. 그분이 채찍에 맞음으로 우리 모두가 나음을 입었으니, 선생님께서도 예수님을 영접하셔서 하루 속히 나음을 얻으시기 바랍니다."

장황한 설교가 끝나자 깜짝 놀랄 만한 광경이 연출되었다. '전도사'라는 어떤 여자 분이 아버지에게 다가오더니 자기 두 손을 아버지의 머리에 얹고, 갑자기 큰 소리로 주문[2]을 외우는 것이 아닌가! 그 순간 나는 까무러치게 놀랐다. 어린 내 눈에는 이 아주머니가 웬 '주문'을 써서 아버지에게 최면을 걸어 어떻게 하려는 것처럼 보였다. 더군다나 그 주문을 내뱉는 속도가 어찌나 빨랐던지, 나는 그게 무슨 소리인지 도통 알아들을 수 없었다.

이상하게도 이 아주머니가 도대체 주문을 멈추려고 하지 않았다. 오히

---

2   신앙이 자란 후에야 그것이 '치유를 위한 방언 기도'였다는 사실을 알게 되었다.

려 시간이 흐를수록 더 크게 흥분한 나머지, 더더욱 큰 소리로 주문을 외워 댔다. 같이 따라온 일행들도 여기에 장단을 맞춰 수시로 '아멘'이라는 말을 내뱉곤 했다. 어린 나로서는 이런 광경이 너무나 당황스러웠고, 이러다가 무슨 일이 일어날지도 모른다는 불길한 생각마저 들었다. 수십 분이 지나고 나서야 이 아주머니가 따발총 같은 주문 소리를 멈추고 마침내 진정을 회복했다.

더욱 놀라운 사실은, 아버지가 고개를 숙이고 수십 분 동안 가만히 있었다는 것이다. 몸이 아파서 고개 들 힘이 없어서 그랬던 건지, 아니면 어떤 힘에 눌려 그랬던 건지는 잘 모르겠지만, 평소 엄마를 대하던 아버지의 모습과는 판이하게 달랐다. 더욱이 이 아주머니는 나보고 이번 주부터 교회에 나오라고 했다. 이런 묘하고 무서운 분위기 속에서 어린 나는 도저히 싫다고 말할 수 없었다.

예수님을 만난 어린 소년 (1990년 봄, 구지교회)

나는 그 아주머니의 '위협'에 굴복하여 한 주가 지나 교회에 가게 되었다. 그런데 생각했던 것보다 교회 분위기는 훨씬 화기애애했다. 지난주 그분의 이상한 '주문' 때문에 괜히 내가 오해했다는 생각마저 들었다. 찬송가를 잘 몰랐지만 시키는 대로 무작정 따라 불렀고, 부끄럽지만 율동도 열심히 따라 했다.

시간이 좀 지나 갑자기 잠잠해지더니, 남자 전도사님이 앞에 나와서 설교하기 시작했다. 이날 예배 시간에 어린 나는 무언가 모를 따스함을 느꼈다. 굳이 말로 표현할 수 없지만, 집에서 전혀 느껴 보지 못한 그 '무엇'이 내 마음의 문을 두드리는 것 같았다.

나는 학교에서나 집에서나 따뜻한 사랑을 느껴 본 기억이 없다. 부모님은 허구한 날 싸움만 하시고, 두 아들에게는 별로 관심을 갖지 않았다. 아버지는 매일 소리만 지르고, 엄마는 장사하느라 정신이 없었다. 물론 엄마가 집안을 위해 엄청 희생한다는 걸 알았지만, 친구의 엄마들과 비교해 볼 때 어린 내 눈에는 뭔가 부족함이 느껴졌다. 교회 다니고 나서야 그 부족함이 무엇인지 알게 되었다. 다름 아닌 따뜻한 사랑이었다.

엄마는 아버지와 할머니한테 받은 스트레스를 자식들에게 쏟아 내는 것 같았다. 어린 나로서는 한 번씩 폭발하는 엄마의 행동을 도무지 이해할 수 없었다. 그래서인지 '엄마의 따뜻한 사랑'을 오히려 교회에서 느끼게 되었다.

어느덧 주일마다 교회 가는 일이 즐거워졌다. 또 놀랍게도 그 여전도사님의 이상한 '주문' 덕분인지 아버지의 몸도 조금씩 회복되기 시작했고, 마침내 아버지도 교회에 나오게 되었다. 어느 날 나는 예수님이 내 죄를 짊어지고 십자가에 죽으셨다는 사실과 하나님의 능력으로 부활하셨다는 사실이 분명히 믿어졌다.

마침내 집을 나간 엄마 (1990년 여름, 달성군 구지면)

어느 날부터 부모님은 별거하기 시작했다. 아버지가 건강이 안 좋고 엄마는 장사한다고 바빠서 더더욱 그렇게 됐다. 아버지는 교회 장로님이 사 놓은 집에 방 한 칸을 얻어 동생이랑 함께 지냈고, 엄마는 새로 이사한 식당에서 나랑 같이 생활하고 있었다.

몸이 멀어지면 마음도 멀어지는 법인지, 엄마는 점점 아버지를 포기하는 듯했다. 어느 날 엄마의 안색이 무척 좋지 않았다. 추운 겨울이 아닌데도 당신의 몸을 부르르 떨고 계셨다. 엄마가 장사하느라 무리해서 몸이 잠시 안 좋은 것으로 생각했다. 어쨌든 그날도 여느 때처럼 내일을 기대하며 엄마와 함께 식당에서 잠을 잤다.

드디어 날이 밝았다. 학교 가기 위해 아침에 일어났는데, 그 순간 뭔가 불길한 예감이 들었다. 그날따라 식당 벽에 걸려 있는 커다란 시계의 째깍 소리가 유난히 크게 들렸다. 식당의 여러 방에는 전날 손님이 남기고 간 정리 안 된 흔적이 역력했고, 주방도 평소와는 달리 너저분하게 어질러져 있었다. 엄마의 깔끔한 성격상 이런 일은 도저히 있을 수 없었다.

불길한 예감에 사로잡힌 나는 본능적으로 엄마를 찾았다. 식당 방을 다 뒤졌지만 엄마는 보이지 않았다. 잠깐 볼일 보러 밖에 나갔다고 생각하기에는 너무나 이상하게 느껴졌다. 1층으로 뛰어 내려가 보니 셔터 문이 완전히 일그러져 있었고, 안에서는 도저히 열어 올릴 수가 없었다. 그래서 2층으로 올라가는 벽에 달린 조그마한 창문을 열고 1층으로 뛰어내렸다. 아래층 채소 가게 아줌마한테 가서 엄마의 행방을 물어 보았다.

"아줌마, 우리 엄마 어디 있는지 압니까?"

"어, 그게 말이지……."

"빨리 말씀해 주이소! 엄마 어딨어요?"

"음, 오늘 새벽에 너희 엄마, 다 버려두고 가 버렸어. 이제 다시는 집에 안 돌아
온다 카더라. 나도 말릴라 캤는데, 어쩔 수 없었데이."

"뭐라캅니까? 엄마가 다시는 안 돌아온다고예?"

충격적인 이 사실을 알리기 위해 아버지가 있는 곳으로 달려갔다. 재빨
리 방문을 열고 들어가, 동생과 함께 잠들어 있는 아버지를 깨웠다.

"아빠, 큰일 났심더! 엄마가 집을 나갔심더. 아래층 아줌마 말로는 이제 다시는
안 돌아올 거랍니더. 이제 우리 어떻게 되는 겁니까?"

"드뎌 이 망할 년이 일을 치는구만. 인마, 어떻게 되긴 뭐가 어떻게 돼? 그냥 엄
마 없이 살면 되지!"

그 순간 나는 엄청난 충격에 사로잡혔다. 엄마의 마음이 완전히 돌아섰
다는 사실에 삶의 희망을 가질 수 없었다. 또 우리를 버리고 도망쳐 버린
엄마가 그저 밉기만 했다. 이 모든 것이 어린 나에게는 충격 그 자체였다.
우리 삼부자는 식당을 처분하고 또다시 할머니 품으로 들어갔다. 아버지
는 할머니 없이 도저히 자기 인생을 살아갈 수 없나 보다.

어느 날 생겨난 말더듬 (1990년 어느 날, 구지국민학교)

국민학교(초등학교) 5학년 때의 어느 날이었다. 국어 시간에 선생님이 나
를 지명하시면서 오늘 배울 본문을 큰 소리로 읽어 보라고 하셨다. 그런데

이게 어찌된 일인지, 순간적으로 너무 긴장한 나머지 책을 한 문장도 읽을 수 없었다. 갑자기 말더듬 증상이 생겨서 입 밖으로 말이 전혀 튀어나오지 않았다. 억지로 말을 하려고 시도하면 머리를 상하로 흔들거나 얼굴에서 희한한 제스처가 나오기 시작했다.

선생님도 심히 당황하셨는지 다른 친구에게 나 대신 책을 읽으라고 하셨다. 수업 시간 내내 정말 수치스럽고 부끄러워 고개를 들지 못했다. 쉬는 시간이 되어 고개를 폭 숙인 채 밖으로 뛰쳐나가 한없이 울기 시작했다.

'하…하나님, 갑자기 왜 나를 이런 모습으로 만…만드시는 겁니까? 엄…엄마가
집 나가서 안 그래도 마…마음이 힘든데, 또다시 저한테 이런 수치감을 왜 안…
안겨 주십니까? 예…예수님은 도대체 어디 계…계십니까?'

그 후로 친구들과도 제대로 대화할 수가 없었다. 친한 친구와 단둘이 대화할 때는 그나마 말을 내뱉을 수 있었지만, 사람들 앞에서 책을 읽거나 발표한다는 것은 절대로 불가능했다. 강제로 그 일을 누가 시키면 심장이 터질 것같이 두근거렸다.

고난 중에 임하는 은혜

은혜에 대한 감각이 깨어나고

소명을 체험한 어린 소년,

그러나 계속되는 고난

어느덧 중학생이 되다 (1992년 3월, 구지중학교)

어느덧 중학교에 입학했다. 국민학교(초등학교) 때와는 사뭇 다른 분위기 때문에 무척 긴장이 되었다. 어쨌든 과거의 아픈 기억을 뒤로하고 열심히 학교생활에 전념하기로 마음먹었다. 국민학교 시절에는 마냥 철없이 뛰어놀았지만, 이제는 중학생으로서 마음을 새롭게 하고 열심히 공부해서 모범생이 되고 싶었다.

그래서인지 말을 심하게 더듬어도 행실을 바르게 한 덕분에 선생님과 친구들에게 착한 학생으로 인정받게 되었다. 학교생활도 열심히 했지만, 교회 생활은 더 열심히 했다. 말더듬증(유창성 장애) 때문에 수시로 절망에 빠졌지만, 이상하게도 교회만 가면 새 힘이 솟아나는 것을 경험했다. 좌절과 절망에 빠질수록 교회 가서 더욱더 하나님께 울부짖기 시작했다.

'오, 하…하나님! 이 말 못하는 바…바보를 불쌍히 여…여겨 주셔서 무…무사히 학교생활에 잘 적…적응할 수 있도록 도…도와주십시오.'

하나님의 군대, 마하나임 (1992년 봄, 구지중학교)

중학교에 입학한 지 얼마 안 되어, 마하나임(Mahanaim)[3]이라는 기독교 동아리를 알게 되었다. 특히 물상[4] 시간에 선생님은 우리 학교에 '하나님의 군대'가 있다고 종종 자랑하셨다. 마하나임은 매주 수요일 점심시간에 몇몇 선생님들과 여러 친구들이 음악실에 함께 모여 하나님을 예배하는 모임이었다. 아름다운 찬양으로 모임을 시작했고, 또 찬양이 끝나면 물상 선생님이 은혜로운 설교를 우리에게 들려주셨다.

비록 시골 학교에서 열리는 조그마한 예배 모임이지만, 은혜가 넘치는 기쁨의 천국 잔치였다. 어느덧 나는 이 모임을 매우 사모하게 되었고, 이곳에서 만나는 구지여상[5] 고등학생 누나들과 여러 친구들을 통해 하나님의 사랑을 깊이 체험할 수 있었다. 정말이지 매주 수요일을 설레는 마음으로 기다렸다.

그런데 기도 시간만 되면 늘 긴장했다. 친구들이 기도할 때는 그나마 안심할 수 있었지만, 내가 기도할 차례가 되면 너무 긴장해서 말을 심하게 더듬거렸다. 그래도 나는 하나님께서 말더듬이의 서툰 기도를 기쁘게 받아 주신다고 확신했다.

비가 부슬부슬 내리는 어느 날, 하나님은 마하나임 모임 중에 말더듬이를 통해 조그마한 역사를 일으키셨다. 부담스럽게도 그날은 내가 앞에서 간증을 하게 되었다. 엄청나게 긴장해서 말을 제대로 못했지만, 내게 부어 주신 그분의 은혜를 친구들 앞에서 더듬더듬 증거하였다.

---

3 창세기 32장 1-2절 참고. '마하나임'은 문자적으로 '두 무리'라는 뜻을 지닌다.
4 생물을 제외한 물리, 화학, 지구과학이 포함된 과목이다.
5 구지중학교는 구지여상과 한 울타리 안에 있어, 고등학생 누나들도 우리와 함께 학교생활을 했다. 구지
   여상은 1999년 3월 1일부터 '달성정보고등학교'로, 2015년 12월 21일부터 '대구소프트웨어고등학교'로,
   2021년 3월 1일부터 '대구소프트웨어마이스터고등학교'로 교명이 변경되었다.

"하…하나님께서 어…어젯밤에 '내가 너를 사…사랑한다'는 세미한 음성을 저…저의 마음속에 들려주…주셨습니다. 비…비록 내 모습은 보…보잘것없고 초…초라할지라도, 저는 하…하나님께서 언…언제나 저를 붙…붙드시고 사… 사랑하신다는 사실을 확…확실히 믿습니다. 여…여러분도 이 하…하나님을 굳게 신…신뢰하시기를 바…바랍니다."

갑자기 오른쪽 구석에 있던 영철이가 울음을 터뜨리기 시작했다. 영철이는 장로님 아들인데도 평소에 신앙생활을 제대로 하지 않았다. 그날따라 이 친구가 얼떨결에 참석했는데, 무슨 까닭으로 마하나임 지체들이 보는 앞에서 울음을 터뜨린 걸까? 영철이가 우는 바람에 나는 더듬더듬 간증하다가 무척 당황하고 말았다. 우리 모두는 영철이가 보여 준 눈물이 하나님이 허락하신 회개의 눈물이라고 생각했다.

그 순간 하늘에 떠 있는 구름 사이에서 태양이 갑자기 제 모습을 드러냈다. 음악실 안에 있는 우리 모두를 환하게 비춰 주었다. 아까부터 내리던 비가 조금씩 그치기 시작하더니, 절묘하게도 자취를 감추고 때마침 태양에 자리를 양보한 것이다! 마치 하나님이 우리 모임을 기쁘게 받으셨다고 알리는 하늘의 징표 같았다. 보잘것없는 말더듬이를 통해 성령께서 은혜를 주실 수 있다는 사실을 처음으로 깨닫게 되었다.

수련회에서 소명을 받았지만 (1992년 여름, 고신대 영도 캠퍼스)

중학교에 입학하고 처음으로 여름 수련회에 참석했다. 우리 교회는 시골의 조그마한 교회라서 중고등부를 합쳐 봐야 30명 안팎이었다. 그래서 자체적으로 수련회를 열기보다, 보통 여러 교회와 연합하거나 아니면 전국 단위의 수련회에 참석하곤 했다.

그해 우리 교회는 '오픈 윈도우 청소년 수련회'에 참석했다. 부산시 영도구에 소재한 고신대학교에서 열리는 대규모 수련회였다. 아버지한테 겨우 허락을 받아 나도 그 수련회에 참석할 수 있었다. 난생처음으로 이런 대규모 집회에 참석해서 그런지, 모든 것이 낯설고 신기하게 느껴졌다. 그동안 작은 교회에서만 배우고 실천했던 신앙의 원리들을, 이곳에서 다른 친구들과 함께 더욱 깊이 깨달으며 성령의 역사를 경험한다는 자체가 매우 신선한 충격이었다.

한 가지 더 놀라운 것이 있었다. 이제껏 경험해 보지 못한 내면의 뜨거움을 저녁 경건회 시간에 확실히 체험할 수 있었다. 이전까지는 교회에서 그저 마음의 평안을 얻고 집안의 고통에서 잠시 벗어나 위안을 얻는 정도였는데, 이번에는 예전과는 확실히 다른 '그 무엇'을 경험하였다.

놀랍게도 마지막 저녁 경건회 시간에 나도 모르게 하나님께 목이 터져라 울부짖기 시작했다. 어떻게 그토록 빠른 속도로 기도할 수 있었는지, 나 스스로도 놀라지 않을 수 없었다. 이전에 아버지를 위해 방언으로 치유기도하던 그 여전도사님처럼 나도 엄청난 속도로 기도하고 있었다. 아무튼 하나님께 기도할 때만큼이라도 말을 더듬지 않아서 정말로 기분이 좋았다.

마지막 경건회가 끝나갈 무렵, 기도회를 인도하던 분이 청중에게 결단의 시간을 가지자고 요청했다.

"앞으로 목사나 선교사로 헌신할 친구 있으면 망설이지 말고 앞쪽으로 뛰어나오세요!"

그러자 기도회 시작부터 목이 터져라고 기도하던 친구들이 앞으로 뛰어나가기 시작했다. 그 순간 나도 정신이 나가 버렸는지, 그 친구들을 뒤따라 무작정 뛰어나갔다. 수십 명의 친구들이 앞으로 나오자 기도회 인도자는 앞에 나온 친구들을 축복해 주자고 했다.

그런데 나한테 문제가 생겼다. 앞에서 수천 명의 청중을 바라보는 순간, '조금 전 내가 순간적으로 미친 거였구나' 하는 생각이 들었다. 말더듬이인 주제에 무슨 수로 목사가 되어 사람들 앞에서 설교를 한단 말인가. 평소에 아버지는 돈을 많이 버는 것이 최고라고 두 아들에게 늘 말씀하셨다. 그래서 당신의 큰아들이 목사가 되는 걸 절대로 허락하시지 않을 것이 분명했다.

더욱이 나를 부담스럽게 한 것이 있었다. 사람들이 카메라를 들고 와서, 앞에 나온 친구들의 모습을 찍어 대고 있었다. 우리가 나중에 증거 인멸(證據湮滅)을 못하게 하려고 사진을 찍는 것으로 생각했다. 그러니까 신학교에 안 가면 증거 자료로 들이밀지도 모른다는 생각이 들었다. 그래도 그 수련회를 통해 엄청난 은혜를 체험하게 되었고, 이와 동시에 부르심(소명)에 대한 큰 부담감을 떠안게 되었다.

'마하나임'의 봉사 활동 (1992년 추운 겨울, 국제재활원)

기독교 동아리 마하나임은 매년 몇 차례씩 경북 고령군에 위치한 국제재활원[6]을 방문했다. 그해에도 우리는 선물을 준비해서 성탄절 며칠 전에 이곳을 찾아갔다. 가는 도중에 차 안에서 밖을 내다보니, 들판에는 아직 녹지 않은 눈 덕분에 아름다운 설경(雪景)이 펼쳐져 있었다.

드디어 재활원에 도착했다. 때마침 동짓날이라 이곳에서 봉사하는 분

---

6 2003년 4월 1일부터 '성요셉재활원'으로 명칭이 변경되었다.

들이 맛있는 팥죽을 쑤고 있었다. 난생처음으로 장애인들을 대면하게 되었다. 뇌성 마비, 소아마비, 정신 지체(지적 장애) 등의 장애가 있는 수많은 장애인들이 한 가족을 이루며 오순도순 살고 있었다. 이들은 한결같이 누군가의 도움을 필요로 했다. 모두들 혼자의 힘으로는 생존하기조차 힘든 상태였다.

'하나님은 무슨 이유로 이들을 세상에 태어나게 하셨을까? 당신의 전능하신 능력으로 치료해 주실 것도 아니면서, 어째서 이들을 세상에 나오게 하셨을까?'

이분들이 일평생 이런 모습으로 살 거라고 생각하니, 갑자기 가슴이 먹먹해지기 시작했다.

우리는 재활원에서 시키는 대로 친구들과 함께 여러 일들을 했다. 재활원 식구들과 하루 종일 어울리다 보니, 어느덧 형제자매들과 친해지게 되었다. 그들 중에 한 형제님은 무슨 장애인지는 몰라도 겉보기에는 20대 초반처럼 보였지만 실제 나이는 40세에 가까웠다. 그런데 이 형제님이 내 친구들에게는 반말을 하면서 유독 나한테는 자꾸만 "형님아"라고 불렀다.

조카뻘 되는 한참 어린 중학생에게 말이다.

나는 어린 시절부터 나이가 엄청 들어 보였다. 중학생이던 나를 어른들이 대학생으로 생각하는가 하면, 심지어 다른 교회 사람들은 나를 전도사로 오해하기도 했다. 조숙한 외모 때문에 스트레스가 심했다.

하지만 성경을 읽어 보니, 예수님도 나처럼 나이가 들어 보였다는 사실을 알고 위로를 받게 되었다. 예수님은 공생애 당시 서른 살 정도 되셨지만, 유대인들은 예수님을 거의 쉰 살로 착각했다!

유대인들이 이르되, 네가 아직 오십 세도 못 되었는데 아브라함을 보았느냐 _요 8:57

이날은 유독 강추위가 찾아와서 재활원 식구들이 모두 추위에 떨고 있었다. 그래서 내 목에 감겨 있던 목도리를 어떤 자매님에게 선물로 주었다. 그러고 나서 나 혼자 조용히 재활원을 둘러보다가 안타까운 상황을 목격했다. 재활원 식구 중 어떤 꼬마가 몰래 주방에 들어가 간식을 훔쳐 먹다가 들켜서 꾸지람을 듣고 있었다.

'이 꼬마가 얼마나 배가 고팠으면 그런 행동을 했을까? 이 아이는 그저 자기 본능에 충실했을 뿐일 텐데……'

마침내 우리는 하루 동안의 봉사를 마무리하고 집으로 돌아갈 채비를 했다. 차에 올라타려고 하는데 누가 나를 급하게 찾아왔다. 아까 목도리를 선물 받은 그 자매님이 목도리를 돌려주려고 찾아온 것이다. 지적 장애인인 그 자매님이 나에게 뭐라고 말을 했지만, 나는 무슨 말인지 알아들을 수 없었다. 짐작하건대 자기에게 목도리를 안겨 준 사실만으로도 고마우니까, 이 목도리는 다시 가지고 가라는 뜻인 것 같았다.

그때 나는 지적 장애인들도 타인의 따뜻한 배려를 느끼고 고마워할 줄 안다는 걸 깨달았다. 앞으로 그들을 비장애인들과 동등하게 대하리라고 굳게 다짐했다.

나뭇가지로 먹은 도시락 (1993년 따스한 봄날, 구지중학교)

우리 학교는 시골의 조그마한 중학교였다. 그래서 전교생이 웬만하면 서로 잘 알고 지냈다. 2학년이 되던 어느 날, 김순동이라는 선배를 알게 되었다. 이 형은 집이 워낙 가난해서 도시락을 싸 오지 못해 점심시간에 언제나 굶고 다녔다. 더군다나 지적 장애가 있어 친구들에게 늘 따돌림을 당했다.

어느 날 이 형에게 다가가 말을 걸어 내 도시락을 같이 나눠 먹자고 했다. 그런데 젓가락이 하나밖에 없었다. 나는 내 젓가락을 형에게 주었고, 학교 건물 뒤로 가서 나뭇가지를 꺾어 와 젓가락 대신 사용했다. 점심시간에 우리는 교실 복도 한쪽 구석에서 도시락을 함께 나눠 먹었다.

갑자기 형의 눈시울이 붉어지기 시작했다. 그동안 사람들에게 따돌림 당하며 얼마나 마음이 상했으면, 이런 조그마한 일에 이토록 감동하는 걸까! 때마침 학생 과장 선생님이 우리 곁을 지나가셨다. 선생님은 한동안 우리를 물끄러미 바라보시더니, 이윽고 어디론가 발걸음을 옮기셨다.

나는 교회 다니면서 주기도문에 관심을 갖기 시작했다.

오늘 우리에게 일용할 양식을 주시옵고 _마 6:11

예수님은 오늘 '나에게' 일용할 양식이 아니라, 오늘 '우리에게' 일용할 양식을 주시라고 말씀하셨다. 양식이 충분한 자들은 없는 자들과 자기 양식을 나누라는 주님의 당부처럼 들렸다. 그 마음을 아버지께서 허락하시도록, 또 아버지께서 실제적으로 '우리' 양식을 채워 주시도록 기도하라는 말씀으로 들렸다. 어느 순간부터 내 것을 나누는 일에 즐거움을 느끼게 되었다.

원수에게 내뱉은 '사랑 고백' (1994년 어느 날, 구지중학교)

"야, 이 새끼야! 오늘까지 5천 원 가져오라고 했제? 근데 왜 안 가지고 왔노? 죽고 싶어 환장했나?"
"근데 왜 너한테 돈을 갖다 바쳐야 하는데?"
"이게 어디서 말대꾸하노? 따라와, 이 새끼야!"

우리 동기들이 중학교 3학년이 되자 그동안 억눌렀던 폭력성을 드러내기 시작했다. 같은 또래에 비해 몸집이 큰 녀석들이 어수룩하고 순진한 애들을 무지하게 괴롭혔다. 힘없는 친구들은 빈 교실로 끌려가 나쁜 녀석들에게 책걸상으로 구타를 당하기도 했다.

그 나쁜 녀석들 중에는 국민학교 때 나와 매우 친했던 친구도 있었다. 이 친구는 중학교에 입학하면서 이상한 친구들과 어울리다가 마침내 우리 학교의 '장군'이 되었다. 키가 180센티미터가 넘는 거구(巨軀) 수준이라, 인근 학교를 포함해도 이 녀석을 건드릴 수 있는 학생은 아무도 없었다.

우리 모두는 그 패거리를 정말로 증오했다. 이 녀석들은 날마다 학교에서 순진한 친구들을 괴롭혔고, 한 울타리에 있는 고등학생 누나들과 어울려 다니면서 온갖 음란한 짓을 서슴지 않았다. 그 패거리 녀석들은 허구한 날 선량한 친구들을 못살게 굴었다.

어느 날 나도 화장실에 끌려가 어떤 녀석에게 더러운 빗자루로 얻어맞았다. 울분을 삭이고 집에 돌아와 성경을 읽으면서 위로를 얻으려고 했다. 그런데 마태복음 5장 43-44절이 계속 눈에 들어왔다.

또 네 이웃을 사랑하고 네 원수를 미워하라 하였다는 것을 너희가 들었으나 나는 너희에게 이르노니 너희 원수를 사랑하며 너희를 박해하는 자를 위하여 기도하라.

하필 이 말씀이 왜 내 눈에 띄었을까? 이 말씀대로라면, 내가 그 녀석을 사랑하고 그를 위해 기도하라는 뜻이 아닌가! 내 정서상 이 말씀이 정말 어처구니없게 느껴졌지만, 어쨌든 성경 말씀대로 한번 실천해 보기로 마음먹었다. 그날 저녁에 나는 원수의 집에 전화를 걸어, 말을 더듬거리면서 '사랑'을 고백해 버렸다.

"재…재영아, 예수님의 사…사랑으로 내가 너를 사…사랑한데이."
"뭐라카노? 오늘 나한테 빗자루로 처맞아서 니 정신 나간 거 아이가?"

그 후부터 신기하게도 이 친구가 나한테는 폭력을 휘두르지 않았다. 다시 폭력을 썼다가는 징그러운 '사랑 고백'을 또 받을까 봐, 오히려 나를 피하는 것 같았다. 이 일을 통해 나는 하나님의 말씀을 실천하는 것이 결코 쉬운 일이 아님을 깨달았다. 그럼에도 기분이 전혀 내키지 않더라도 내 육신을 쳐서 말씀에 복종시켜야 함을 몸소 알게 되었다. 그날 후로 '내가 내 몸을 쳐 복종하게 한다'는 바울의 고백(고전 9:27)을 힘써 따르기로 했다.

지긋지긋한 집안 분위기 (1994년 구지면 수리1리)

아버지는 몸이 조금 회복되자 예전에 하던 농장 일을 다시 시작하셨다. 아직 정상인만큼 건강이 회복된 것은 아니었다. 이전처럼 대규모의 농장 일은 하실 수 없었다. 그래서 우리 가족은 다른 마을로 이사해서 조그마한 돈사를 지어 다 같이 농장을 경영하게 되었다.

나는 학교 수업을 마치면 동생과 함께 곧바로 집에 와서 돈사 짓는 일에 합류해야 했다. 숙제할 시간이 없어 공책을 일터에 들고 갔다. 벽돌을 옮겨 가며 틈나는 시간을 이용해 숙제를 마무리해야 했다.

동생과 나는 집안의 이런 분위기를 정말로 싫어했다. 우리는 동네 친구들과 밖에 나가서 마음껏 뛰놀고 싶었다. 한번은 지준이가 일을 거들어 준다고 찾아왔길래, 내가 할 일을 모두 지준이에게 맡겨 놓고 몰래 나가서 하루 종일 놀다가 들어온 적도 있었다. 당연히 아버지한테 엄청나게 꾸지람을 들었다.

돈사 짓는 일이 어느덧 마무리되었다. 시간이 흘러 돼지가 한두 마리씩 늘어나자, 아버지는 날마다 우리를 차에 태우고 논공공단[7]으로 가셨다. 집안 형편상 돼지에게 먹일 사료를 살 돈이 없어서 그곳의 공장들을 돌아다니며 직원들이 먹다 남은 음식물 쓰레기를 얻어 와야 했다.

몸이 약한 아버지 혼자서는 도저히 해낼 수 없는 일이었다. 나는 동생과 함께 매일 수업이 끝나고 이 일에 동참해야 했다. 처음에 얼마간은 아버지를 위하는 마음으로 참고 따라 다녔지만, 몇 개월이 지나면서 더 이상 참을 수 없었다. 특히 공장 직원들이 먹다가 남긴 잔반(殘飯) 냄새가 참을 수 없을 정도로 역겨웠다.

---

7   대구광역시 달성군 논공읍과 현풍읍 일대에 있는 공업 단지이다. 현재는 '달성 1차 산업 단지'로 불린다.

그래서 한번은 따라가기 싫어서 아버지 몰래 마을 입구의 커다란 당산 (堂山)나무[8] 뒤에 숨어 버린 적도 있었다. 아버지는 나의 이런 행동 때문에 무척 속상해하셨다. 나는 아버지의 속마음을 헤아리지 못하고, 이런 집안 분위기를 마냥 싫어했다. 집에 들어가기 싫어서라도, 나는 더욱더 교회에 몰두했다. 정말이지 하루 종일 교회에 있고 싶었다. 집에 들어가 봤자 아버지한테 붙잡혀 힘든 일만 해야 했기 때문이다.

회심(?)을 경험한 내 동생 (1995년 초반, 구지면 수리1리)

중학교를 졸업할 무렵이었다. 동생은 국민학교 졸업을 앞두고 있었다. 그때까지도 동생은 몸만 교회에 다니고 마음은 전혀 다른 곳에 있었다. 추운 어느 날 저녁에 친구 지준이와 내 동생을 방으로 불렀다. 둘을 앉혀 놓고 내가 만난 하나님을 열심히 더듬더듬 증거하기 시작했다.

"온 우주를 창…창조하신 하나님은 죄에 빠진 우…우리 인간을 구원하시기 위해 독생자 예…예수님을 이 땅에 보내셨지. 그런데 당시 유…유대인들은 그분이 메시아라는 사…사실을 알아보지 못하고, 예수님을 그만 십자가에 못…못박아 버렸어. 하지만 전능하신 하나님은 독생자 예…예수님을 3일 만에 부활시키셨고, 이로써 온 천…천하에 십자가를 통한 구원의 길을 사람들에게 제시하셨어. 이제 우리는 이 예수님을 구세주로 영…영접하기만 하면 죄에서 벗어나 영…영생의 길, 그러니까 천국으로 들어갈 수 있는 길을 얻게 되었어. 나는 예…예수님을 만나지 않았다면 골치 아픈 우…우리 집안 문제 때문에 내 인생을 포기했을지도 몰라. 하…하지만 이제는 절대 그렇지 않아. 내 삶이 아무리 힘들고

---

8 마을 지킴이로서 신이 깃들어 있다고 여겨 사람들이 모시는 신격화된 나무이다.

고…고단할지라도 하나님께서 나를 확…확고히 붙들고 계신다는 사실을 믿어 의…의심치 않아."

저녁부터 시작된 나의 '설교'가 어느덧 새벽 1시를 향해 달리고 있었다. 다행히도 그 둘은 내 말에 정신없이 귀를 기울이느라 시간 가는 줄 모르는 듯했다. 그런데 동생이 갑자기 울음을 터뜨리며 자기 죄를 회개하는 것이 아닌가! 그 순간 나는 좀 당황스러웠지만, 성령께서 동생의 마음을 만지셨다는 사실을 알게 되었다. 드디어 동생도 내가 만난 하나님을 똑같이 체험한 것이다! 나는 그 둘에게 결단할 것을 요구하였다.

"이제부터 하…하나님을 위해 살고 싶다면, 그분을 간절히 찾…찾는 마음으로 두 손을 높이 들어 봐. 예수님을 영접하고 그분을 위해 살겠다고 함께 기도해 보자구!"

놀랍게도 내 동생과 지준이는 두 손을 번쩍 들고 하나님을 찾기 시작했다. 예수님이 우리에게 찾아오셨음을 나는 확신했다. 복음 전도가 목사님이나 직분자뿐 아니라 나처럼 말이 서툴고 어설픈 아이를 통해서도 가능하다는 걸 깨닫게 되었다. 확신하건대 동생은 예수님을 자기 마음에 영접했고, 마침내 하나님의 자녀로 거듭났다.

고등학교에 장학생(?)으로 합격 (1995년 2월, 현풍고등학교)

중학교 시절에 수학, 과학을 정말 좋아해서 한때는 과학 고등학교에 진학하려고 했다. 물상 선생님은 나의 수학, 과학 실력을 높이 평가하시며, 만약 이 두 과목만 시험 친다면 과학 고등학교에 충분히 입학할 수 있을 거라고 말씀하셨다. 나는 수학적 사고력은 뛰어났지만, 언어적 소질과 암기력이 심히 부족했다. 그래서 과학 고등학교를 포기하고 다른 학교를 선택할 수밖에 없었다.

특히 국어와 영어를 너무나 어려워했다. 나처럼 말더듬이 심한 친구들은 말을 제대로 구사하지 못하기 때문에 언어 능력이 떨어지는 건 어찌 보면 당연한 이치였다. 교과서 내용을 열심히 반복해서 국어와 영어 내신 성적은 그나마 유지했지만, 전국 단위의 모의고사에서는 그런 방법이 전혀 통하지 않았다. 또한 암기 과목도 마찬가지여서 학교 내신은 '벼락치기'로 며칠 공부해서 좋은(?) 성적을 유지했지만, 모의고사에서는 중위권을 겨우 유지할 정도였다.

어쨌든 집안의 열악한 형편을 고려해서 현풍고등학교[9]에 진학하기로 결심했다. 무엇보다 이 학교는 쌍용 그룹이 경영하는 사립 학교라서 다른 학교에 비해 장학금 제도가 잘 갖춰져 있었다. 그래서 나는 이 고등학교에 반드시 장학생으로 입학하고 싶었다.

하지만 입학시험 날부터 수험표를 집에 놓고 와 버렸다. 왠지 모르게 불길한 예감이 들었다. 다행히도 아버지가 부리나케 차를 몰고 내 수험표를 가져다 주셔서 무사히 입학시험을 마칠 수 있었다.

정말 감사하게도, 내가 바라던 대로 현풍고등학교의 장학생(?)이 되었다. 참으로 아슬아슬하게 장학생 중에 꼴찌인 전교 13등으로 입학했다. 물론 내 입학 성적은 대구 시내 학교와 비교하면 고교 평준화 커트라인을 약간 웃도는 수준에 불과했다. 그만큼 시골 지역의 학교들이 성적에 있어서는 도시 지역의 학교에 비해 한참 뒤처져 있었다. 그래도 나는 꼴찌 장학

---

9   대구광역시 달성군 현풍읍 성하리에 위치한 사립 고등학교이다.

생으로 뽑혔다는 사실만으로도 하나님께 정말 감사드렸다.

'하나님, 감…감사합니다! 부족한 저를 현…현풍고등학교의 장학생으로 만들어
주…주셔서 참으로 감사드립니다. 앞으로 더욱 열…열심히 노력해서 좋은 성적
으로 주…주님께 영광을 돌리겠습니다. 그리고 더욱 신실한 그…그리스도인이
되겠습니다!'

'첫 사랑'과의 대면 (1995년 초, 구지교회)

우리 교회에서 문학의 밤을 준비하고 있었다. 매년 2월에 중고등부가
'하나 되게 하소서'라는 이름으로 가지는 큰 행사였다. 나는 중고등부 회
장으로서 고등학교에 입학하기 몇 달 전부터 지체들과 함께 열심히 준비
했다. 마침내 우리는 그동안 갈고닦았던 기량을 발휘해서, 행사에 참석한
친구들에게 하나님의 은혜를 마음껏 나누었다.

행사를 마치고 이웃 교회의 형제자매들에게 꽃다발을 많이 받았다. 그
중에 어떤 자매가 유난히 나의 시선을 사로잡았다. 그 자매에 대해 아는
바가 전혀 없었지만, 이상하게도 내 마음이 끌리고 있었다. 난생처음 한
자매에게 야릇한 감정을 느낀 후로 행복한 기대감 속에서 하루하루를 보
냈다. 그 후 얼마 지나지 않아 고등학교에 입학했다.

어느 주말의 깊은 밤이었다. 동생과 함께 나는 돼지우리에서 일하고 있
었다. 마침 아버지는 우리에게 일거리를 맡겨 놓고 밖에 볼일을 보러 나가
셨다. 우리는 아버지가 안 계시는 틈을 타서 잠시 농땡이를 치며 소담(笑談)
을 즐기고 있었다.

그 순간 캄캄한 돼지우리 안으로 불어오는 바람 소리와 함께, 방 안에
서 전화벨 소리가 어렴풋이 들려왔다. 괜한 기대감에 사로잡혀서 동생을

제쳐 두고 전화를 받기 위해 부리나케 큰방으로 달려갔다.

"여…여보세요?"

"네, 안녕하세요. 혹시 권율 형제님과 통화할 수 있을까요?"

"제가 권율 형…형젠데, 실례지만 누…누구시죠?"

"네. 저는 사촌교회에 다니는 이희영 자매라고 합니다. 혹시 형제님이 저를 기억하실지 모르겠네요."

"혹시 우…우리 교회 문학의 밤 행…행사 때 저…저한테 꽃다발을 건…건네준 자매예요?"

"기억하시네요. 그때 여러 자매들 중에 제가 끼어 있었습니다."

그 순간 확신이 밀려왔다. 지금 통화하고 있는 자매가 그날 내 마음을 사로잡았던 바로 그녀임을. 자매가 어떻게 우리 집 전화번호를 알아냈는지 모르지만, 아무튼 내가 누군가에게 관심 받고 있었다는 자체가 정말 기분이 좋았다. 어느덧 나의 첫 사랑은 시작되었다.

심히 겉늙은 나의 외모 (1995년 3월, 현풍고등학교)

고등학교에 입학해서 낯선 분위기에 적응하느라 무척 긴장했다. 나처럼 말더듬이 심한 사람은 새로운 환경에 노출되면 한동안 엄청난 긴장에 사로잡힌다. 현풍은 내가 살던 구지보다 훨씬 발전되고 인구도 많은 곳이었다. 그래서 다른 지역의 많은 학생들도 현풍고등학교에 진학했다.

입학한 첫 달에는 타 지역에서 온 친구들의 얼굴을 익히느라 모두들 정신이 없었다. 중학교 때도 그랬지만 이번에도 역시 나의 조숙한 외모 때문에 웃지 못할 해프닝이 자주 벌어졌다. 객관적으로 봐도 내가 또래들보다는 훨씬 더 나이가 들어 보였다.

어느 날 수학 문제가 잘 풀리지 않아 교무실로 수학 선생님을 찾아갔다. 하지만 선생님을 만나지 못하고 교무실에서 나왔고, 때마침 그 앞을 지나가던 친구에게 수학 선생님의 행방을 물어 보았다.

"저…저기, 혹시 수학 선생님이 지금 어…어디 계시는지 알고 있어?"
"예, 방금 제가 교무실에서 수학 선생님을 뵙고 나왔습니다."

갑자기 이 친구가 존댓말을 써서 무척 당황스러웠지만, 계속해서 대화를 이어 갔다.

"안 계시더라고. 나…나도 방금 교무실에서 나오는 길인데, 선…선생님을 못 만났거든. 혹시 네가 다…다른 분으로 착각한 거 아냐?"
"아닌데요. 형이 찾고 있는 그 수학 선생님이 저희 1학년 5반 담임이라서 제가 잘 알고 있는데요."

아뿔싸, 이 친구는 자기 눈에 내가 선배로 보였던 모양이다. 같은 1학년끼리 형이라고 부르다니! 하지만 이번 사건은 잇따라 벌어질 해프닝의 서곡에 불과했다.

한번은 학교 안을 돌아다니고 있는데, 학생 과장 선생님이 나더러 2학년 선배 한 명을 불러오라고 하셨다. 그래서 2학년 교실 앞을 서성거리다가 어떤 형에게 다가가 말을 걸었다.

"저…저기, 지금 학생 과장 선…선생님이 좀 오라고 하시는데……."

순간 내가 너무 긴장해서 말을 채 끝내기도 전에 그 형이 먼저 대답했다.

"왜요? 제가 무슨 잘못이라도 했습니까?"
"아뇨, 그게 아니라 뭐 부…부탁할 게 있다고 하십니다. 저…저한테 말씀 편하게 하세요. 저 아…아직 1학년입니다."
"뭐? 그쪽이 아직 1학년이라고…요?"

이런 식으로 나는 고등학교에 입학할 때부터 사람들에게 적잖은 오해를 받았다. 어느새 친구들은 나에게 '할배' 혹은 '영감쟁이'라는 별명을 붙여 주었다. 그렇지만 이런 별명이 싫지가 않았다. 오히려 소심한 내가 이런 별명 때문에 친구들과 가깝게 지낼 수 있어서 그런대로 마음에 들었다.

물론 불편한 점도 이만저만 아니었다. 버스를 타려고 매표소에 가서 학생 차표를 달라고 하면 직원이 나한테 "정말 학생이세요?"라고 되물으며 정색하기도 했다. 심지어 어떤 때는 내가 교복을 입고 있는데도 학생증 제출을 요구하는 이상한 직원도 있었다. 그래서 나는 매표소 직원들과 다투기 싫어서 종종 성인 차표를 그냥 달라고 한 적도 있었다.

하지만 우리 하나님은 사람을 외모로 평가하지 않으신다는 사실을 생각하며 나 스스로를 위로하였다. 이상한 매표소 직원들을 대할 때마다, "사람은 외모를 보거니와 나 여호와는 중심을 보느니라"(삼상 16:7)는 말씀을 기억하며 우울한 내 마음을 달래곤 했다.

드디어 '엄마'가 생기다! (1995년 봄, 구지면 수리1리)
두 며느리가 집을 나가자 모두들 공허해졌다. 그래서인지 아버지는 건강을 조금 회복한 후에 또다시 예전의 습관을 좇아 '춤바람'에 열을 올리셨다. 아버지는 이전에 심장병으로 쓰러지기 전까지 우리 민족의 정서대로 음주 가무(飮酒歌舞)를 항상 즐기셨다. 이제는 중병에 걸려 더 이상 음주는 불가능했고, 다만 가무만을 즐기실 뿐이었다.

앞서 언급했듯이, 우리 식구들은 다른 마을로 이사해서 돈사를 새로 짓고 원래 있던 집 구조를 바꾸었다. 아버지는 집안 형편상 일꾼을 불러 일을 시킬 수 없어서 두 아들을 데리고 친히 대(大)공사에 뛰어들었다. 그 덕분에 나는 아버지가 더욱 싫어졌다.

시간이 지나 집안 공사가 마무리되자 아버지는 또다시 예전처럼 '춤바람'이 났다. 건강이 정상인만큼 회복된 것은 아니지만, 아버지는 굳건한 사명 의식을 가지고 가무에 몰두하셨다.

그러던 어느 날 아버지는 어떤 아주머니 한 분을 집으로 데려오셨다. 내가 볼 땐 큰방에서 할머니와 함께 셋이서 중대한 모의(?)를 하는 듯했다. 얼마 지나지 않아 아버지는 두 아들에게 그 아주머니를 소개하셨다.

"어서 인사해야지. 이제부터 너희 엄마가 될 분이다."
"네? 안…안녕하세요, 아줌마……."
"아줌마라니? 엄마라고 해야지."

그 순간 무척 당황스러웠지만 한편으로는 우리 집에 새어머니가 오셨다는 사실에 정말 기뻐했다. 왜냐하면 친구 집에 놀러갈 때마다 마음이 힘들었기 때문이다. 엄마들이 자기 자식을 품에 안고 "귀여운 내 새끼!"라고 부를 때마다 피눈물을 삼키곤 했었다. 심지어 아버지는 새어머니가 오지 않았으면 두 아들을 보육원에 보내려고 했었다. 다행히도 우리 형제는 새어머니 때문에 보육원 신세를 면할 수 있었다.

새어머니는 예수님을 믿지 않지만 정말 선한 분이었다. 불쌍한 사람을 보면 언제나 연민의 눈물을 흘리셨다. 이렇게 선한 분이 어떻게 우리 집같이 골 때리는 가정에 들어올 생각을 하셨을까? 혹시 하나님께서 아버지의 뛰어난(?) 춤 솜씨로 새어머니의 마음을 사로잡게 하신 것은 아닐까? 아니면 당신도 전남편과 자식을 버려두고 나온 사람이라 아버지한테 혹시 연민을 느꼈던 것은 아닐까?

매주 토요일의 전도 훈련 (1995년 무더운 여름, 달성군 구지면)

어느 날 우리 교회에 새로운(?) 전도사님이 부임하셨다. 사실 내가 처음 교회에 갔을 때 계셨던 남영기 전도사님이었다. 잠시 다른 곳에 계시다가 또다시 우리 교회로 오시게 되었다. 나는 이분으로부터 평생 잊지 못할 은혜를 경험했다. 비록 그분의 체구는 왜소하게 보였지만, 그 중심에는 '성령의 불'이 늘 도사리고 있었다. 이분에게 역사하시는 성령께서 어느덧 나의 삶을 조금씩 변화시키고 계셨다.

토요일마다 학교 수업이 끝나면 곧바로 교회당으로 달려갔다. 하루 종일 전도사님을 따라다니며 전도하는 법을 열심히 배웠다. 고등학교 교복이 전도 유니폼처럼 보였다. 전도사님은 교회 장로님께 오토바이를 빌려 나를 태우고 신나게 전도하러 다니셨다. 우리는 오토바이 뒤에 초코파이 한 박스를 싣고 이 동네 저 동네를 돌아다녔다. 주로 어린이들을 대상으로 복음을 증거하였다.

나는 전도사님의 뛰어난 유머와 재치에 늘 감탄했다. 이분은 남녀노소를 막론하고 사람을 정말로 잘 웃기셨다. 이분께는 곧바로 자기 말에 귀를 기울이도록 만드시는 은사가 있었다. 한번은 지나가는 아주머니에게 전

도사님이 먼저 인사하시고는, 갑자기 나를 쳐다보며 방금 그 아주머니 누구냐고 하신 적도 있었다. 아무튼 전도사님의 이런 엉뚱한 모습까지도 정말 본받고 싶었다.

게다가 전도사님은 하나님의 말씀을 진정으로 사모하셨다. 호주머니 속에 항상 암송 쪽지를 넣고 다니셨는데, 잠시라도 틈만 나면 그것을 꺼내 중얼중얼 말씀을 암송하셨다. 전도사님은 나를 데리고 다니시며 말씀의 중요성을 가르쳐 주셨고, 삶의 기준을 하나님의 말씀에 두어야 한다고 강하게 조언하셨다.

어느 무더운 토요일이었다. 전도사님과 나는 우리 교회에서 가까운 마을에 들어가 복음을 전하고 있었다. 전도용으로 준비한 초코파이가 뜨거운 햇볕에 흐물흐물 녹아내리는 듯했다. 평소에는 동네 아이들이 길거리에 많았는데, 이날따라 유난히 더워서인지 도무지 눈에 띄질 않았다. 그래서 전도사님은 아이들의 집으로 직접 찾아가자고 하셨다.

"민수야, 전도사님 왔다. 들어가도 되나?"

아무런 인기척이 없었다. 전도사님과 나는 초코파이를 들고 집 안으로 들어가 보기로 했다. 그런데 갑자기 민수 아버지가 대뜸 방문을 열고서 큰 소리로 나무라기 시작했다.

"당신들이 뭔데 자꾸 우리 애한테 교회 나오라고 꼬드기는 거요? 빨리 안 나가 면 경찰에 신고해 버릴 줄 알아!"

"저희는 단지 예수님의 사랑을 아이들에게 전하려고……."

"허튼 수작 부리지 말고 빨리 나가란 말이오!"

전도사님과 나는 황급히 쫓겨 나와 오토바이에 올라탔다. 그때 놀라운 광경이 눈앞에서 펼쳐지고 있었다. 전도사님이 갑자기 찬송을 부르기 시작하셨다! 그 순간 나는 전도사님의 불타는 심령에 감동을 받아, 예수님의 십자가를 힘써 따르기로 결심했다. 그리스도인들이 복음을 증거하다가 핍박받을 때 오히려 기뻐 찬송해야 함을 직접 보면서 전인격적으로 깨달았다. 성경에 나오는 사도들도 예수님 때문에 당하는 고난과 모욕을 오히려 자신들의 기쁨으로 여겼다.

사도들은 그 이름을 위하여 능욕 받는 일에 합당한 자로 여기심을 기뻐하면서 공회 앞 을 떠나니라 _행 5:41

할머니에게 쫓겨난 우리 형제 (1995년 겨울, 경남 창녕군 대합면)

중학교 때와 달리 고등학교는 버스를 타고 가야 했다. 학교에 가려면 몇 킬로미터를 걸어가 시외버스를 타고 15분 정도 더 가야 했다. 그래서 아침 자율 학습 시간에 종종 지각했다. 처음에는 학교 가는 일에 적응이 덜 된 것으로 생각했지만, 시간이 지날수록 적응하기는커녕 도리어 게을러지는 내 모습을 발견했다.

아버지는 할머니로부터 다시 독립했다. 새어머니와 함께 경남 창녕군 대합면에 소재한 목단이라는 마을로 이사하셨다. 당신의 두 아들은 아직 할머니 집에 남아 있었다. 새어머니는 아버지를 할머니 품에서 벗어나게 한 '구세주'였다. 전남편에게서 벗어나 수십 년 동안 벌어 둔 돈으로 농장을 아버지의 명의로 매입했으니, 이로써 아버지를 향한 새어머니의 진실한 사랑이 입증된 셈이었다.

이 때문인지 언젠가부터 우리 형제를 바라보는 할머니의 시선이 사뭇 달라졌다. 더군다나 중학교 때와는 달리 내가 자꾸만 게을러지니 할머니는 나를 더욱 못마땅하게 여기셨다.

가을바람이 부는 어느 날이었다. 할머니가 버럭 화를 내시더니 갑자기 내 뺨따귀를 후려갈기며 소리치셨다.

"율이 너도 빨리 동생 데리고 니 아비한테 가란 말이야!"

할머니한테 뺨을 얻어맞은 순간 정신이 멍해졌다. 내 방으로 들어가서 흐느껴 울었다. 난 그저 할머니가 이번에도 아버지와 심하게 싸워 나한테 화풀이하셨다고 생각했다. 그런데 어찌된 영문인지 정말로 아버지가 두 아들을 데리러 오셨다. 우리는 모든 짐을 꾸리고 아버지 차를 타고 새어머니가 계신 농장으로 향했다.

광야 학교에 입학하다 (1995년 말, 대합면 목단리)

하나님은 나를 광야 학교에 몰아넣으셨다. 신앙생활을 시작한 지 몇 년 되지 않았지만, 성경을 보니 광야의 의미가 새롭게 다가왔다. 성경에서 '광야'는 위대한 인물들을 배출한 은혜의 현장이다.

모세는 이스라엘의 지도자가 되기 전에 왕자의 신분을 박탈당하고 '미디안 광야'에서 하나님을 만났다(출 3:1-12). 사사 시대의 입다도 위대한 용사로 쓰임 받기 전에 자신이 기생의 아들이라는 이유로 형제들에 의해 '돕 땅'으로 쫓겨났다(삿 11:1-4). 세례 요한도 성령으로 충만하여 이스라엘 백성에게 나타나기 전까지 '빈 들'에 거하였다(눅 1:80). 심지어 성령께서 예수님마저 40일 동안 '광야'로 몰아내셨다(막 1:12-13).

이처럼 광야는 한 영혼을 하나님의 사람으로 만들기 위해 당신께서 예비하신 은혜의 현장이다. 나를 할머니 품에서 벗어나게 하여 산골짜기 농장으로 보내신 분은 다름 아닌 하나님이셨다. 할머니가 내 뺨따귀를 후려갈긴 것은 하나님이 내리치신 '은혜의 매질'이었다.

하지만 고등학생에게 광야 학교의 현장은 생각만큼 쉽지 않았다. 집구석이 너무나도 싫어 밤에 잠들면서 집 나갈 계획을 여러 번 세우기도 했다. 어떤 때는 집에 있는 사냥용 공기총으로 농장의 돼지들과 개 떼들을 모조리 쏘아 죽이고 싶었다. 다른 건 그런대로 참을 수 있었지만, 아버지가 노골적으로 나의 신앙을 핍박하는 건 도저히 견딜 수 없었다. 어느 날 아버지는 위협적인 말투로 나의 신앙생활을 나무라셨다.

"앞으로 성경 보다가 나한테 걸리면, 그땐 성경책이고 뭐고 전부 불태워 버릴 줄 알아! 이 새끼가 요즘 교회에 미쳐도 단단히 미쳤구먼."

하지만 아버지의 위협이 아무리 극에 달해도 말씀을 향한 나의 열정을 잠재울 순 없었다. 그 후로는 성경책을 가방에 숨겨 놓고 학교에서만 성경을 보거나, 아니면 새벽에 1시간 더 일찍 일어나 아버지 몰래 말씀을 묵상하기도 했다. 그러다가 한번은 들켜서 성경책과 신앙 서적들을 모조리 압수당했다.

그래도 성경을 향한 나의 열정은 좀처럼 식지 않았다. 하루하루 성경을 읽고 싶어서 견딜 수 없었다. 어느 날 할머니 집에 가서 성경책을 몰래 훔쳐 왔다. 분명히 8계명을 어긴 도둑질이지만, 이런 상황에서 성경책을 훔친 건 하나님이 왠지 용서해 주실 것 같았다.

역시 나 같은 사람은 고난을 당해야 영적으로 성숙하나 보다. 물론 당시에는 고난과 역경 속에 갇혀 이것이 은혜의 순간인지는 솔직히 잘 몰랐다. 하지만 시간이 지나고 나서 그 고난의 순간들이 '전능자의 손길'이었음을 깨닫게 되었다! 마찬가지로 지금의 고난도 시간이 지난 후에야 '전능자의 손길'임을 깨닫게 되리라!

찬송하리로다 그는 우리 주 예수 그리스도의 하나님이시요 자비의 아버지시요 모든 위로의 하나님이시며 우리의 모든 환난 중에서 우리를 위로하사 우리로 하여금 하나님께 받는 위로로써 모든 환난 중에 있는 자들을 능히 위로하게 하시는 이시로다 _고후 1:3-4

수렁에서 건지시는 하나님

더욱 심해지는 가정의 핍박,

한동안 타락의 늪에 빠졌지만

다시 일으키시는 그분의 은혜

두 명의 '천사'를 만나다! (1996년 봄, 대구시 달성군 현풍면)

여러 일로 정신없이 지내다가 고등학교 2학년이 되었다. 점심시간이 되면 친구들과 함께 교실 밖 아늑한 곳에서 도시락을 나눠 먹었다. 짓궂은 녀석들은 자기 걸 빨리 먹어 치우고 이리저리 돌아다니며 다른 친구들의 도시락을 뺏어 먹었다. 우리는 이놈들의 눈길을 피해 한적한 곳에서 밥을 먹었다.

따스한 햇볕이 내리쬐는 어느 봄날이었다. 중학생으로 보이는 조그마한 녀석이 점심을 먹는 우리에게 다가와 돈을 달라고 했다. 겁도 없이 중학생 주제에 감히 고등학생 형들에게 찾아와 점심 값을 달라고 하다니! 그런데 참 이상했다. 이 녀석은 거의 매일 찾아와 우리에게 돈을 요구했다. 어느 날 나는 이 녀석을 붙들어 놓고 정체를 알기 위해 '심문'하기 시작했다.

"너 이름이 뭐야? 왜 자꾸 우…우리한테 돈을 얻으러 오…오는 거지?"

"저는 김병창이라고 합니다. 점심 먹고 싶은데 돈이 없어서요."

"엄마가 도…도시락 안 싸 주시나?"

"저희 집엔 저 혼자밖에 없어요. 아빠는 공사장에서 일하다가 허리를 다쳐 병원에 입원해 계시고, 지금 엄마는 새엄마인데 얼마 전에 집 나갔어요. 형하고 누나는 벌써 가출해서 집에 거의 안 들어와요."

병창이의 말을 듣다가 심히 부끄러워졌다. 누군가 도와주지 않으면 하루 종일 굶어야 하는 상황이었다. 그동안 나의 쌀쌀맞은 태도가 병창이의 마음을 얼마나 힘들게 했을까? 이전까지는 세상에서 내가 제일 불쌍하다고 생각했지만, 그날 후로는 절대 그렇게 생각하지 않았다. 나보다 훨씬 더 힘들게 살아가는 사람들이 있다는 걸 깨달았다. 마침내 결심했다. 병창이를 내 친동생처럼 사랑하기로!

"이제부터 매…매일 점심시간 때 고등학교 건물 1층 현…현관에서 기다리렴. 이형이 매…매일 1,000원씩 줄게. 알았지?"
"네? 그러실 필요까지는 없는데요. 아무튼 감사합니다."

다음 날부터 점심시간만 되면 병창이를 찾아가 1,000원씩 주었다. 학교 매점에서 우동 한 그릇 사 먹고도 200원이 남는 돈이었다. 그리고 성경 말씀을 병창이에게 날마다 들려주었다. 물질은 쓰고 나면 없어지지만, 생명의 말씀이 병창이의 마음에 심긴다면 그것은 언젠가 자라나서 천국의 열매를 거둘 것이다. 평소 내가 했던 것처럼 성경 말씀을 쪽지에 적어서 병창이에게 주며 한 주 동안 암송해 오라고 시켰다.

아들을 낳으리니 이름을 예수라 하라 이는 그가 자기 백성을 그들의 죄에서 구원할 자이심이라 _마 1:21

병창이의 꿈은 훌륭한 경찰이 되는 것이었다. 나는 이 친구에게 그리스 도 안에 있는 천국의 소망을 심어 주었다. 현재 우리의 모습이 정말 초라 하고 볼품없어도, 예수님을 믿고 거듭나서 미래를 차근차근 준비한다면 나중에 큰사람이 될 거라고 격려해 주었다.

그런데 문제가 생겼다. 날이 갈수록 나는 '재정 압박'을 받게 되었다. 부 모님 몰래 병창이를 돕고 있어서 매일 1,000원을 마련하기가 쉽지 않았다. 물론 용돈을 최대한 아껴 기쁜 마음으로 이 아이를 돕고 있었다.

그러다 몇 달이 지났다. 어느 날 수중에는 집에 갈 때 써야 할 차비 1,000원만 남았다. 점심시간 때 병창이에게 오늘 하루만 굶자고 말할 생각 이었다. 하지만 생각을 이내 접어야 했다. 점심 값을 애타게 기다리는 병 창이의 얼굴을 보는 순간, 차마 그렇게 말할 수 없었다.

"병창아, 오늘도 형이 점…점심 값으로 1,000원 준비했다. 얼른 받으렴."

"율이 형, 부담되시면 이제 안 주셔도 돼요."

"부담되기는. 난 병창이 같은 동…동생이 있어서 정말 기뻐. 밥 먹기 전에 오…
오늘도 형한테 성경 말씀 들어야지?"

이날따라 병창이가 내 생각을 알아차렸는지 왠지 부담스러워하는 것 같았다. 앞으로 어떻게 병창이를 도와야 할지 막막하기만 했다. 방과 후에 친한 친구에게 차비를 빌려 버스 정류장으로 향하고 있었다. 나도 모르게 기도가 나왔다.

'하나님, 내…내일부터 저 어떻게 하지요? 제 딴에는 성경 말…말씀에 순종해서
구제 사역 한답시고 일을 저…저지른 건데 이제는 앞이 캄캄합니다. 내일부터

병…병창이 그만 만날까요? 하나님 아버지께 이제 모든 걸 맡…맡기겠습니다.'

깊은 고뇌에 잠긴 채 정류장으로 향하고 있었다. 그때 기적 같은 일이 일어났다. 갑자기 낯선 아저씨가 나를 붙들어 세우며 말을 건넸다.

"학생, 혹시 차비 있어? 없으면 내가 끊어 놓은 차표 학생이 가져."
"네? 갑자기 이…이걸 왜 저한테……."
"난 필요 없으니까 아무튼 학생이 가지게나."

아저씨는 이 말만 하고 불현듯 사라졌다. 나는 심히 당황스러웠고 화들짝 놀랐다. 도대체 이게 무슨 일인지 생각하다가 마침내 정류장에 도착했다. 버스 도착할 시간이 남아서 대합실에 앉아 성경책을 펴 들고 묵상하기 시작했다. 그런데 이번에는 20대 중반으로 보이는 어떤 누님이 다가왔다. 신기하게도 아까 그 아저씨와 거의 똑같은 말을 하는 것이 아닌가!

"학생, 혹시 차비 없어서 고민하고 있는 거 아니니? 없으면 내가 차비 줄까?"
"네? 원…원래는 없었는데, 조금 전에 오…오다가 우연히 생겼는데요. 아…아무튼 감사합니다."

그 순간 어떤 깨달음이 번개처럼 밀려왔다. 같은 일이 두 번씩이나 반복되는 건 결코 우연히 아님을 깨달았다. 아니, 세상의 모든 일이 하나님의 간섭 없이는 결코 일어날 수 없다는 걸 알게 되었다. 전능하신 하나님께서 나의 '구제 사역'을 처음부터 이제껏 지켜보고 계셨던 것이다!

이 사실을 깨닫는 순간 갑자기 온몸에 소름이 돋기 시작했다. 주께서 내 삶의 세밀한 부분까지 간섭하고 계신다는 사실에 정말 감사했다. 그리고 성경 말씀 두 구절이 실제적으로 다가왔다. 성령께서 깨닫게 해 주신 것 같았다.

> 나의 하나님이 그리스도 예수 안에서 영광 가운데 그 풍성한 대로 너희 모든 쓸 것을 채우시리라 _빌 4:19

> 그런즉 너희는 먼저 그의 나라와 그의 의를 구하라 그리하면 이 모든 것을 너희에게 더 하시리라 _마 6:33

더욱 심해지는 아버지의 핍박 (1996년 겨울, 창녕군 대합면 목단리)

아버지는 더 이상 세례 교인이 아니었다. 신앙인으로서 하기 힘든 말과 행동을 서슴지 않았다. 매서운 겨울바람이 몰아치는 어느 날이었다. 신학에 대한 나의 결심을 알아차린 아버지는 노골적으로 나를 핍박하기 시작했다. 더구나 여자 친구가 나한테 그렇게 하도록 부추긴다고 판단하셨다.

"이 새끼가 드디어 미쳤나? 뭐, 신학 대학에 간다고? 목사 되면 평생 남 뒤치다꺼리하고 돈도 못 버는데, 그게 뭐가 좋다고 목사 되겠다고 난리고? 이게 다 그년 때문이지?"

"제가 그 길 가…가는 거랑 희영이는 아무 상…상관이 없어요. 저는 중학교 때부터 신…신학 공부하려고 꿈꾸고 있었다구요!"

"뭐? 그 길 좋아하네. 이 새끼가 요즘 안 맞아서 정신이 나갔나 본데, 빨리 밖에 가서 대나무 몽둥이 꺾어 와!"

아버지의 명령대로 대나무 몽둥이를 내 손으로 직접 만들어 갖다 바쳤다. 나는 엎드려뻗친 상태에서 30분 동안 대나무 몽둥이로 아버지한테 두들겨 맞았다. 이튿날 학교에 갔는데 엉덩이가 부어올라 통증이 심해 똑바른 자세로 앉을 수가 없었다.

희영이에게 피해를 줄지도 모르겠다는 생각이 들었다. 그래서 더욱 신중하게 처신했다. 우리는 시간을 정해서 아버지 몰래 전화 통화를 했고, 교회 행사 때 말고는 전혀 만나지도 않았다. 물론 나중에는 아버지가 노여움을 푸시고 한동안 희영이를 따뜻하게 대해 주시기도 했다.

그렇지만 자식이 교회 생활에 미쳐 있다는 사실에는 관용을 베풀지 않았다. 급기야 아버지는 내가 교회 수련회에 참석하는 것까지 막으셨다. 어느 날 교회 사모님과 장로님 한 분이 나 때문에 우리 집에 찾아오셨다.

"권 선생님, 율이가 이번 수련회에 참석하도록 허락해 주시오."
"수련회 좋아하지 마시오. 당신들 때문에 내 아들이 교회에 미쳐 날뛰는데, 수련회까지 보내면 증상이 더 심해질 게 아니오? 학생이 하라는 공부는 안 하고 허구한 날 성경책만 보고 있으니, 이게 다 교회 때문이란 말이오!"

아버지는 예전에 성도들이 베풀어 준 은혜를 잊어버린 듯했다. 당신이 병으로 쓰러져 누워 있을 때 교인들이 찾아와 쏟아부은 은혜를 이런 식으로 문전 박대하다니, 이건 상식에도 어긋나는 일이었다. 수련회에 참석하지 못하는 것보다 아버지가 교인들을 이런 식으로 대하는 태도가 더욱 못마땅했다.

　건강이 나쁜 아버지는 평일에 못 다한 농장 일을 주말에 두 자식에게 맡기셨다. 때때로 일거리가 산더미같이 밀리곤 했는데, 그럴 때면 동생과 함께 토요일 밤 늦게까지는 일을 끝내야 했다. 이유는 단 하나, 주일에 교회 가기 위해서였다! 가끔씩 사정이 생겨서 토요일에 일을 못 끝내면, 슬프게도 우리는 교회에 갈 수 없었다.

　한번은 주일 아침에 돈사에서 일하다가 삽자루를 집어던지고 교회에 가 버렸다. 하지만 몸이 아픈 아버지를 생각하니, 양심상 두 번 다시 그렇게 할 수 없었다. 주일에 교회 가지 못하고 농장에서 일을 할 때면, 우리는 돼지 똥을 치우면서 찬송을 부르며 하나님의 말씀을 선포했다. 동생이 은혜로운 찬양을 한 곡 부르고 나면, 나는 평소에 암송했던 성경 말씀을 나누며 동생과 함께 둘 만의 '주일 예배'를 드리곤 했다.

　우리는 강압적인 집구석을 벗어나고 싶었다. 신앙의 자유를 찾아 가출할 계획도 몇 번 세웠지만, 사냥을 즐기시는 아버지의 공기총과 권총 두

자루를 쳐다보면 그런 마음도 이내 사라졌다.

아버지는 그 옛날 하사관[10] 출신이어서 그런지 평범한 성격이 아니었다. 입대 전부터 우리는 군 생활을 미리 경험하는 듯했다. 날마다 신발을 한 줄로 정리해 놓아야 했고, 아침 기상 시간을 철저하게 지켜야 했다. 그렇지 않으면 한 주 내내 위협적인 잔소리를 들었다. 참 신기하게도 새어머니에게는 함부로 대하지 않으셨다. 예전에 집 나간 친엄마에게 했던 것처럼 대했다간 또다시 버림받을까 봐 두려우셨던 모양이다.

일상이 너무 괴로울 때면 뒷산에 올라가 기도하며 하나님께 울부짖었다. 심지어 새벽에 몰래 일어나 마당의 뒷간(재래식 야외 화장실) 옆에서 무릎을 꿇고 처절하게 기도하기도 했다.

'하나님 아버지, 제가 현…현재의 고난에 실족하지 않도록 도…도와주십시오. 예전에 저보다 훨씬 더 심한 핍…핍박에 시달린 신앙 선배들을 기…기억하게 하시고, 장차 누리게 될 하…하나님의 은혜를 기대하며 하…하루하루를 살아가게 하소서.'

신앙을 지키려고 할수록 사탄이 나를 방해하려고 덤벼드는 것 같았다. 어느 날 새벽에 꿈을 꿨는데, 어둠에 둘러싸인 한 형체가 나를 이끌고 어떤 문 앞으로 다가갔다. 그 어둠의 영이 문을 열자 갑자기 불상(佛像)이 눈앞에 나타났다. 그 영은 나더러 빨리 엎드려 절하라고 위협했다. 그 순간 나는 담대하게 소리치며 그 영을 대적했다.

---

10 현재는 '부사관'이라는 명칭을 사용한다.

"예수 그리스도의 이름으로 내가 명하노니, 사탄은 속히 물러가라!"

술꾼에게 시도한 복음 전도 (1997년 초, 대구시 달성군 현풍면)

고난과 핍박이 '소강상태'에 접어들었다. 어느새 고등학교 3학년을 앞두고 있었다. 나는 여느 친구들처럼 방학 중에 보충 수업을 받아 본 적이 없다. 그래서 나의 작은 소망은 방학 때 친구들과 함께 학교에서 자유롭게 공부하는 것이었다.

매 학기 방학이 시작될 쯤에 아버지는 학교에 전화를 하셨다. 집안 사정상 아들을 방학 중 보충 수업에 보낼 수 없다고 담임 선생님께 미리 통보하셨다. 당신의 두 아들은 방학이 되면 농장 수리를 비롯한 온갖 노동에 시달려야 했다. 그래서 방학 기간에 학교에서 수업 듣는 친구들을 정말 부러워했다.

일주일 남짓한 봄 방학에는 학교 수업이 없었다. 하지만 잠시라도 집에서 벗어나 공부에 전념하고 싶어서 찬밥을 싸 들고 학교에 갔다. 정말 감사하게도 아버지가 이번에는 유래 없는 호의를 베푸셔서, 당신 자식이 학교 가서 공부하도록 허락하셨다. 얼마나 감격스러웠는지.

간만의 자유를 만끽하며 아무도 없는 텅 빈 교실에서 홀로 열심히 공부에 집중했다. 시간을 맞춰 놓고 공부하다가 점심시간이 되면 도시락을 맛있게 까먹었다. 그러고 나서 학교 앞 매점에 잠시 들러 음료수를 사 마셨다. 매일 이곳에 찾아가서 그런지 매점 아주머니와 나는 어느새 친한 사이가 되었다.

어느 날이었다. 점심을 먹고 보통 때처럼 학교 앞 매점에 들렀는데, 어떤 술주정뱅이가 무언가를 손에 들고 뒤따라 들어왔다. 그 순간 매점 아주머니가 난감한 표정을 지으며 말했다.

"율아, 저 아저씨 어떻게 좀 해 볼래? 거의 매일 우리 집에 찾아와서 술 달라고 행패를 부려. 돈이 없으니까 얼마 전부터 자기 집 쌀까지 퍼 들고 와서 술이랑 바꾸자고 그러네. 이젠 정말 나도 미칠 지경이다."

나는 정의감에 불타서 아저씨를 붙잡아 밖으로 끌어내었다. 만취 상태에 있는 아저씨에게 집이 어디냐고 다그쳐 물었다. 비틀거리는 자세로 아저씨는 자기 집으로 발걸음을 옮겼다. 아저씨는 내 손에 이끌려 가는 와중에도 술 가져오라고 고래고래 소리를 질러 댔다. 아저씨의 집은 우리 학교에서 그리 멀지 않은 곳에 있었다. 술 취한 아저씨를 일단 방 안에 밀어 넣고는 방문을 닫아 버렸다.

"학생, 술 가져오란 말이야!"
"알…알겠어요. 일…일단 밖에 나가서 술 사 올 테니 입 좀 다물고 가…가만히 계세요."
"학생, 술 사 온다는 핑계 대고 지금 도망치려는 거지?"
"저는 하…하나님을 믿…믿는 사람이라 쓸데없이 거…거짓말하지 않습니다."
"하나님? 나도 어릴 적에 교회 다닌 적이 있는데……."

교회 다닌 적이 있다는 말을 듣는 순간, 이 사람을 전도해야겠다는 생각이 솟구쳐 올랐다. 아저씨의 말대로 술을 사려고 가까운 다른 가게로 향했다. 나는 겉늙은 외모 때문에 교복만 안 입으면 아무도 나를 학생으로 생각하지 않았다. 아무 가게에 들러 술을 달라고 해도 주인이 전혀 의심하지 않았다. 그렇게 소주 한 병과 과자 한 봉지를 사 들고 또다시 아저씨의 방으로 찾아갔다. 아저씨는 내가 사 온 술을 숨도 쉬지 않고 정신없이 들이마셨다.

"아…아저씨, 근데 왜 그렇게 술…술을 들이마셔요?"
"어린 학생은 내 마음 모를 거야. 난 정말 괴롭단 말이야."
"뭐가 그…그리도 괴로우세요?"
"조용히 해. 죽여 버릴 거야!"

죽여 버린다는 아저씨의 폭언에 너무 놀라서 방문을 열고 도망치려고 했다.

"어딜 가? 너 말고 우리 누나를 죽여 버릴 거라고!"

나는 안도의 한숨을 쉬며 아저씨에게 조심스레 말을 건넸다.

"아…아저씨가 누…누나를 왜 죽여요?"
"누나가 엄마한테 인간답게 행동하지 않는단 말이야!"
"그…그렇다고 사…사람을 죽여요? 이제부터 누나를 설…설득해서 서로 잘하면 되잖아요. 그…그리고 술 좀 그만 드세요. 술…술이 아저씨의 괴…괴로움을 달래 주지는 않습니다."
"괴로움을 술로 풀어야지, 그럼 무슨 수로 푼단 말이냐?"
"오직 하…하나님만이 아저씨의 아…아픔을 치유하실 수 있습니다. 이제부터 술을 끊고 새…새사람으로 거듭나세요. 하나님을 의지하시란 말…말이에요!"

갑자기 잠잠해진 아저씨는 술기운을 이기지 못해 방바닥에 드러눕고 말았다. 나는 가까운 교회당으로 달려가 이 아저씨를 위해 하나님께 간절히 기도하기 시작했다.

'살아 계신 하나님, 이 아…아저씨 아무래도 알코올 중독자 같은데, 주…주님의 전능한 손길로 치유해 주십시오. 모든 사…사람들이 이 술주정뱅이를 포기할지라도, 저는 주…주님의 능력을 믿고 절대로 포기할 수 없습니다. 전능하신 하…하나님만이 이 아저씨를 새 사람으로 거…거듭나게 하실 수 있음을 굳게 믿습니다!'

드디어 변화된 술꾼 (1997년 봄, 그리고 1년 후)

거의 두 달 동안 아저씨의 방에 매일 찾아갔다. 찾아갈 때마다 아저씨는 알코올에 절어 있었고, 정신없이 소리 지르다가 자기 인생을 서글프게 비관하고 있었다. 아저씨가 지내는 사글셋방은 청소를 안 해서 지저분하기 짝이 없었고, 전기밥솥에는 오래된 밥이 딱딱해져 냄새나는 곰팡이로 득실거렸다. 이건 완전히 실직자 노총각의 전형적인 모습이었다.

아저씨는 인근 주민들에게 악명 높은 술주정뱅이로 소문이 자자했다. 여기저기 돌아다니면서 얼마나 행패를 부렸으면 주민들이 파출소에 신고를 다 했겠는가! 한번은 아저씨가 어떤 교회에 찾아가 신세 한탄을 늘어놓다가 목사님에게 멱살을 잡혀 호되게 당한 적도 있었다. 술주정뱅이 주제에 감히 신성한 교회당에 찾아와서 행패를 부리냐고 목사님이 이 아저씨를 심하게 야단치신 것이다.

이 말을 듣고 나는 씁쓸한 기분이 들었다. 오히려 교회가 세상에서 못

배우고 가난하며 비천한 자들은 물론, 심지어 알코올 중독자까지도 품어야 한다고 생각했기 때문이다.

> 형제들아 너희를 부르심을 보라 육체를 따라 지혜로운 자가 많지 아니하며 능한 자가 많지 아니하며 문벌 좋은 자가 많지 아니하도다 _고전 1:26

마침내 3학년이 되었다. 친구들은 신학기 준비에 여념이 없었지만, 내 머릿속에는 온통 아저씨 생각뿐이었다. 아저씨는 항상 술에 취해 있었기 때문에 제대로 전도할 방법을 찾을 수 없었다. 그런데 어느 날 한 가지 방법을 생각해 냈다. 올네이션스(All Nations)에서 발행한 「여의도 광장 집회 경배와 찬양 테이프」[11]를 아저씨의 방에 있는 카세트에 꽂아 두고 나왔다.

다음 날 아저씨 방으로 찾아가 보니 대성통곡 소리가 들려왔다. 방문을 열어 보니 아저씨가 만취 상태로 테이프를 틀어 놓고 엉엉 울고 있었다. 자신의 처량한 신세와 테이프에서 들려오는 찬양·기도 소리가 서로 '절묘한 조화'를 이룬다고 느낀 것 같았다. 그러더니 갑자기 나에게 기도해 달라고 요청했다. 순간 당황스러웠지만, 술에 취한 아저씨의 손을 붙들고 하나님 아버지께 간절히 기도했다.

---

11 하스데반 선교사를 필두로 1995년 10월 여의도 광장에서 열린 초대형 집회를 녹음한 것이다.

"하…하나님 아버지, 이 아…아저씨가 하루빨리 술…술에서 깨어나게 해 주십시오"

하지만 아저씨의 술주정은 계속되었다. 그럴 때마다 나는 교회 가서 하나님께 더욱 열심히 기도했다. 사람들이 모두 이 술꾼을 포기할지라도 하나님은 절대로 포기하지 않으신다는 확신이 나에게 있었다. 평소 끼니를 잘 거르는 아저씨를 위해 약간의 음식과 음료수를 몰래 갖다 주기도 했다.

아저씨를 알고 지낸 지 두 달이 되었을 무렵이었다. 또다시 아저씨 방으로 찾아갔다. 그날따라 방문 앞에 들어서는 순간부터 평소와는 다른 기운이 감돌았다. 여느 때 같았으면 방문을 열기 전부터 아저씨의 술주정 소리가 들려야 했는데, 그날은 아무런 소리가 들리지 않았다. 혹시 알코올 중독으로 죽은 것은 아닐까.

다소 긴장되었지만 조심스럽게 방문을 열었다. 그 순간 멀쩡한 사람이 나를 빤히 쳐다보고 있었다. 마치 자기도 놀랐다는 반응이었다.

"학생, 누구요?"

"네? 이때까지 수…수없이 아저씨를 찾아왔는데, 제가 누…누구인지 모른단 말이에요?"

"모르겠는데. 전혀 기억이 나지 않아."

그 순간 나는 까무러치게 놀랐다. 사람이 술에 취해 '필름이 끊어지면' 전혀 기억 못한다는 것을 처음 목격하는 순간이었다.

"아무튼 학생, 잠깐 들어와 보게. 난 학생이 누군지 모르지만, 그래도 잠시 하고 싶은 말이 있다네."

아저씨가 하고 싶다는 말이 술을 사 오라는 것인 줄 알았다. 그런데 나의 예상을 완전히 뒤집는 말을 했다.

"내가 처음 보는 학생한테 이런 말을 하기가 좀 이상하지만, 아무튼 나의 중대한 결심을 말해야겠네. 난 이제부터 술을 끊기로 했다네. 모두들 나를 믿지 않겠지만, 학생이 나의 증인이 되어 주게."

그 순간 이 아저씨가 또 술주정하는 건 아닌지 의심이 들었다. 그래도 일단 믿어 보기로 했다. 무척 당황스러웠지만 아저씨의 고백에 참으로 하나님께 감사했다. 계속해서 아저씨는 말을 이어 갔다.

"혹시, 그동안 내 방에 음료수 같은 걸 갖다 놓은 사람이 학생이요?"
"네. 물…물론입니다."
"그럼 이 교회 테이프도?"
"그…그럼요."

나는 아저씨에게 정식으로 복음을 소개하면서 예수님에 대해 자세히 말해 주었다. 이상한 질문도 했지만 아저씨는 생각보다 진지하게 반응했다.
다음 날 성경책 한 권을 들고 아저씨 방으로 찾아갔다. 아저씨의 결심을 다시 한 번 확인하고 싶었다. 평소에 술꾼의 말을 절대 믿으면 안 된다고 아버지가 말했기 때문이다. 하지만 놀랍게도, 다음 날 찾아갔을 때에도 아저씨는 온전한 정신으로 깨어 있었다. 이번에는 어떤 할머니 한 분이 같이 계셨다.

> "학생, 인사하게나. 우리 어머니야."
> "할머니, 안…안녕하세요? 저는 이곳 현풍고등학교 학…학생입니다."
> "그래. 익히 들어서 알고 있어. 학생, 정말 고마워. 우리 아들 새 사람 만들어 줘서 정말 고마워. 이게 다 학생 덕분이야."
> "아…아니에요. 저는 아…아저씨를 위해 기도한 일밖에 없습니다. 하…하나님께서 아저씨를 변…변화시키신 거예요."

나는 두 모자(母子) 앞에서 살아 계신 하나님을 증거했다. 손에 들고 있던 성경책을 선물로 드렸다. 역시 하나님은 정말로 위대하신 분이다! 하나님의 은혜가 임하면 술꾼이라도 변화될 수 있다는 사실을 확실히 깨달았다.

그 후로 1년이 지났다. 나는 재수하면서 수능 시험 원서를 제출하려고 모교를 방문했다. 원서 접수를 마치고 학교를 나와 가까운 분식점에 들러서 라면 한 그릇을 시켰다. 혹시나 하는 마음으로 분식점 할머니에게 작년 그 아저씨의 행방에 대해 물어보았다.

> "할…할머니, 작년에 이 근…근처에 살던 술주정뱅이 아…아저씨가 지금 뭐하고 있는지 혹시 아세요?"
> "아, 그 인간? 신기하게도 어느 날 술을 완전히 끊더니 일자리를 찾아 서울로 올라갔어. 동네 사람들이 모두 그 인간은 술 때문에 얼마 못 살 거라고 했는데, 세상에 술을 다 끊다니! 그것 참 놀라운 일이지."

인근 주민들은 그 아저씨를 새롭게 하신 분이 하나님이라는 사실을 모르고 있었다. 한 해가 지난 후에도 다른 사람을 통해 아저씨의 행방을 알 수 있어서 너무나 뿌듯했다. 그때 일만 생각하면 지금도 큰 감동이 밀려온다. 현재 그 아저씨는 어디서 무얼 하고 있을까? 어떤 상황에 있든지 하나님 아버지를 신실하게 섬기는 아저씨가 되도록 간절히 기도할 뿐이다.

영어 로마서가 나를 집어삼키다! (1997년, 과거를 회상한 고3)

나는 수학적 사고력이 뛰어났다. 중학교 3학년 때 이미 고등학교 1학년 과정을 혼자서 끝내 버렸다. 누가 봐도 수학 공부에 완전히 미쳐 있었다. 그래서 고등학교에 입학할 때부터 남다른 수학 실력을 발휘했는데, 1학년 때 학교 대표로 3학년 형과 함께 수학 경시대회에 참가하기도 했다.

수학을 무진장 좋아했지만, 암기하는 것과 글 쓰는 것은 굉장히 싫어했다. 성경 구절만 조금씩 암송하는 수준이었다. 특히 가장 싫었던 과목이 영어였다. 평소에 말을 심하게 더듬는 나에겐 한국어를 매끄럽게 구사하는 일도 무척 힘들었다. 그렇기 때문에 다른 나라 언어를 배우는 것은 참으로 고된 일이었다. 1학년 때는 줄곧 수학 공부만 했고, 영어 공부는 거의 포기한 상태였다.

이런 이유로 2학년 때 자연 계열(이과)로 진학했다. 2학년 첫 수능 모의고사 영어(외국어 영역) 성적은 36.5점이었다. 당시 80점이 만점이었으니까 절반도 못 맞춘 셈이다. 그래서 영어는 더 이상 나와 상관없는 과목이라고 결론지었고, 대학에 진학할 때 수학과나 물리학과를 선택하기로 마음먹었다.

그런데 2학년 2학기에 접어들면서 내 계획은 무산되고 말았다. 교회 전도사님이 로마서 영어 성경 문제집을 선물해 주셨는데, 이 책을 펼치는 순간 나는 영어에 완전히 미쳐 버렸다. 나도 모르는 '무언가'에 사로잡혀 로마서 영어 본문에 빠져들기 시작했다. 내 실력으로는 도무지 뜻을 알 수 없으니까 한국어 성경을 옆에 펼쳐 놓고 한 단어씩 대조해 가며 영어 본문을 조금씩 해독해 나갔다.

어느덧 수학 공부에 흥미가 떨어지고 틈만 나면 영어 공부에 열을 올렸다. 사실 영어에 미친 게 아니고 영어로 된 하나님의 말씀에 미친 것이었다. 하나님이 나를 어떻게 이끄시려고, 갑자기 수학에 흥미를 끊게 하시고 영어 성경에 미치게 하신 것일까. 어린 시절부터 나는 성경 말씀을 정말 좋아했는데, 혹시 앞으로 성경을 더 깊이 연구하게 하시려고 영어 성경에 빠져들게 하신 것일까.

전도사님이 주신 그 책은 나를 완전히 매료시켰다. 밥 먹을 때도 항상 옆에 펼쳐 두었는데, 그러다가 아버지한테 잔소리를 듣기도 했다. 심지어 학교에서는 듣기 싫은 수업 시간마다 선생님 몰래 로마서 영어 성경 문제집을 공부했었다.

급기야 이 책을 완전히 끝내 버렸다. 다음으로는 로마서 1장부터 16장까지 영어로 암송할 것을 결심했다. 신국제역(NIV) 로마서 본문을 이면지에 따로 출력해서 늘 들고 다니면서 중얼거렸다. 영어 실력이 턱없이 부족해서 완벽히 해석되지는 않았지만, 일단 무작정 외웠다. 다들 이해가 되어야 외워진다고 하는데, 나는 반대로 이해가 안 되니까 외우는 것이라고 생각했다. 놀랍게도 3개월 만에 16장까지 모두 암기해 버렸다.

참으로 미스터리했다. 암기 과목을 싫어하는 내가 그렇게 했다는 자체가 '기적'이었다. 솔직히 영어 자체보다 하나님의 말씀을 한국어가 아닌 다른 언어로 읽을 수 있다는 사실이 너무나 흥분되었다. 물론 영어 로마서 덕분에 영어 실력도 크게 향상되었다. 3학년이 되어서는 더 이상 영어를 두려워하지 않았다. 시험만 치면 만점에 가까운 성적을 받았다. 게다가 이전과는 달리 성경 구절을 암송할 때 한국어와 함께 영어로도 암송했다.

언어를 배우고 익힌다는 것이 그렇게 재미있는 줄 로마서 영어 본문을 통해 깨닫게 되었다. 드디어 결심을 굳혔다. 대학에 진학하면 반드시 영어영문학을 전공하겠노라고! 비록 고등학교 자연 계열에 속해 있지만, 이제부터 열심히 인문계 공부를 시작해서 당당하게 영문과에 진학하기로 굳게 다짐했다.

어쩔 수 없이 재수를 결심 (1997년 고3, 현풍고등학교)

본격적인 고3 생활이 시작되었다. 11월 대학 수학 능력 시험을 대비하여 나름대로 최선을 다해 공부했다. 누구보다 열심을 내던 교회 봉사도 조금 절제했고, 희영이에게도 1년 동안 연락을 자제하자고 부탁했다. 날마다 농장 일을 겸해야 하는 집구석 때문에 공부할 시간은 늘 부족했다. 그래서 시간을 최대한 효율적으로 배분해야만 했다.

대학 진학을 위해 가장 고려해야 할 부분은 학비였다. 수소문해 보니까 등록금이 가장 저렴하면서 비교적 괜찮은 대학이 경북대학교라는 사실을 알게 되었다. 나에겐 다른 선택의 여지가 없었다. 2학년 때 영어 공부에 갑자기 미치면서 인문계 공부를 시작했기 때문에 경북대 영어 영문학과를 선택할 수밖에 없었다. 더욱이 다른 몇 개 학과들과 서양 어문학부에 영문과가 통합되어 있어 부족한 내 실력으로도 한번 도전해 볼 만했다.

하지만 아버지의 반응은 전혀 뜻밖이었다. 나는 가정 형편을 최대한 고려해서 경북대에 진학하려고 한 건데, 아버지는 오히려 자식이 대학에 간다는 자체를 불만스러워 하셨다.

"우리 집 형편에 무슨 대학교? 고등학교 졸업하고 어서 돈이나 벌어라. 등록금 마련하는 것 때문에 빚질 수는 없다."

"네? 잘 알…알겠습니다. 이제부터 제…제가 스스로 알아서 하…하겠습니다."

"뭐라고? 다른 생각 하지 말고 빨리 돈 벌어서 빚이나 좀 갚아라."

아버지의 반응에 상심이 컸다. 친구 부모들은 빚을 내서라도 자식들 공부시키려고 하는데, 아버지는 정말 별난 사람처럼 보였다.

어느덧 11월 19일이 되었다. 98학년도 대학 수학 능력 시험이 전국 고사장에서 진행되었다. 이른 아침부터 수험생들의 대이동이 시작되었다. 그해에도 여느 때처럼 '수능 추위'가 어김없이 찾아왔다. 수험생 부모들은 자식들이 혹시 추위에 떨까 봐 따뜻한 도시락과 물을 정성스럽게 싸 주고, 좋은 성적이 나오도록 새벽부터 한바탕 난리를 부렸다. 마지막 시험이 끝날 때까지 교문 밖에 서서 기도하며 자식을 기다리는 부모도 있었다. 그해 시험이 이전 해에 비해 다소 쉬워 모두들 성적이 올랐다고 좋아했다. 그런데 나는 결정적인 순간에 긴장을 너무 해서 평소 모의고사 성적에도 미치지 못했다.

한 달 후에 성적표가 나왔다. 성적이 낮았지만 나는 농어촌 특별 전형으로 경북대 서양 어문학부 특차에 지원했다. 예상대로 불합격했고, 곧바로 재수하기로 마음먹었다. 사실 그다지 합격을 바라지도 않았다. 합격해 봤자 등록금이 없어서 입학할 수 없기 때문이었다.

그래서 정시 모집에 응시조차 하지 않았다. 나중에 커트라인을 확인해보니, 내 성적으로도 서양 어문학부 정시에 충분히 합격할 수 있었다. 조금 아쉬운 마음이 들었지만, 1년 동안 등록금을 벌며 재수해서 더 좋은 성적으로 경북대에 보란 듯이 합격하고 싶었다. 본격적인 재수를 시작하기 전에 평소 습관대로 학교 근처 교회당에 가서 하나님께 간절히 기도했다.

'전능하신 하…하나님, 제가 재수하는 동안 성적 올…올리기에만 집착하지 않
게 하시고, 제 인생을 향한 하…하나님의 뜻이 무엇인지 깨…깨닫게 하옵소서.
그리고 등…등록금도 제가 직접 마련해야 하니, 주님의 전…전능하신 손길로
채워 주옵소서.'

신문 배달로 시작된 재수 생활 (1997년 수능 직후, 달성군 현풍면)

수능 시험이 끝나니 다들 공부에서 해방된 듯했다. 하지만 나는 갑자기
찾아온 여유로움 때문에 어쩔 줄 모르고 있었다. 더 이상 보충 수업과 야
간 자율 학습에 시달리지 않아도 되고, 각자 하고 싶은 일을 마음껏 할 수
있었음에도 나는 친구들과 달리 이제부터가 걱정이었다. 1년 동안 무슨
일을 하면서 재수 생활을 해 나갈지.

매서운 겨울의 시작을 알리듯, 칼바람이 불던 어느 날이었다. 오전에
수업이 일찍 끝났고, 나는 혼자서 교문 밖을 나섰다. 교문 앞 터널을 지나
바로 보이는 전봇대에 '신문 배달원 구함'이라는 전단지가 붙어 있었다.
그걸 보는 순간 마음속으로 환호성을 질렀다. 이 일자리는 나를 위한 것이
라고 생각했다.

사람들과 대화할 때 말을 심하게 더듬었기 때문에, 가능하면 말할 필요
가 없는 일자리를 구해야 했다. 신문 배달 일은 집집마다 문을 열고 들어
가 신문만 갖다 주고 나오면 되니까 나에게는 정말 안성맞춤이었다. 더군
다나 오후에 몇 시간만 일하면 되니까 나 같은 재수생에게는 딱 좋은 아르
바이트였다.

배달원 광고를 붙인 곳은 학교에서 비교적 가까운 영남일보[12] 현풍지국이었다. 광고 전단을 보고서 곧장 영남일보로 달려갔는데, 지국장은 마치날 기다렸다는 듯이 반겨 주었다. 나는 오토바이 면허증이 없었기 때문에자전거를 타고 신문 배달을 시작했다.

다음 날부터 곧바로 오후에 출근하게 되었다. 아침에는 도시락을 싸 들고 달성도서관[13]으로 향했다. 학교를 졸업하기 전까지는 아침 일찍 도서관에 자리를 맡아 두고 등교했다. 수능이 끝나서 학교 수업은 오전 중에 다마쳤다. 수업이 끝나면 곧바로 도서관에 가서 열심히 공부했다. 점심 때마다 밥을 늘 혼자서 먹었다. 도서관 옥상으로 올라가는 계단에 쪼그려 앉아도시락을 까먹고 곧바로 영남일보로 달려갔다. 오후에 두세 시간 신문을배달하고 나면, 또다시 도서관에 가서 저녁 늦게까지 공부에 몰두했다.

재수 학원에 가는 것은 꿈도 못 꿨다. 아버지가 병상 생활 중이고 집안에 빚덩이가 있었기 때문이다. 그냥 혼자서 열심히 공부할 수밖에 없었다. 학습지 구독을 신청해 놓고 대금을 지불할 돈도 없었다. 그래서 학습지 회사에 편지를 보내 몇 개월 할부해 달라고 부탁했다. 정말 감사하게도 3개월 할부로 대금을 지불할 수 있게 해 주었다.

신문 배달 월급은 첫 달만 8만 원이고 그 후로 13만 원이었다. 매달 10만 원은 등록금 마련을 위해 반드시 저축해야 했고, 나머지 3만 원으로 한달을 살아야 했다. 집에서는 일절 금전 지원을 받을 수 없었다. 돈을 최대한 아끼려고 옷도 절대 사지 않았다. 신문 배달하다가 아파트 각 동마다비치된 의류 수거함을 뒤져서 나한테 맞는 헌옷을 주워 입었다. 그리고 막

---

12 당시에는 석간신문이었는데, 2005년 8월부로 조간으로 전환되었다.
13 대구광역시 달성군 현풍읍 부리에 있는 공공 도서관이다.

차를 타고 집에 가기 전에는 항상 인근 교회당에 들러 하나님 아버지께 간절히 기도했다.

> '전능하신 하나님, 재…재수하는 동안 제가 남…남들처럼 학원에 못 다니지만, 주님이 주시는 지…지혜와 능력으로 공부하게 하옵소서. 또 제가 신…신문 배달해서 등록금을 마련하고 있으니, 반드시 국립 경…경북대학교에 합격할 수 있도록 도와주십시오! 등…등록금이 몇 배로 비싼 사립대는 저한테 불…불가능함을 주님도 잘 아시지 않습니까?'

노숙자들과의 첫 대면 (1998년 재수 시절, 대구 중앙지하상가)

고등학교를 졸업하고 본격적인 재수 생활을 시작했다. 주변에는 부모님의 돈으로 재수 학원에 다니는 친구들이 있었다. 내심 그 친구들이 정말 부러웠다. 하지만 나 자신을 애써 위로하면서 누구보다 든든한 후원자이신 하나님을 의지하며 최선을 다해 공부했다.

어느 날, 일을 마치고 신문을 읽다가 다소 우려되는 상황을 접했다. 99학년도 경북대 입시 요강이 발표되었는데, 자세히 살펴보니 서양 어문학부가 사라지고 각각의 학과로 나뉘어 있었다. 한국 대학 사정을 충분히 고려하지 않고 도입한 학부제의 폐단 때문에, 급기야 학부제를 폐지하고 각 학과별로 학생을 선발한다는 것이다. 그렇게 되면 영어 영문학과가 인문계열의 최상위권으로 치솟을 것이 불 보듯 뻔한 일이었다.

왠지 모르게 불길한 예감이 들었다. 이전 해 수능 성적이 서양 어문학부에 입학하기에는 충분했지만, 영어 영문학과에 입학하기에는 턱없이 부족하다고 느꼈다. 이제 몇 개월 동안 열심히 공부해서 자그마치 수십 점을 끌어올려야 했다.

　신문 지국장의 양해를 구해 8월부터 매달 한 번은 재수 학원에 모의고사를 치러 갔다. 대구시 반월당에 위치한 대구학원에 비수강생으로 등록해서 매달 모의고사를 쳤다. 1교시 언어 영역 시험에 지각하지 않으려면 하루 전날에 올라가야 했다. 경남 창녕군 대합면에 위치한 우리 집이 학원에서 너무 멀어서, 아침 일찍 첫차를 타더라도 제시간에 도착할 수가 없었다.

　무더운 8월의 어느 날 오후였다. 신문 배달을 끝내고 다음 날 있을 모의고사를 치기 위해 대구로 올라갔다. 저녁에 머리를 식힐 겸 대구 시내 여기저기를 돌아다녔다. 마침 중앙지하상가를 돌아다니다가 생전 처음으로 노숙자들을 목격했다. 물론 TV에서는 몇 번 봤었지만, 내 눈으로 직접 보는 것은 그때가 처음이었다.

　어떤 노숙자가 지하로 내려가는 계단 중턱에서 바구니를 앞에 두고 엎드려 구걸하고 있었다. 그 순간 측은한 마음과 강한 호기심에 사로잡혀 노숙자에게 다가가 말을 걸었다.

"아저씨, 이 돈 받…받으시고 저랑 잠깐만 대…대화해도 될까요?"

"그래요. 근데 무슨 일로?"

"그냥 저는 아…아저씨랑 대화하고 싶습니다. 그런데 집…집에 안 들어가시고 왜 이…이러고 계세요?"

"집? 난 가족으로부터 버림받았소. 간질병이 있어서 모두들 날 싫어하지. 한동안 직장생활도 했지만 일하다가 발작 증세를 일으키니까 당장 날 쫓아내더군요. 이젠 죽지 못해 하루하루를 이러고 사는 거요."

"그런 말…말씀하지 마세요. 지금은 아…아저씨가 이러고 살지만, 예…예수님

믿고 하나님 나라에 들어가면 이 세상 누…누구보다 더 부유하게 살 수 있어요.
그러니 하…하루빨리 예수님을 영접하시고 믿…믿음을 가지세요."

노숙자와 대화를 시작한 지 30분도 더 지났다. 계속 쪼그려 앉아서 같
이 대화하고 있으니까, 지나가던 사람들이 나까지 노숙자로 생각하는 듯
했다. 하지만 사람들의 시선에 아랑곳하지 않았다. 오갈 데 없는 노숙자들
이 천국의 소망을 품고 그리스도의 복음을 믿을 수만 있다면, 이보다 더한
'쪽팔림'도 충분히 감당할 수 있었다.

나는 모순된 사회의 한 단면을 볼 수 있었다. 시내 한복판에서는 여유
로운 자들이 흥청망청 돈을 쓰며 마음껏 술을 처마시는 반면에, 한쪽 구
석에서는 이 아저씨와 같은 노숙자들이 굶어 죽어 가고 있었다. 본격적인
IMF 구제 금융 시대[14]여서 그런지 갈수록 그 모순이 극명해지고 있었다.

이 사람들에게는 당장 돈이 절실하겠지만, 궁극적으로는 하나님 나
라의 복음이 필요하다. 측은한 마음으로 돈 몇 푼 던져 주는 걸로 그치면
안 되고, 적어도 그리스도인이라면 돈과 함께 생명의 복음을 전해 주어
야 한다. 이들은 극도의 절망감에 사로잡혀 자신의 삶을 완전히 포기한
상태이다.

하지만 사랑의 하나님은 그들을 결코 포기하지 않으신다. 하나님은 우
리에게 그들을 섬기라는 귀중한 사명을 맡기셨다. 세상은 그들을 그저 동
정의 대상으로 바라보고 약간의 물질로 도움을 주지만, 우리는 생명보다
귀한 천국 복음을 선물해 줄 수 있다. 기회가 닿을 때마다 그들을 위해 간

---

14 1997년 11월에 우리나라가 외환 보유액이 바닥나고 경제가 어려워져 IMF(국제 통화 기금)에 자금 지원
    을 요청했다. 그 후 몇 년간 실업자가 크게 늘고 경제가 상당히 위축되었다.

절히 기도하며 천국의 위로와 소망을 전해야 한다. 주님을 섬기듯 그들을 섬겨야 한다. 그렇지 않으면 주님의 책망을 피할 길이 없을 것이다.

> 내가 주릴 때에 너희가 먹을 것을 주지 아니하였고 목마를 때에 마시게 하지 아니하였고 나그네 되었을 때에 영접하지 아니하였고 헐벗었을 때에 옷 입히지 아니하였고 병들었을 때와 옥에 갇혔을 때에 돌보지 아니하였느니라 _마 25:42-43

기적적인 합격 에피소드 (1998년 입시 철)

대구 중앙지하상가에서의 색다른 경험은 나에게 신선한 자극을 주었다. 난생처음 노숙자와 마음을 나누며 대화했다는 '감격'이 계속되었다. 그 후로 11월 수능 시험 때까지 한 달에 한 번씩 노숙자들을 찾아다녔다. 모의고사를 칠 때마다 하루 전날에 대구로 올라가서 이분들에게 약간의 물질과 함께 하나님 나라의 복음을 전했다.

세상은 참 아이러니하다. 어릴 적부터 줄곧 시골에서 자랐어도 노숙자를 못 봤는데, 화려한 도시에는 무슨 노숙자들이 그렇게도 많은지. 시골 사람들은 소박하지만 서로 돕고 사는 정(情)이 있는데, 도시 사람들은 화려한 삶을 살면서도 상대적 빈곤 때문인지 서로에게 참 냉정한 것 같다. 시골 사람들이 누리는 소박한 여유로움과 서로를 향한 배려가 그들에게는 그저 낯설기만 하다.

여하튼 재수 생활을 하면서도 전도에 대한 열심을 잃지 않았다. 드디어 99학년도 대학 수학 능력 시험일이 되었다. 비록 시험 당일이지만 일찍 일어나 새벽 기도회에 참석해서 하나님께 간절히 기도했다.

'전능하신 하…하나님, 오늘 시험에서 그동안 열…열심히 공부했던 대로 좋은 결…결과가 나오게 해 주십시오! 모든 것을 주…주님께 맡기고 최선을 다해서…시험을 치겠습니다.'

하지만 불안한 기분이 계속 엄습해 왔다. 결정적인 순간마다 긴장하는 버릇 때문에 시험을 잘 칠 수가 없었다. 전년도에 비해 시험이 쉬웠는데도 가채점 결과는 평소 모의고사 수준에도 못 미쳤다. 각 언론과 신문에 대학별 지원 가능 점수가 공개되었는데, 경북대 영어 영문학과를 살펴보니 내 성적보다 거의 30점을 웃도는 수준이었다. 나는 엄청난 절망감에 사로잡혀 교회당으로 달려가 하나님께 울부짖었다.

'하나님, 어떻게 이…이러실 수가 있습니까? 내 딴에는 전…전도도 열심히 하면서 최선을 다해 공…공부했는데, 결과는 완전히 엉망입니다. 주님이 좀 도…도와주셨어야 하는 거 아닙니까? 경북대 등록금을 마…마련하려고 신문 배달해서 한 달에 10만 원씩 10개월 동안 100만 원을 모…모아 놨는데, 이걸로는 다른 사…사립 대학에 가기가 불가능합니다. 죄송한 말…말씀이지만 이번에 하나님께 좀 실망했습니다.'

수능 시험이 끝나고 한 달 후에 성적표가 도착했다. 성적표를 받아 들고 중대한 결심을 내렸다. 등록금이 저렴한 경북대학교를 포기하기로 했다. 내 성적으로는 도저히 불가능했기 때문이다. 그래서 조금이라도 장학 혜택을 볼 수 있는 사립 대학교를 선택하기로 마음먹었다. 제한된 특차 모집보다 여러 학교에 복수 지원할 수 있는 정시 모집을 노렸다.

일단 계명대학교에 원서를 내고, 또 높은 커트라인이 예상되지만 한동대학교에도 원서를 냈다. 특히 한동대학교는 기독교 학교라서 그런지, 왠지 모르게 나처럼 돈 없는 사람을 위해 장학금 제도가 잘 갖춰져 있으리라 생각했다. 하지만 경북대를 향한 미련을 도저히 떨쳐 버릴 수 없었다. 불합격할 것이 뻔하지만 그냥 원서라도 내 보기로 했다. 떨어져도 지원했다는 자체를 위안으로 삼고 싶었다.

각 대학의 시험 일정이 나왔다. 계명대와 한동대는 면접만 보면 되는데, 경북대는 등록금이 저렴한 국립대라서 그런지 면접과 더불어 논술 시험까지 쳐야 했다. 나 같은 말더듬이들이 면접을 통과하기란 여간 어려운 일이 아니다. 다행히 각 대학의 면접 담당 교수님들이 아주 편안하게 대해 주셔서 면접을 겨우 통과할 수 있었다.

마지막으로 경북대 논술 시험만 남겨 두고 있었다. 어차피 불합격할 것이 뻔하니까 사전에 아무런 준비도 하지 않았다. 논술 시험을 어떻게 하면 잘 치는지도 몰랐고, 그냥 포기 상태로 답안지만 채우고 나올 생각이었다. 그런데 시험 당일 고사장에서 논술 문제지를 받는 순간 깜짝 놀랐다.

IMF 시대에 삶을 포기하거나 좌절한 사람들에게 본인이 해 주고 싶은 말을 논설문으로 작성하시오. 단, 아래 지문들을 참고하여 다른 예시를 들어 글의 내용을 전개할 것.

참으로 신기했다! 사전에 논술 공부를 전혀 안 했는데도 이 문제만큼은 정말 친숙하게 느껴졌다. 그 순간 내 머릿속에는 지난 수개월 동안 만나 대화를 나눴던 노숙자들의 모습이 스치고 있었다. 그분들과 대화하며 느낀 것이 정말 많았기 때문에 아주 자연스럽게 글을 써 내려 갈 수 있었다. 딱히 다른 예시를 떠올릴 필요가 없었다. 그리고 어차피 떨어질 거니까 전도나 하자 싶어서 삶의 고뇌를 겪은 욥의 이야기를 잔뜩 써 놓고 나왔다.

태어나서 그토록 신나게 시험을 쳐 본 적이 없다. 논술 문제가 바로 나를 위해 준비된 것만 같았다. 그렇지만 기쁨도 잠시뿐이었다. 또다시 큰 좌절감에 빠졌다. 논술 시험을 아무리 잘 쳐 봤자 전체 성적의 1.75% 정도 포함될 뿐이다. 그렇기 때문에 예상 커트라인에서 30점가량 모자라는 나의 성적을 대신할 수는 없었다. 어쨌든 논술 시험이라도 편하게 친 것에 대해 하나님께 감사했다.

그 후 각 대학의 합격자 발표일을 애타게 기다리고 있었다. 예상대로 계명대에는 장학생으로 합격했고, 아슬아슬하지만 한동대에도 후보 순위로 합격되어 있었다.

경북대 합격자 발표일이 되었다. 아침 일찍 도서관에 가서 어느 조간신문을 펼쳐 보았다. 그런데 이게 어찌된 일인가! 두 눈을 아무리 씻고 봐도 믿기 힘든 기사가 실려 있었다.

"경북대 영어 영문학과 미달, 이변 연출!"

기사를 읽어 보니 그 원인은 IMF 사태의 여파로 학생들이 대체로 하향 안전 지원을 선택했다는 데 있었다. 미달이기 때문에 특별한 결격 사유가 없는 한 무조건 합격이다! 그 순간 밀려오는 기쁨을 참지 못하고 교회당으로 달려가 하나님께 기도했다.

'전능하신 하…하나님, 지난번에 제가 감히 하나님께 실…실망했다고 말씀드린 거 완전히 취…취소하겠습니다. 이렇게 하나님의 깊은 계…계획이 담겨 있는 줄 모르고 제가 괜히 경…경솔하게 판단했던 것 같습니다. 아무튼 주님의 생각

은 내 생각과 완…완전히 다르다는 것을 다시 한 번 깨달았습니다.'

이는 내 생각이 너희의 생각과 다르며 내 길은 너희의 길과 다름이니라 여호와의 말씀
이니라 이는 하늘이 땅보다 높음 같이 내 길은 너희의 길보다 높으며 내 생각은 너희의
생각보다 높음이니라 _사 55:8–9

입학 후 해프닝, 그리고 휴학 (1999년 봄, 경북대 캠퍼스)

우여곡절 끝에 경북대 영어 영문학과에 꼴찌로 입학했다. 들어갈 실력
이 안 되니까 주께서 미달 사태를 일으켜 '억지로' 밀어 넣으신 것 같았다.
그래서 내 실체를 들키지 않으려고 학과 친구들 사이에서 완전히 겸손해
지기로 결심했다.

하지만 문제는 다른 데서 나타났다. 평소 염려하던 대로 나의 조숙한
외모는 입학과 동시에 파장을 일으켰다. 모두들 내가 나이 많은 복학생인
줄로 알고 나를 깍듯이 대하기 시작했다. 심지어 선배들마저 아주 부담스
러워 하며 나의 정체를 의심했다. 수업 시간에 교수님들도 출석을 부르다
가 내 얼굴을 쳐다보는 순간 무척 당황하셨다. 사회생활을 오래 하다가 혹
시 늦게 입학한 거 아니냐고 종종 질문하셨다.

이런 일은 어릴 적부터 수도 없이 겪었다. 그래서 사람들의 오해에 별
로 개의치 않고 웃어넘길 수 있었다. 사실 나는 다른 친구들보다 초등학교
에 1년 일찍 입학했다. 비록 재수하기는 했지만 실제 나이는 99학번 동기
들과 동일했다. 그런데 아무리 진실을 말해도 다들 믿으려고 하지 않았다.
어쩔 수 없이 나는 동기들에게 형 또는 오빠 대접을 받기로 했다. 집안일
로 고생을 해서 그런지 중3 때부터 이미 30대 후반의 외모를 자랑(?)하고

있었다.

더욱 웃기는 사실이 있다. 모두들 내가 학과 수석으로 입학한 줄 알고 있었다. 정확한 이유는 잘 모르겠지만, 아마 나의 영어 실력 때문이었을 것이다. 물론 말더듬 때문에 회화는 여전히 한국어처럼 못하지만, 영어로 읽고 글을 쓰는 것만큼은 누구보다도 자신이 있었다.

비결은 고등학교 2학년 때 로마서 전체를 영어로 암송한 것이었다. 그 후로 영어 실력이 크게 향상되어 재수할 시절에는 수능 영어 수준을 이미 뛰어넘었던 것 같다. 실제로도 재수하면서 영어 공부는 거의 하지 않았다. 수능 시험 당일에 외국어 영역(영어)의 문제를 다 풀고 답안지 작성까지 마무리했는데도 시간이 15분이나 남았었다. 시간이 많이 남아서 처음부터 끝까지 다시 한 번 훑어보다가 괜히 두 문제를 고치는 바람에 아깝게도 만점을 놓치고 말았다. 역시 시험 칠 때는 처음에 생각했던 것이 정답일 확률이 매우 높다.

놀랍게도 동기들은 대부분 영어 성적이 만점이었다. 그들이 영어 공부한 방식을 보면 참으로 신기했다. 한결같이 독해 문제집을 수없이 풀면서 답 찾는 요령을 익혀 만점을 받은 것이다. (물론 원어민처럼 영어를 잘하는 동기도 있었다.) 나보고 영어 공부 어떻게 하냐고 매일같이 묻곤 했다. 나는 그럴 때마다 영어 성경을 읽고 암송해 보라고 강력하게 권했다. 실제로 어느 전공 교수님도 영문학을 제대로 하기 위해선 영어 성경을 반드시 읽어야 한다고 학생들에게 충고하셨다. 그것도 교회 다니지도 않는 교수님이.

이런저런 해프닝 속에서 3월이 지나갔다. '4월은 가장 잔인한 달'[15]로 나에게 엄습해 왔다. 현실의 잔인함 때문에 더 이상 학업에 열중할 수 없었

---

15 T. S. 엘리엇, 『황무지』(*The Waste Land*, 1922)에 나오는 표현이다.

다. 아버지의 건강 악화 때문에 병원비 등으로 집안 부채가 날로 늘어 갔고, 축산 농가의 경기 악화로 우리 농장도 위기를 맞았다.

그래서 첫 학기 중간고사를 치기 전에 그만 휴학하고 말았다. 이제부터는 집안을 일으켜 세우기 위해 본격적으로 돈 버는 일에 몰두해야 했다. 학업을 중단하고 곧바로 영남일보 현풍지국으로 달려갔다. 이전에는 등록금을 모으려고 일반 배달원으로 일했지만, 이제는 보다 큰돈을 벌어야 하기 때문에 지국의 총무로 일하게 되었다.

신앙의 방황기 시작 (1999년, 대구시 달성군 현풍면)

본격적으로 돈을 벌려고 집에서 완전히 독립해 나왔다. 신문 지국 근처에 사글셋방을 구해 자취 생활을 시작했다. 오로지 돈 버는 일에만 몰두하고 싶었다. 오전 9시에 출근해 전단지를 미리 챙겨 놓은 다음, 점심시간이 되면 자취방으로 달려가 식사를 한 뒤에, 신문 수송 차량이 도착하는 즉시 다른 직원들과 함께 신문 속에 전단지를 투입해서 오후 4-5시까지 집집마다 신문을 배달했다.

수금 기간이 되면 총무로서 내가 해야 할 일이 엄청 늘어났다. 다른 직원들이 못다 한 수금도 해야 하고, 특히 아파트 같은 경우엔 낮에 사람이 없기 때문에 밤늦게 찾아가야 신문 대금을 받을 수 있었다.

그런데 사람들은 신문 배달원을 종종 무시했다. 어느 날 오토바이를 타고 신문을 배달하다가 어느 모자(母子)의 대화를 우연히 엿듣게 되었다.

"엄마, 신문 배달하면 돈 많이 벌어?"
"말도 안 되는 소리 하지 말어. 너도 공부 안 하고 농땡이 치면 저 아저씨처럼 힘들게 신문 배달하면서 먹고 살아야 해. 그러니까 공부 열심히 해야 돼. 엄마가 하는 말 잘 알아들었지?"

그러면 내가 공부 안 하고 농땡이를 쳐서 지금 이러고 사는 건가. 신문 배달원에 대한 인식이 어느 정도인지 짐작할 수 있었다. 물론 나 같은 사람을 불쌍히 여겨 따뜻하게 대해 주는 사람도 있었다. 특히 달성경찰서에 신문 배달 갈 때마다 아리따운(?) 경리 아가씨가 나를 정말 친절하게 대해 주었다. 심지어 다른 경찰관들이 우리 둘의 관계를 오해하기도 했다. 나중에 알게 된 사실이지만, 그 경리는 스무 살 갓 넘은 나를 30대로 오해하여 20대 후반인 자기보다 오빠인 줄로 알고 있었단다. 역시 나의 겉늙은 외모는 어디 가든지 파장을 불러일으킨다.

신문 배달이 끝나면, 저녁 7시에 또다시 숯불갈비집으로 출근했다. 나는 이곳에서 숯을 쪼개는 일을 비롯하여 화장실 청소는 물론, 주방 설거지까지 담당했다. 물론 나랑 같이 일하는 아주머니 한 분이 많이 도와주셔서 그나마 수고를 덜 수 있었다. 사장님은 내가 말을 심하게 더듬거리고 '어리바리하게' 행동해서 이따금 크게 호통을 치셨다. 하지만 집안 부채를 갚기 위해서라면 그 정도 수모는 얼마든지 참을 수 있었다.

식당 일은 결코 만만치 않았다. 어릴 때 친엄마가 식당을 운영할 때 지켜봤지만, 실제 일을 해 보니 정말 쉽지 않았다. 손님들의 술주정과 행패를 지켜보면서 별 희한한 일까지 견뎌 내야 했다. 참으로 어처구니없는 일도 목격했다. 평소에 잘 알고 지내던 교인들이 식당에 와서 뻔뻔스럽게 술을 퍼마시는 것이 아닌가! 한번은 우리 교회 누나가 남자들 몇 명을 데리고 식당에 들어왔다.

"율이 너, 여기서 일하는구나. 평소 교회에서만 보던 율이를 이런 자리에서 보니까 참 색다르네."

"나도 누…누나를 여기서 보니까 더 반갑네. 뭐 시…시킬래?"

"일단 돼지갈비 5인분하고 소주 두 병만 갖다 주라."

순간 내 귀를 의심했다. 주일에 열심히 피아노 반주를 하는 누나가 술을 다 시킬 줄이야! 교회 다니면서 술 마시는 건 정말 추악한 짓이고, 그 자체가 타락한 거라고 나는 굳게 믿고 있었다. 나도 모르게 그런 인간들을 정죄했다. 하지만 그 정죄의 화살은 서서히 나를 향하고 있었다. 어느 날부터 나도 똑같이 술을 마시고 있었다.

평소에 거절을 잘 못하는 성격이라서 홀 서빙을 할 때 손님들이 권하는 술을 어느 순간부터 받아 마시게 되었다. 처음에 어떤 손님이 주는 소주 한 잔을 들이켰는데, 그 맛이 너무 독해서 나도 모르게 그만 손님들 식탁 위에 뿜어내고 말았다. 그날 사장님한테 뒈지게 혼났지만, 그 후로도 계속 술을 받아 마시면서 날마다 주량이 늘어났다.

자정에 식당 일을 마치면 곧바로 호프집으로 출근했다. 호프집 일은 이틀에 한 번 정도 했다. 집안 부채를 갚으려면 이런 강행군을 감내해야 했다. 맨정신으로 버티기 힘들어서 그런지 술을 자주 마셨다. 호프집에서는 새벽 5시까지 생맥주를 따르고 치킨을 배달하면서 방탕함의 극치를 목격했다. 소위 현풍에서 '잘나가는 형님들'이 만취 상태에서 주인 아줌마를 끌어안기도 하고, 게다가 온갖 음란한 대화들을 서슴지 않았다. 처음에는 그들의 이런 모습을 증오했지만, 나 역시 시간이 지날수록 점점 닮아 가고 있었다.

이런 생활이 한동안 계속되었다. 어느덧 내 눈에는 살아 계신 '주(主)님'이 보이질 않고, '주(酒)님'이 보이기 시작했다. 식당 일은 몇 달 하다가 오토바이 사고를 당해 그만두게 되었다. 이제는 식당에 출근하는 대신 밤마다 친구들과 어울리며 술을 처마시러 다녔다.

나는 급기야 인생을 비관하면서 처절한 절망감에 사로잡히고 말았다. 한동안 교회에 나가지도 않았다. 나 같은 '술꾼'을 정죄하는 곳이 교회라고 생각했기 때문이다. 오히려 친구들이 술자리에서 해 주는 말이 목사님의 설교보다 더욱 위로가 되는 것 같았다.

"율아, 내가 친구로서 너한테 한마디 할게. 너도 이제 사회인이니까 술도 한 잔씩 하고, 인생의 성공을 위해 친구도 많이 만들어야 해. 인생이란 이럴 때 친구들과 술 마시며 즐기는 거야. 교회 다닌다고 괜히 죄책감 갖지 말고, 우리랑 같이 속 시원하게 인생 문제를 이야기해 보자구. 자, 모두들 건배!"

계속되는 타락 행진 (1999년 여름, 가을, 초겨울)

호프집에서 늦게까지 일하는 날에는 3시간만 자고 일어났다. 신문 지국에 곧바로 출근해야 했기 때문이다. 머릿속에는 온통 돈을 벌어야 한다는 생각뿐이었다. 그래서 건강 관리는 물론 신앙생활마저 소홀히 하고 말았다. 심지어 밤에 호프집 비번인 날에는, 초저녁부터 날이 샐 때까지 친구들과 술을 퍼마시기도 했다.

어느 날 새벽이었다. 우리는 돈이 부족해서 주택가 근처 벤치에 걸터앉아 술을 들이마시며 쓸데없는 대화를 나누고 있었다. 그런데 갑자기 어떤 아저씨의 고함 소리가 들려왔다.

"야, 이놈들아, 잠 좀 자자. 너희 때문에 잠을 제대로 못 자겠다. 새벽까지 주택가에서 소란 피우지 말고, 빨리 다른 데로 가란 말이야!"

술에 취해 이성을 잃은 우리의 고성방가(高聲放歌) 때문에 주민들이 새벽에 잠을 설친 것이었다. 우리는 아저씨의 고함 소리에 놀라 얼른 자리를 피해 각자 집으로 돌아갔다. 이렇게 늦게까지 술 마시는 날이면, 다음 날 아침에 사무실에서 제대로 일을 할 수 없었다. 심지어 전단지를 정리하다가 갑자기 화장실로 달려가 전날에 먹은 것을 모두 토해 내기도 했다. 지국장은 나한테 무슨 일이 생겼나 싶어서 몹시 걱정했다.

그럼에도 불구하고 나의 '타락 행진'은 그칠 줄 몰랐다. 어느 날 밤, 만취 상태로 정신을 잃어 급기야 길바닥에 드러누워 버렸다. 때마침 길 맞은편 편의점에서 일하고 있던 친구가 나를 발견해서 자취방까지 데려다 주었다. 하마터면 추운 날씨에 얼어 죽을 뻔했다. 평소 알고 지내던 친구들이 나의 이런 모습을 보고 충격을 받았다.

설상가상으로, 희영이마저 나를 버렸다. 이전부터 왠지 헤어질 거라고 짐작했지만, 가뜩이나 힘들어하고 있을 때 이별 통지를 보냈다. 나는 걷잡을 수 없는 '나락'으로 빠져 버렸다. 희영이의 마음을 돌이키려고 부단히 찾아갔지만 늘 문전 박대를 당했다. 찾아가면 갈수록 희영이는 나를 더욱 냉정하게 대했다.

하는 수 없이 내 마음을 접기로 했다. 어느 날 밤에 술을 잔뜩 마시고 노래방에 가서 구슬프게 혼자서 노래를 불러 댔다. 나도 모르게 희영이에게 전화를 걸어 마구 따지면서 소리를 지르기 시작했다.

"너, 나…나한테 이러는 거 너무하다고 생…생각하지 않아? 안 그래도 내 삶이 힘…힘들고 괴로워 죽겠는데, 너까지 이러면 이젠 앞…앞으로 어떻게 살라고? 아무튼 너한테 정말 실…실망했다! 좋은 사람 만나서 잘 살아라."

정말이지 모든 것을 상실한 느낌이었다. 사랑하던 그녀가 마침내 떠나 버리고, 주님도 어디론가 떠나 버리신 것 같고, 하고 싶은 공부도 더 이상 할 수가 없었다. 그야말로 깊은 수렁 속에 빠져 버린 것 같았다.

유난히 큰 외로움이 밀려오던 어느 날 밤이었다. 술을 잔뜩 마시고 자취 방 뒤편에 있는 현풍중앙교회당에 가서 혀가 꼬이는 상태로 하나님께 기도(?)했다. 아니, 기도라기보다는 술주정하면서 신세 한탄을 늘어놓았다.

"하나님, 도대체 지…지금 어디 계십니까? 다른 친구들은 부…부모님이 주시는 학비로 대학 생활을 재…재미있게 보내고 있는데, 저는 여기서 힘들게 돈… 돈이나 벌어 집안 빚을 갚고 있네요. 이건 참으로 불…불공평합니다! 이젠 삶의 소…소망도 없고 정말 모든 것이 허…허무합니다. 앞으로 저를 어찌할 생…생 각입니까? 이러다가 평생 신문 배…배달하다가 인생 끝나겠습니다. 하…하나 님이 살아 계시면 어디 말…말씀이나 좀 해 보십시오!"

신세 한탄을 실컷 하다가 밤이 깊어져 교회당을 빠져 나왔다. 찬바람을 맞으며 비틀거리면서 자취방으로 향하고 있었다. 그 순간 2년 전에 내가 전도해서 회심했던 술꾼 아저씨가 떠올랐다. 가만히 돌이켜 보니 회심 이 전의 그 술꾼이랑 지금 내 모습이 정말 똑같다는 생각이 들었다. 당시에는 그 아저씨 앞에서 담대하게 복음을 증거했지만, 이제는 도리어 내 자신이 그 사람처럼 누군가에게 '전도'를 받아야 할 처지였다. 나도 별 수 없는 죄 인임을 새삼 깨달았다.

마침내 수렁에서 나오다! (1999년, 한 해를 회상하며)

하나님은 방탕에 찌든 나의 일상에 간섭하고 계셨다. 그런데 나는 의도적으로 그분의 신호를 무시하였다. 한번은 신문 배달하다가 오토바이 사고를 크게 당해 걸어 다니지도 못했다. 이것이 하나님의 경고였음에도 불구하고, 나는 대수롭지 않게 생각하고 계속해서 방탕한 일상을 즐겼다.

또 한번은 술을 너무 많이 마셔 병원에서 위내시경 검사를 받고 한동안 통원 치료를 받은 적도 있다. 평소 알고 지내던 신앙 선배들로부터 적잖은 충고를 받았지만, 그저 인생을 비관한 채 그분들의 조언에 귀를 기울이지 않았다.

그렇지만 하나님은 깊은 수렁에 빠져 있는 나를 그냥 내버려 두지 않으셨다. 한 해가 저물어 가는 어느 수요일이었다. 저녁에 인근 교회당 종소리를 통해 당신께서 나의 심금을 울리셨다. 그 종소리에 이끌려 수요 기도회에 참석했는데, 그곳에서 하나님의 위대한 은혜를 또다시 체험했다.

그런데 하나님은 무시무시한 징계로 나를 공포 가운데 굴복시키지 않으셨다. 방탕을 일삼던 나에게 그분이 다가오신 방식은 오히려 '거룩한 감화'였다. 기꺼이, 그리고 자발적으로 내가 돌이킬 때까지 끊임없이 기다리시고 은혜를 주셨다. 이에 대한 나의 반응은 지난날의 죄악을 철저하게 회개하는 것이었다. 그분의 저항할 수 없는 사랑에 나의 영혼은 기꺼이, 즐거이, 자발적으로 굴복하고 말았다.

그 후로 나는 술에서 해방되어 이제는 술자리에서 천국 복음을 증거하기 시작했다. 어떤 사람들은 이런 행동을 미친 짓이라고 매도했다. 그래도 아랑곳하지 않고 기회가 닿을 때마다 예수님을 증거하였다.

어느 날, 중학교 동기 둘을 자취방으로 데리고 와서 전도했다. 이들을 위해 술안주로 찌개를 손수 대접하면서 하나님 나라의 복음을 소개해 주었다. 술에 취한 이 친구들은 의외로 내가 하는 말에 진지하게 반응하였다.

"율아, 네가 하는 말을 들으니까 나도 예수님을 믿고 싶어지네. 근데 교회 생활
하는 게 좀 부담스럽게 느껴져. 아직 교회 다녀 본 적이 없어서⋯⋯."

괴로움을 달래려고 술을 찾는 자들에게 진정으로 필요한 분은 바로 예
수 그리스도이시다. 그들은 한 잔의 술로 자신의 내적 공허함을 채우려고
하지만, 정작 술에서 깨고 나면 더욱 허무한 기분에 사로잡힌다. 나도 경
험적으로 뼈저리게 느낀 바이다. 따라서 우리는 알코올의 노예가 된 그들
에게도 위로의 복음을 증거해야 한다. 필요에 따라 술자리에 가서도 하나
님의 복음을 전할 수 있어야 한다.

힘써 실천한 구제 사역 (밀레니엄 전환기, 달성군 현풍면)

어느덧 1999년 마지막을 향해 달리고 있었다. 크리스마스 전날에 아이
들에게 복음과 선물을 나눠 주려고 마음먹었다. 신문 배달 일을 오래 하다
보면, 구독자 집안의 경제 상황을 어느 정도 파악할 수 있다. 평소에 열악
한 환경에서 사는 아이들을 기억해 두었고, 마침내 기회가 되어 그리스도
의 사랑을 전해 주려고 결심했다.

일단 월급의 일부를 떼어 여러 가지 선물을 샀다. 그러고 나서 신문 지
국의 오토바이를 빌려 성탄절 전날 밤에 온 현풍 바닥을 헤집고 다녔다.
아무도 모르게 진행하려고 밤늦게 '작전'을 수행하였다. 집집마다 대문 너
머로 복음 메시지가 담긴 카드와 예쁜 선물을 던져 넣으면서, 선물을 받는
아이들이 예수님의 사랑을 경험하도록 간절히 기도했다. 나의 이러한 마
음에 동참이라도 하듯이, 맑은 밤하늘의 수많은 별들이 빛을 더욱 환하게

발하면서 나를 지켜보고 있었다.

대망의 2000년이 밝아 왔다. 다들 밀레니엄(millennium) 시대가 도래했다고 들떠 있었다. 하지만 나는 새해에도 "주는 것이 받는 것보다 복이 있다"(행 20:35)는 주님의 말씀을 기억하며, 힘든 이웃에게 조그마한 정성이라도 나누려고 노력했다. 특히 지적 장애를 가진 친구들에게 내 눈이 자주 쏠렸다. 되도록 이런 친구들과 가깝게 지내려고 힘썼다.

어느 날 나는 용문이라는 중학생을 알게 되었다. 이 친구도 지적 장애가 있어서 학교 친구들에게 따돌림을 당하고 있었다. 다행히도 용문이는 교회에 열심히 다니고 있어서 성도들의 위로와 관심을 받고 있었다. 나도 이 친구를 한 번씩 내 자취방으로 데려와서 따뜻한 밥을 해 먹이며 하나님의 사랑을 깊이 깨닫게 해 주었다.

용문이 외에 또 다른 녀석이 있었다. 나랑 같은 또래인 이 친구는 '펩시맨'이라는 별명을 가졌다. 아마 콜라 색깔처럼 얼굴이 시커멓기 때문에 사람들이 그렇게 부르는 모양이었다. 펩시맨은 정말로 현풍 바닥의 명물이었다. 막 개업한 가게 앞에서 홍보 도우미 아가씨들이 춤을 추며 낭랑한 목소리로 홍보 행사를 하면, 이 친구도 그 앞에서 덩달아 춤을 추곤 했다. 이 친구의 기괴한 행동 때문에 오히려 행인들이 개업한 가게를 한 번 더 쳐다보는 듯했다.

나는 펩시맨과 친해지게 되었고, 그 친구를 가끔씩 자취방으로 초대해 저녁을 같이 먹었다. 이 친구도 역시 지적 장애가 있어서 한 번씩 앞뒤가 안 맞는 말을 했었다. 어느 날 자취방에서 저녁을 같이 먹기로 약속했는데, 정말 희한한 말을 하기 시작했다.

"율아, 오늘 내가 9시에 일 마치니까 7시에 보자. 알겠지? 저녁에 맛있는 거 해

줘야 돼!"

"뭐라고? 아…아무튼 7시에 보…보자는 말이지?"

펩시맨의 말은 앞뒤가 안 맞아서 해석의 단계를 거쳐야 했다. 아무튼 저녁에 펩시맨을 극진히 대접하고 집으로 돌려보냈다. 그런데 방 청소를 하다가 지갑에 돈이 몽땅 없어진 것을 발견했다. 아무리 생각해도 펩시맨이 범인이었다.

일주일 뒤에 또다시 펩시맨을 자취방으로 초대했다. 현장에서 범인을 체포하기 위해서였다. 일단 이 친구를 방 안에 들여놓고 부엌에서 저녁을 준비하고 있었다. 그 순간 갑자기 방 안에서 이상한 인기척이 느껴졌다. 재빨리 문을 열어 보니 예상대로 이 녀석이 내 옷자락을 뒤적거리고 있었다.

"야, 펩시맨! 지…지난번에도 니가 내 지…지갑에 있는 돈 몽땅 홈…훔쳐 갔지?"

"어, 그게……. 친구야, 정말 미안하다. 한 번만 용서해 주라."

"내 성질 같았으면 바로 경…경찰서로 끌고 가고 싶지만, 하나님이 나를 용서하신 대로 나도 너를 용…용서할 테니까, 다음부턴 절대 이런 짓 하지 마라! 잘 알…알아들었지?"

나는 그 후로도 펩시맨을 초대해서 종종 저녁을 같이 먹었다. 주님 안에서 이전처럼 다시 잘 지내고 싶었기 때문이다. 왠지 그런 범죄자까지 용서해서 사랑으로 다스리기를 주께서 원하시는 것 같았다. 하나님 말씀대로 살려고 하니 이 세상에서 바보가 될 것 같았다.

하지만 십자가에 달리신 예수님을 떠올렸다. 죄가 없으신 그분이 도리어 나의 죄를 지고 십자가에 못 박히신 것은 누가 봐도 '바보' 같은 짓이다. 그러나 주님의 그런 모습은 마침내 원수까지 용서하게 하는 가장 위대한 사랑이었다. 십자가의 그 사랑이 계속해서 내 일상을 지배하기를 원했다.

> 네 원수가 배고파 하거든 음식을 먹이고 목말라하거든 물을 마시게 하라 그리 하는 것은 핀 숯을 그의 머리에 놓는 것과 일반이요 여호와께서 네게 갚아 주시리라 _잠 25:21-22

은혜로 가득했던 군 생활

비장의 각오를 했지만

자살 충동까지 갔던 군 생활,

다시 소명을 주신 하나님

입대하던 날 (2000년 말, 추운 겨울)

마침내 2년간의 사회생활을 마쳤다. 이제는 충남 논산시 연무읍에 위치한 육군 훈련소가 나를 기다리고 있었다. 아침에 대구역 앞에서 버스를 타려고 하는데, 참으로 이상한 광경을 목격했다. 입대하려는 청년들보다 뒤따라 나선 부모와 친구들이 훨씬 더 많았다. 더구나 부모들은 자식이 입대하는 걸 생각하니 가슴이 메는지 눈물을 흘리고 있었다.

내 눈에는 이 모든 광경들이 낯설었다. 아버지는 전날 저녁에 나랑 악수하면서 "잘 다녀오라"는 말씀을 건넨 것이 전부였다. 그래서 다른 부모들도 모두 우리 아버지와 같은 줄 알았다. 어쨌든 나는 혼자서 입영 예정자 수송 버스를 타고 논산으로 출발했다.

드디어 목적지에 도착했다. 날씨가 너무 추워서 훈련소 앞에 있는 식당에 들어가 국밥 한 그릇을 사 먹었다. 입소 시간이 아직 안 되었지만 미리 훈련소 안으로 들어가 보았다. 긴장하며 주위를 둘러보다가 때마침 교회당 하나를 발견했다. 반가운 심정으로 입소 대대 교회당 안으로 들어가, 텅 빈 예배당에서 하나님께 간절히 기도했다.

'살아 계신 하…하나님, 오늘 제가 입대하기에 앞서 하나님 아…아버지께 간곡히 부탁드릴 것이 있습니다. 잘 아시다시피 저는 말…말을 심하게 더듬거립니다. 이것 때문에 군…군 생활하면서 선임병들한테 괴롭힘을 당…당하지 않도록 도와주십시오!'

안타깝게도 그해부터 나처럼 유창성 장애를 가진 사람도 현역으로 분류되어 입대하게 되었다. 나는 엄청난 긴장감에 사로잡혀 군 생활을 시작해야 했다. 간단한 입소식이 끝나자 장병들은 각자 편성된 중대로 가서 말없이 대기하고 있었다.

드디어 입소 대대에서 첫날을 보냈다. 성경 말씀을 간절히 보고 싶어 하나님께 기도했다. 그런데 참으로 신기한 일이 벌어졌다. 취침 시간이 되어 매트를 펼치는 순간, 무언가가 내 발 앞에 떨어졌다. 다름 아닌 하나님의 말씀이었다. 분홍색 종이로 된 책갈피였는데, 앞면에는 베드로후서 3장 9절이 적혀 있었고, 뒷면에는 '임마누엘 선교회 드림'이라고 적혀 있었다.

주의 약속은 어떤 이들이 더디다고 생각하는 것같이 더딘 것이 아니라 오직 주께서는 너희를 대하여 오래 참으사 아무도 멸망하지 아니하고 다 회개하기에 이르기를 원하시느니라.

하나님께서 이렇게 즉각적으로 응답하신 것은 처음이었다. 누가 날 위해 매트 사이에 성경 구절을 넣어 둔 것 같았다. 아무튼 이곳에서 대기하는 동안 이 말씀을 묵상하며 주님의 위로와 도우심을 간절히 구했다. 그러다가 어느덧 입소 대대에서 2001년 새해를 맞이했다.

논산 훈련소 이야기〈1〉 (2001년 1월, 충남 논산시 연무읍)

한 주간의 대기 기간이 끝났다. 각자 배정받은 연대를 향해 군장을 메고 행군해 갔다. 나는 28연대 1대대 2중대 1소대의 9번 훈련병으로 배치되었다. 예상대로 군대 생활은 훈련소 때부터 평탄하지가 않았다. 내가 말을 어눌하게 하니까 분대장을 비롯해 모두들 괴상한 눈빛으로 쳐다봤다. 게다가 말을 더듬는 사람들은 행동까지 어눌하기 때문에 훈련받는 중에도 나는 항상 고문관으로 취급되었다.

설상가상으로, 어느 날 건조대에 널어놨던 내복마저 없어졌다. 분대장은 보급품 검사일까지 훔쳐서라도 내복을 구해 놓으라고 명령하며 나에게 벌점 3점을 '선물'로 주었다. 하지만 나는 "도둑질하지 말라"(출 20:15)는 성경 말씀 때문에 남의 내복을 훔치지 않고 차라리 불이익을 당하겠다고 마음먹었다. 하나님께서 이런 마음을 긍휼히 여기셨는지, 며칠 후에 다른 중대에서 남는 내복이라며 나에게 선물로 주었다.

누가 봐도 어리숭한 나는 주일에 교회 가는 시간을 가장 애타게 기다렸다. 주일마다 연무대교회는 장병들로 넘쳐 났다. 입대 전에 교회와 무관한 훈련병들도 훈련소 때만큼은 거의 한 번 이상 연무대교회에 출석한다. 목사님의 강력한 복음 메시지가 훈련에 지친 훈련병들의 심금을 울리게 만들었다.

참 신기하게도, 이전에 교회 안 다니던 장병들도 실로암[16]이라는 찬양만큼은 열심히 따라 불렀다. 예배가 끝나고 교회에서 주는 초코파이는 훈련병들에게 그야말로 '하나님'과 같은 존재였다. 들리는 소문에 따르면, 어떤 친구들은 초코파이 개수에 따라 매주 자신의 종교를 바꿔 버린다고 한다!

논산 훈련소 이야기〈2〉 (2001년 2월, 퇴소일을 앞두고)

어느 날 집에서 편지 한 통이 날아왔다. 아버지는 동생마저 대학에 보내기 힘들다고 말씀하셨다. 나를 그렇게 고생시켜 놓고 막내까지 또 고생시키려는 듯했다. 나는 동생을 측은히 여기는 마음으로 아버지께 편지를 보냈다.

> …… 아버지, 내 통장을 모두 맡길 테니 호야가 원하는 대학에 갈 수 있도록 등록금을 주십시오. 제발 이젠 동생한테는 좋은 말만 하시고, 자기가 원하는 일을 할 수 있도록 적극 도와주십시오. 논산 훈련소에서 큰아들 올림.

아버지의 답신(答信)이 왔다. 고맙다는 뜻을 표하시며 내가 전역하기 전까지 빌린 돈을 꼭 갚아 주겠다고 약속하셨다. 아버지도 오죽 답답했으면 군 생활 중인 나에게 그런 말씀을 다 하셨으랴! 아무튼 동생이라도 제발

---

16 신상근 목사가 고3 시절(1981)에 작사 작곡한 것이다. "어두운 밤에 캄캄한 밤에 새벽을 찾아……."

덜 고생하면서 자기가 원하는 일을 할 수 있기를 간절히 바랄 뿐이었다.

그런데 퇴소하기 며칠 전에 독감에 걸리고 말았다. 급기야 가만히 서 있지도 못할 지경이었다. 체온이 40도에 육박하면서 내 몸은 완전히 불덩이가 되었다. 의무대에 실려 가면서 심각한 걱정이 밀려왔다. 혹시 이러다가 유급(留級)당하지는 않을까. 다행히도 퇴소하기 하루 전날, 기적적으로 체온이 정상으로 내려와 동기들과 같이 무사히 퇴소할 수 있었다.

드디어 주특기 분류 심사가 완료되었다. 생소하게도 나는 '암호'라는 직책을 받았다. 입대 전부터 나는 행정병이 되고 싶었다. 왠지 시간이 남을 것 같았고, 그 시간에 성경 말씀과 영어 공부에 열중하고 싶었다. 실제로도 그렇게 기도했었다. 그런데 예상과는 달리 '암호'라는 주특기를 받은 것이다. 다소 불안감마저 엄습해 왔다.

더군다나 분대장은 전쟁이 발발하면 적군이 가장 먼저 노리는 존재가 바로 암호병이라고 했다. 또한 암호병으로 분류된 훈련병들은 곧바로 자대에 배치되는 것이 아니라, 대전에 있는 육군 통신 학교에 가서 5주간의 후반기 교육을 거쳐야 했다. 아무튼 앞으로의 일을 기대하며 하나님께 모든 것을 내맡겼다.

육군 통신 학교 이야기〈1〉 (2001년 초봄, 대전시 유성구 신봉동)

논산 훈련소에서 암호병으로 분류되어 대전의 육군 통신 학교로 갔다. 수송 차량에 몸을 내맡긴 전우들은 깊은 잠에 빠져 있었고, 앞날에 대한 불안감에 미처 잠들지 못한 이들은 창밖의 연인들을 멍하니 응시하고 있었다. 이들처럼 불안과 긴장에 사로잡힌 나는 마음속으로 끊임없이 하나님의 말씀을 되뇌고 있었다.

두려워하지 말라 내가 너와 함께 함이라 놀라지 말라 나는 네 하나님이 됨이라 내가 너를 굳세게 하리라 참으로 너를 도와 주리라 참으로 나의 의로운 오른손으로 너를 붙들리라 _사 41:10

마침내 육군 통신 학교에 입소하였다. 이곳은 가히 이등병들의 '천국'이었다. 여기에서 후반기 교육을 받는 동안 엄청난 혜택을 누렸다. 식단이 훈련소와는 비교도 안 될 정도로 훌륭했고, 엄청난 규모의 군매점(PX)도 항상 우리의 마음을 설레게 했다. 심지어 각 중대 휴게실에는 당구장과 헬스 기구까지 갖춰져 있었다. 무엇보다 신앙생활을 마음껏 할 수 있다는 사실이 최고로 기뻤다. 주일마다 오전 예배와 저녁 예배는 물론이고, 또 수요 기도회까지 매주 참석할 수 있었다.

3월 초 부산의 샛별선교단이 이곳 봉화교회에 와서 찬양 집회를 열었다. 전도사님 한 분과 남녀 대학생들이 열성을 다해 하나님을 찬양했다. 나도 다른 전우들과 함께 목이 터져라 찬양하며 주님께 울부짖었다. 갑자기 찬양 소리가 잔잔해지면서 어떤 집사님이 앞에 나와 간증하기 시작했다.

"저도 여러분처럼 군대 생활하면서 하나님을 간절히 찾던 적이 있었습니다. 고된 훈련 때문인지 어느 날 급성 간염이 찾아와 저는 죽음의 문턱까지 이르렀지요. 그래서 하루하루를 절망 가운데 지내며 삶을 포기하려고 했습니다. 하지만 어느 날 새벽에 교회에서 말씀을 보다가 치유의 은혜를 경험하게 되었습니다. 그날 하나님께서 "내가 너를 떠나지 아니하며 버리지 아니하겠다"는 여호수아 1장 5절의 말씀을 통해 저에게 엄청난 일을 보여 주셨지요. 저에게 역사하셨던 성령께서 군인 형제 여러분에게도 은혜를 주실 줄로 확신합니다!"

집사님의 간증을 듣는 내내 큰 도전을 받았다. 내가 유창성 장애 때문에 아무리 큰 절망에 빠져도 하나님이 나를 버리지 않으신다는 믿음이 생겼다. 그렇다! 성경에 기록된 말씀은 세상 책 같은 사문(死文)이 아니라, 실제로 살아서 능력을 나타내는 전능자의 말씀이다.

> 하나님의 말씀은 살아 있고 활력이 있어 좌우에 날선 어떤 검보다도 예리하여 혼과 영과 및 관절과 골수를 찔러 쪼개기까지 하며 또 마음의 생각과 뜻을 판단하나니 _히 4:12

육군 통신 학교 이야기〈2〉 (2001년 3월, 수료를 앞두고)

며칠 후에 어느 동기 녀석이 내무반 규율을 어기고 말았다. 덕분에 우리 기수는 모두 군기 교육대에 입소했다. 더군다나 군기 교육 담당관이 악명 높은 우리 7중대 선임 구대장이었다. 모두 엄청나게 긴장하고 있었다.

예상대로 연병장을 끊임없이 기어다니며 담당관이 지시하는 모든 군기 교육을 견뎌 내야 했다. 다행히도 나는 축구 골대 선착순 1명에 뽑혀서 동기들이 가혹하게 교육받는 동안 엎드려뻗친 자세로 가만히 있는 '특권'을 누렸다. 몇 시간 동안 계속되는 군기 교육이 마침내 끝이 났다.

내무실로 되돌아온 우리는 규율을 어긴 그 녀석을 무지하게 원망했다. 하지만 그 덕분에 단체 생활을 하는 군대에서는 개인적인 행동을 하지 말아야 함을 뼈저리게 깨달을 수 있었다.

3월이 지나면서 암호병 교육도 거의 끝마칠 단계에 이르렀다. 훈련소에 있을 땐 암호병이 어떤 존재인지 전혀 몰랐다. 그런데 이곳에서 교육을 받아 보니 암호병이 정말 귀중한 존재임을 알게 되었다. 보통 훈련소에서 주특기를 받고 자대에 가더라도 사정에 따라 다른 보직으로 변경되기 십상이다. 그렇지만 암호병은 육군 본부가 해마다 극히 제한된 인원을 직접 차출하여 자대에 배치하는데, 절대 다른 보직으로 변경될 수 없고 암호 업무만을 수행한다.

더욱이 암호병은 자대에 가면 불침번이나 경계 근무를 설 수 없다. 국가 보안의 중요한 일익을 담당하는 암호 업무만을 수행하도록 보안 업무 시행 규칙으로 규정해 놓았다. 이렇게 대단한 직책에 내가 선발되었다는 사실이 도무지 믿어지지 않았다. 아무튼 하나님이 어리숭한 나에게 귀중한 보직을 허락하셨다는 것에 정말 감사했다.

"말 더듬는 병신 새끼!" (2001년 봄, 경기도 파주시 야동동)

육군 통신 학교를 수료하고 의정부 306보충대로 향했다. 이틀 정도 머물렀는데 화장실에 똥이 범람했던 장면만 생각난다. 그러다가 101여단[17]으로 오게 되었다. 이곳이 바로 내가 전역할 때까지 몸담게 될 부대였다. 때는 봄기운이 무르익은 3월 하순이었다.

우리 부대는 '무적부대' 혹은 '임진강 결사대'로 불렸다. 그런데 장병들 사이에서는 '탈영률 1위, 자살률 1위 부대'로 알려져 있다. 하지만 1983년 6월 임월교에서 무장간첩 3명을 사살한 공로로 대통령 표창을 수상한 자랑스러운 부대이기도 하다.

신병 교육대에 며칠 있다가 이윽고 통신대에 배치되었다. 우리 통신대는 소령 박재수 대장님이 사병들을 인격적으로 대해 주셔서 내무반 분위기가 다른 중대보다 훨씬 좋았다. 그래서인지 선임병들도 막무가내로 후

---

17 2007년 11월 30일부로 해체되어 현재는 9사단으로 통합되어 있다.

임병을 윽박지르거나 괴롭히지는 않았다.

아무리 분위기가 좋아도 선·후임 간의 질서는 엄격하게 유지되고 있었다. 나는 갓 전입해 온 신병이라 어깨에 노란 견장(肩章)을 달고 내무반에서 항상 곧은 자세로 앉아 있어야 했다. 화장실을 가든지 어디를 가든지 혼자서는 절대 움직일 수 없었다. 일병 선임이 반드시 나를 데리고 가야만 했다.

늘 예상하던 대로 나의 말더듬이 내무반 생활에 큰 문제를 일으켰다. 간부들은 내 상태를 이해하더라도 사병들은 나를 이상한 눈빛으로 쳐다봤다. 물론 마음이 너그러운 선임병들은 나를 이해해 주었다. 하지만 그렇지 않은 선임들 때문에 마음고생을 심하게 해야 했다.

특히 취침 점호 시간에 우리 분대는 나 때문에 항상 곤욕을 치렀다. 인원 파악을 위해 번호를 외칠 때, 모두 신속하게 번호를 외치다가도 내 차례가 되면 순간 우물쭈물하면서 항상 시간을 끌었다. 말을 내뱉으려고 용을 써도 한참을 더듬거렸다. 어느 날 취침 점호가 끝난 후, 어떤 선임에게서 위협적인 충고를 들었다.

"권율 이 새끼, 너는 돈 주고 군대 왔냐? 점호 시간에 허구한 날 번호도 제대로 못하고, 내무반 분위기를 왜 이렇게 흐리는 거야? 말 더듬는 병신 새끼!"

아무리 치욕적인 말을 들어도 나는 아무런 대꾸를 할 수 없었다. 밤마다 침낭을 뒤집어 쓴 채, 그저 하나님께 울부짖기만 했다. 밤늦도록 잠을 설치는 날이 한두 번이 아니었다. 이런 수치와 고통 중에 나를 그대로 내버려 두시는 하나님이 원망스럽기까지 했다.

'하…하나님이 전능하시다면서, 왜 저를 이 지…지경으로 만드셨습니까? 하나님이 살…살아 계시다면 어째서 가…가만히 지켜보고만 계십니까? 당신의 전…전능하심으로 저를 어떻게 해 보시란 말…말입니다!'

이등병을 섬기는 일병 (2001년 6월, 제101 보병 여단)

어느덧 일병 계급장을 달게 되었다. 고대하던 100일 휴가를 다녀온 지한 달 만이었다. 그동안 일병 선임들의 도움으로 내무반 생활을 했지만, 이제는 나도 일병으로서 이등병 후임들을 돌봐야 했다. 훈련소 때부터 후임들을 섬기는 선임이 되기로 한 결심을 드디어 실천할 때가 온 것이다.

또 하나의 섬길 거리가 생겼다. 통신대의 이발병이 되기로 자처했다. 이발 기술이 전혀 없었지만 신중하고 꼼꼼한 성격 탓인지 기술을 금방 익혔다. 이내 이발 실력을 인정받아 다른 중대에도 소문이 나 버렸다. 심지어 어느 중대의 대위가 찾아와 자기 머리를 손질해 달라고

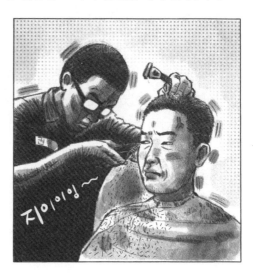

한 적도 있다. 주말이 되면 신병 교육대에서 이발병 지원 요청이 들어오곤 했는데, 그럴 때마다 내가 가서 하루 종일 수십 명의 신병들 머리를 손질해 주었다.

어느 날이었다. 보급품이 부족한 후임병들을 위한 좋은 묘책이 떠올랐

다. 막사 뒤편 언덕에 있는 빨래 건조대로 가서 내부를 샅샅이 뒤지기 시작했다. 땅바닥에 굴러다니는 오래된 내의와 속옷 등을 모조리 수거해서 깨끗하게 세탁한 후에 후임병들에게 나눠 주었다. 다들 고마워서 어쩔 줄 몰라 했다.

나는 말이 어눌하기 때문에 선한 행동을 해서라도 전우들에게 인정받아야 했다. 이러한 행동에 감동을 받는 후임들이 있는가 하면, 제 잘난 척한다고 비꼬는 선임들도 있었다. 저녁에 내무반 청소 시간이 되면 내가 맡은 일을 재빨리 끝내 놓고 이등병 후임들을 종종 돕기도 했다. 섬기는 기쁨과 재미가 생각보다 쏠쏠했다.

암호실을 기도실로! (2001년 가을, 101여단 암호실)

지휘 통제실 내부에 위치한 암호실에는, 나를 포함한 암호병 2명과 지정된 간부 3명 외에는 아무도 들어올 수 없었다. 그래서 자칫하면 범죄의 온상이 되기 십상이었다. 실제로 이전 암호병들 중에 암호실에서 게임을 하다가 적발되어 영창에 간 경우도 있었다. 하지만 거꾸로 생각하면 암호실을 기도실로 만들 수도 있었다.

가을의 시작을 알리는 9월이 되었다. 드디어 내가 암호실의 선임이 되었다. 선임 암호병과 계급 차이가 좀 나는 바람에 아직 일병인데도 암호실을 전담하게 된 것이다. 이제는 식사 시간 말고는 하루 종일 암호실에 있을 수 있게 되었다.

마침내 하나님이 내 기도에 응답하셨다는 것을 알았다. 입대 전에 나는 어딜 가든지 성경 말씀과 영어 공부에 집중할 수 있는 부대로 가게 해 달라고 기도했었다. 그래서 여유 시간이 많을 법한 행정병이 되길 원했는데, 막상 실상을 보니 행정병이 최고로 분주했다.

그런데 암호병은 누가 봐도 가장 여유로운 보직이었다. 물론 사단이나 군단 암호병은 막중한 업무량 때문에 인원이 10명 이상 되어도 정신없이 바빴다. 하지만 나 같은 여단급 암호병은 업무량이 극히 적어서 암호실에서 얼마든지 자기 계발을 할 수 있었다. 그래서 선임이 된 후로 나는 암호실을 기도실로 만들었다.

게다가 아무도 간섭할 사람이 없기 때문에 날마다 성경을 묵상하며 하나님과 깊은 교제를 누릴 수 있었다. 하나님께서 이런 모습을 기뻐 받으셨는지, 한동안 후임 암호병이 전입해 올 기미가 보이지 않았다. 그래서 나는 우리 부대의 유일한 암호병으로서 근무지를 힘써 지키며, 조용한 분위기 가운데 기도하면서 하나님께 더욱 가까이 나아갈 수 있었다.

입대 전에 간구한 대로, 성경과 영어 공부에 완전히 집중할 수 있었다. 성경은 역본별로 여러 권을 읽었고, 심지어 1,800페이지에 육박하는 『롱맨 현대 영영사전』(*Longman Dictionary of Contemporary English*)을 처음부터 끝까지 다 읽어 버렸다. 그것도 색깔 펜으로 밑줄을 그어 가면서 말이다.

일병 정기 휴가 에피소드 〈1〉 (2001년 겨울, 대구 시내)

2001년 12월, 드디어 상병이 되었다. 입대한 지도 벌써 1년이 다 되어 갔다. 상병 계급장을 달았지만 마음은 아직 일병 같았다. 더욱 기쁜 일은 후임 암호병이 와서, 그동안 애타게 기다렸던 일병 정기 휴가를 나갈 수 있었다는 것이다. 그동안은 내가 부대의 유일한 암호병이었기 때문에 암호실을 비워 두고 휴가를 떠날 수 없었다.

참 흥미롭게도 후임 암호병의 종교가 SGI 불교였다. 이 종교는 사람들 사이에서 '남묘호렌게쿄'(南無妙法蓮華經)라고 불린다. 이 친구는 희한하게 자다가도 한 번씩 벌떡 일어나서 이상한 주문을 중얼거리곤 했다. 하나님이 내 후임을 불쌍히 여겨 주셔서 언젠가 예수님을 만날 수 있도록 간절히 기도할 뿐이었다.

드디어 12월 18일이 되었다. 오전에 행정실에서 신고를 마치고 일병 정기 휴가를 떠났다. 처음 나가는 2주간의 정기 휴가라서 그런지 마음이 더욱 설레었다. 경기도 파주에 위치한 부대에서 경남 창녕에 있는 우리 집까지 가는 데 반나절 이상 걸렸다. 이전 100일 휴가 때와는 달리 이번 정기 휴가에서는 보고 싶은 사람들을 마음껏 만나고 싶었다. 그래서 휴가 첫날에 집으로 가는 중에도 여러 사람을 만났다. 이 때문에 해가 질 정도로 시간이 많이 흘러 버렸다.

버스 터미널로 가기 위해 지하철을 타려고 계단으로 내려갔다. 추운 겨울날 저녁인데도 어떤 할아버지가 계단 중턱에서 지저분한 이불을 뒤집어쓰고 행인들에게 구걸하고 있었다. 군복을 입은 나는 즉시 할아버지에게 다가가 말을 건넸다.

"어르신, 추…추우신데 여기서 이러지 마시고 다…다른 곳으로 가셔서 몸…몸을 좀 녹이시죠."

"나 같은 사람이 갈 데가 어디 있겠소?"

"이거 몇 푼 되…되지는 않지만 따뜻한 밥…밥이라도 사 드세요."

"고맙소, 군인 양반."

지금껏 다른 노숙자에게도 그랬듯이, 이 할아버지에게도 천국 복음을 소개해 드렸다. 그리고 가까운 교회에 출석하셔서 꼭 도움을 받으시라고 말씀드렸다.

"어르신, 예…예수님을 영접하고 교회에 나…나가가셔서 여생을 보내세요."
"교회? 나도 한때 어느 교회에 찾아간 적이 있는데, 나처럼 냄새나는 거지들이
찾아오면 교인 숫자가 줄어든다면서 그 교회에서 나를 쫓아내더군."

이 말을 듣는 순간 갑자기 의분(義憤)이 솟구쳐 올랐다. 아니, 교회가 이
런 오갈 데 없는 노인을 돌보지 않는다면, 세상에 누가 이런 자들을 보살
핀다는 말인가? 물론 젊은 사람이 일하기 싫어서 길거리로 나와 노숙을
자처하는 경우도 있다. 하지만 교회가 영적 분별력을 가지고 정말로 도움
이 필요한 자들을 찾아다니며, 그들을 감싸 안으면서 물질과 함께 생명의
복음을 전해 주어야 한다. 장담하건대 이런 노인을 배척하는 교회에서는
우리 예수님도 분명 배척당하시리라! 시간이 좀 늦었지만, 할아버지의 두
손을 꼭 붙잡고 하나님께 간절히 기도를 드렸다.

"사랑의 하나님, 이 어…어르신이 지금은 이런 모습으로 살지만, 속히 예수님을
영…영접하게 하셔서, 앞으로 영원한 천…천국에서 하나님의 영광스러운 자녀
로 살…살아가게 하옵소서."

달리는 시외버스에 피곤한 몸을 잠시 맡겼는데, 어느덧 목적지에 도착
해 있었다. 계속 이어지는 논밭 옆길의 어두운 정류장에 나 혼자 내렸다.
뚜벅뚜벅 집을 향해 밤길을 걸어갔다. 고등학교 때와는 달리 이제는 군인
이라서 그런지 전혀 무섭지가 않았다.

반 시간쯤 지나 우리 집 농장으로 이어지는 어두운 산길을 올라가고 있
었다. 참 신기하게도 농장의 개들이 벌써 내 발자국 소리를 알아보고 짖
을 생각을 하지 않았다. 안 본 지 한참 지났는데도 말이다. 낯선 사람 같았

으면 벌써부터 난동을 부리며 시끄럽게 짖어 댔을 것이다. 어릴 적부터 개 떼들과 줄곧 자랐지만, 이럴 때 개들이 보여 주는 비상한 능력에 한 번씩 감탄하게 된다.

일병 정기 휴가 에피소드 〈2〉 (2001년 12월, 정기 휴가 복귀일)

일병 휴가가 정신없이 지나가고 드디어 복귀일이 되었다. 간단하게 점심을 먹은 후에 무궁화호 열차를 타고 서울로 올라갔다. 좌석이 모두 매진되는 바람에 할 수 없이 입석을 끊어 객차 통로에서 4시간 이상을 견뎌야 했다.

손양원 목사님

열차 타는 시간에 읽으려고 『나의 아버지 손양원 목사』를 구매했다. 책을 펴 들고 서울역에 도착할 때까지 열심히 읽었다. 손양원 목사님의 일대기가 엄청난 은혜로 다가왔다. 특히 '용서를 넘어선 사랑'에 말할 수 없는 도전을 받았다. 목사님의 딸 동희가 두 오빠를 죽인 원수를 양아들로 삼으려는 아버지의 마음을 도무지 이해할 수 없다고 할 때, 목사님은 "원수를 사랑하라"(마 5:44)는 주님의 말씀으로 딸의 마음을 간곡히 설득한다.

동희야, 성경 말씀을 자세히 보아라. 성경 말씀에는 분명히 원수를 사랑하라고 하였다. 용서만 가지고는 안 된다. 그 학생을 살려 주는 것만으로는 부족하다는 뜻이다. 원수를 사랑하라 했으니 사랑하기 위해 아들을 삼아야 한다. 아브라함은 백 살에 얻은 외아들 이삭을 하나님 명령 한마디에 모리아 제단에서 칼로 찌르려 하지 않았더냐. 너는 어떻게 생각하느냐? 이 시험이 그 시험보다 더 힘들다고 생각하느냐? 또, 강철민을 죽인다면 그것은 네 두 오빠의 순교를 값없이 만드는 것이 되고 만다.[18]

이 책을 통해 쏟아지는 은혜 때문에 내 얼굴은 걷잡을 수 없는 눈물로 뒤범벅되었다. 그 순간 객차 통로에 있던 다른 사람들은 군인이 책을 보며 펑펑 울고 있다는 사실에 당황하는 듯했다.

쏟아지는 눈물을 감추려고 애쓰는 중에 기차는 어느덧 서울역에 도착했다. 마침내 부대로 복귀했고, 다가올 2002년 새해에는 새로운 마음가짐으로 선임과 후임들을 섬기겠다고 굳게 다짐했다.

서서히 시작되는 핍박 (2002년 초, 101여단 통신대)

새해의 마음가짐을 시험하듯 주변 사람들의 핍박이 시작되었다. 특히 행보관은 독실한 불교 신자라서, 자기 생각에 지나치다 싶은 기독 사병들을 탐탁지 않게 여겼다. 그래서인지 어느 날 나를 행정실로 부르더니 큰소리로 마구 나무라기 시작했다.

"권율! 너는 우리 부대에 군대 생활 하러 온 거야, 아니면 종교 활동하러 온 거야? 군인이면 군인답게 군 복무에 열중해야지, 어디에다 정신을 팔고 있나?"

맹세코 나는 암호병의 임무를 소홀히 하면서까지 교회 활동을 한 적이 없었다. 여단 암호병이 다른 보직에 비해 상대적으로 업무량이 적어, 행보관의 눈에는 내가 업무보다 교회에 치우쳐 있다고 보인 것 같았다. 게다가

---

18 손동희, 『나의 아버지 손양원 목사』 (서울: 아가페, 1994), 239.

암호병은 특수 상황이 아니면 주일에 근무가 없기 때문에, 다른 대원들이 보기에도 내가 할 일 없는 존재로 인식되기 쉬웠다.

행정실에서 엄청나게 혼나고 조용하게 내무반으로 들어왔다. 그런데 내무반 분위기가 심각하게 변해 있었다. 알고 보니 행정실에서 나를 크게 호통 친 행보관의 목소리가 내무반까지 들리면서 선임들의 심기를 건드린 모양이었다. 갑자기 서 상병이 나를 부르더니 이제 교회 가지 말라고 위협하기 시작했다.

"야, 권율! 당분간 교회 가지 말고 내무반에 조용히 처박혀 있어! 알겠나?"

"그…그건 안 됩니다. 저…저는 주일에 근무가 없…없기 때문에 교회 가도 무… 무방하다고 생각합니다."

"뭐라고? 이 새끼가 죽고 싶어서 환장했나? 좋아, 어디 두고 보자고!"

기도하다가 욕이 튀어나옴 (2002년 봄, 101여단 통신대)

더구나 '법당의 자존심'이라 불리던 곽 상병도 나를 못살게 굴기 시작했다. 불교 신자인 그는 행보관의 가장 큰 총애를 받고 있었다. 그래서 평소에 다른 사병들로부터 많은 부러움을 샀다. 그는 나보다 두 달 선임인데도 일병 때부터 한 번씩 나를 괴롭히더니 이제 본격적으로 달달 볶기 시작했다.

나보고 밥 빨리 안 처먹는다고 나무라고, 말 더듬는다고 수시로 윽박지르는가 하면, 심지어 행동 하나하나에 생트집을 잡아 뼈가 마르도록 나를 못살게 굴었다. 나도 참을성의 한계를 드러내면서 급기야 노골적으로 곽 상병을 무시하기 시작했다.

다른 선임이 없을 때는 곽 상병에게 경례도 안 하고 고개를 완전히 돌려 버렸다. 이런 행동 때문에 그는 더욱더 약이 올라서 자기 동기들에게 현 '사태'를 고자질하며 비상 대책을 강구하려고 했다.

두어 달이 지난 어느 날이었다. 곽 상병의 동기가 나를 막사 뒤로 불러내어 갑자기 위협하기 시작했다.

"야, 권율! 안경 벗어, 이 새끼야! 똑바로 서지 못해! 네가 후임이면 후임답게 굴어야지, 무엇 때문에 허구한 날 내 동기를 무시하는 거야?"

안경을 벗으라는 말에 두들겨 맞을 마음의 준비를 했다. 다행히도 구타당하지는 않았다. 나는 곽 상병을 뒷산으로 몰래 끌고 가서 땅에 묻어 버리고 싶었다. 사실 나 말고 다른 후임들도 모두 곽 상병을 싫어했다. 겉으로 보면 정말 잘해 주는 것처럼 보였지만, 실제로는 우리 마음을 아주 힘들게 했기 때문이다.

심지어 어떤 이등병은 곽 상병 때문에 탈영하고 싶다고 했다. 나는 이런 후임들과 합세해서 곽 상병을 대항하여 '쿠데타'를 일으키고 싶었지만, 군대 분위기상 그렇게는 도저히 할 수 없었다.

그러던 어느 날, 암호실에서 근무를 서다가 큰 충격에 빠졌다. 내 자신이 갑자기 악한 모습으로 변해 버렸음을 문득 깨달았다. 내 딴에는 하나님 말씀대로 열심히 산다고 자부했지만, 정작 "원수를 사랑하라"는 말씀 하나도 제대로 실천하지 못하고 있었다. 손양원 목사님은 자기 두 아들을 죽인 원수까지 용서하며 사랑하셨는데, 나는 단지 말로만 못살게 구는 선임병 하나도 제대로 사랑하지 못했다. 주님 앞에 부끄러워 감히 고개를 들 수 없었다. 그 순간 두려운 마음으로 하나님 앞에서 철저하게 회개했다.

여전히 곽 상병이 죽도록 싫었지만, 내 감정을 죽이고 마침내 그를 위해 기도하기 시작했다. 어찌나 그가 싫었던지 기도하다가 입에서 욕이 튀어 나오려고 했다.

'살아 계신 하나님, 그 새끼, 아니 곽 상병을 긍휼히 여겨 주옵소서. 지금은 그 인간이 저를 포함해서 많은 후임들을 괴롭히고 있지만, 주님의 전능하심으로 그의 마음을 돌이키시어 사랑받는 선임이 되게 하옵소서!'

기독교로 개종한 후임병 (2002년 봄, 101여단 통신대)

봄기운이 막바지를 달리고 있었다. 어느 날 안정윤 일병이 나를 찾아왔다. 평소에 말이 없던 안 일병은 다소 심각한 표정으로 말 못할 고민을 털어 놓았다. 얼마 전부터 새벽마다 끔찍한 악몽에 시달려서 괴로워 죽을 지경이라는 것이다. 그 순간 나는 영적인 문제임을 직감했고, 그에게 대뜸 성급한 약속을 해 버렸다.

"오…오늘부터 내가 안 일병을 위해 하…하나님께 기도하면, 조만간 그 악몽이 사…사라질 거야. 그리고 혹시 교…교회에 올 마음이 있으면 언…언제라도 좋으니까 나랑 같이 가…가 보도록 하자."

안 일병에게 큰소리친 것이 걱정돼서 하나님께 날마다 기도했다.

'하나님, 제가 혹시 안 일…일병에게 경솔한 약…약속을 한 것은 아닌지요? 거룩하신 하…하나님의 이름을 걸고 큰…큰소리쳤는데, 만일 하나님께서 그의 문제를 해…해결해 주시지 않으면 저뿐만 아니라 하…하나님의 위신도 떨어지게 됩니다. 이렇게 간구하오니 성…성령의 역사를 보여 주옵소서.'

일주일 후에 안 일병이 다시 찾아왔다. 대뜸 자기도 교회 가면 안 되겠냐고 묻는 것이 아닌가! 주일마다 법당에 열심히 다니다가 갑자기 교회로 옮기고 싶다는 말에 정말 기뻤다. 그러나 걱정이 밀려왔다. '법당의 자존심' 곽 상병을 비롯해서 법당 선임들이 가만히 있을 리가 없기 때문이었다.

그런데도 안 일병이 다가오는 주일 아침에 자기는 교회 갈 거라고 감히 선언해 버렸다! 나는 찬양대 봉사를 위해 선발대로 먼저 갔고, 안 일병은 후발대로 뒤늦게 교회에 왔다. 성가대석에 앉아 예배 시간 내내 그를 지켜봤다. 군인들이 다들 그렇듯이 안 일병도 졸고 있는 듯했다. 오전 예배가 끝나고 안 일병한테 예배에 대한 소감을 물어봤다.

"정윤아, 오늘 교…교회에 와 보니까 기…기분이 어때?"

갑자기 고개를 푹 숙이더니 잠시 생각에 잠기는 듯했다. 그때 나는 '이 친구가 또다시 법당에 가겠구나' 하는 생각이 들었다. 하지만 그의 대답은 내 예상을 완전히 뒤집어 버렸다.

"권율 상병님, 앞으로 저도 일요일뿐 아니라 수요일에도 같이 교회에 오면 안 되겠습니까?"

그 순간 나는 기뻐 어쩔 줄 몰랐다. 하나님께 감사와 영광을 돌려 드렸다. 그 후로 안 일병은 주일마다 같이 교회 가서 하나님을 예배했고, 마침 내 세례를 받게 되었다. 더욱 놀라운 사실은 그 후로 단 한 번도 예전의 악 몽에 시달리지 않았다는 것이다.

정말로 우리 하나님은 사람의 모든 일을 주관하시는 분이다. 나는 안 일병이 하나님을 더욱 인격적으로 체험하면서 온전한 구원을 이루어 가 도록 간절히 기도했다. 성령께서 그의 영혼을 계속 지켜 주시기를.

밤새도록 기뻐 주님을 외치다! (2002년 6월, 101여단 무적교회)

상병 계급장을 단 지 7개월이 지났다. 2002년 한 해도 벌써 절반이 지 나고 있었다. 어느덧 6월 둘째 주일이 되었다. 여느 때처럼 교회 가서 오전 예배를 드리고, 점심시간이 되어 전우들과 함께 맛있는 밥을 즐기고 있었 다. 그런데 갑자기 여단 군종병이 찾아오더니, 다짜고짜 나에게 '잔인한' 부탁을 하는 것이 아닌가!

"율 형제, 오늘 저녁에 목사님이 인근 부대에 신우회 헌신 예배 설교하러 가서. 그래서 율 형제가 저녁 예배 때 간증 한번 해 줬으면 해."
"뭐…뭐라고? 사…사무엘도 잘 알다시피, 난 사람들 앞에 서면 너…너무 긴장 해서 말 한마디도 제대로 못…못하잖아? 근데 무슨 수로 간증을 한단 말이야? 지금 대…대화하는 것도 힘들어 죽겠구먼. 그건 말…말도 안 되는 소리니까 그 냥 사…사무엘이 직접 하는 건 어때?"
"그러고 싶은데 목사님이 워낙 갑작스럽게 부탁하셔서 나도 하기가 좀 그래. 아 무리 생각해도 율 형제가 꼭 해야 될 것 같아. 목사님도 그걸 원하고 계셔."

이건 도무지 말이 안 되는 부탁이었다. 나 같은 말더듬이가 무슨 수로 강단에 서서 간증을 한단 말인가! 심지어 훈련소 때는 관심 사병으로 분류된 전력도 있었다! 그런데 마음 깊은 곳에서 성령님의 강권하심이 느껴지기 시작했다. 그 부탁을 끝내 뿌리치지 못했고, 나도 모르게 그만 수락하고 말았다.

그때부터 엄청난 걱정과 염려에 사로잡혔다. 너무 긴장이 되어 잠시라도 가만히 있을 수가 없었다. 그래서 막사 뒤에 있는 휴게실 소파에 앉아 오후 내내 하나님께 기도했다.

'아니, 하…하나님, 제가 듣기에 하나님은 실…실수하지 않으신다고 했는데, 이번만은 실수하신 것 같습니다. 유…창성 장애를 앓는 제가 무슨 수로 군인 형제들 앞에서 간…간증을 한단 말입니까? 온 부대원들이 제가 말…말 더듬는 사실을 알고 있는데, 괜히 그런 모…모습을 보고 실망하면, 도리어 하…하나님의 영광만 가릴 것 아닙니까? 지금이라도 늦…늦지 않았으니까, 제발 보낼 만한 자를 보내소서! 주님 아…아시잖아요? 저는 정말 못할 것 같습니다.'

하지만 '운명의 순간'은 다가오고 있었다. 저녁에 사병 식당에서 미리 밥을 먹고 남들보다 더 빨리 교회당으로 내려갔다. 저녁을 먹는 동안 머릿속에는 과거에 체험했던 은혜의 순간들이 스쳐 지나갔다. 예배가 7시에 시작되는데도, 너무 걱정이 되어 15분 전부터 강대상 앞에서 무릎 꿇고 기도하기 시작했다.

그런데 성령님은 불안해하는 나를 오히려 책망하시며 말씀으로 내 마음을 위로해 주셨다.

율아, 너는 아직도 이 일을 네 힘으로 한다고 생각하니? 불안한 마음을 떨쳐 버리고 나에게 모든 것을 맡기려무나. 그리고 이 말씀 명심하거라.

말하는 이는 너희가 아니라 너희 속에서 말씀하시는 이 곧 너희 아버지의 성령이시니라 _마 10:20

어느덧 예배당 뒤편에 걸린 커다란 벽시계가 정확히 7시를 가리켰다. 예배를 인도하려고 자리에서 일어났다. 그 순간 도저히 이해할 수 없는 일이 벌어졌다! 갑자기 말문이 열리면서 내가 정말 자유롭게 사람들 앞에서 말하고 있는 것이 아닌가!

이제 설교 시간이 되었다. 지난날 내 삶에 역사하신 하나님을 힘 있게 증거했다. 현장에 있던 수십 명의 군인 형제들과 집사님들이 모두 큰 은혜를 받아 눈물을 흘리고 있었다. 모두들 내가 하는 말에 울다가 웃다가 하면서 은혜의 도가니에 빠져 있는 듯했다.

평소에 말을 심하게 더듬거리던 내가 시원스럽게 말을 해서 더더욱 그렇게 반응한 것 같았다. 한없이 부족한 나를 통해 역사하시는 성령의 강한 임재를 분명히 느낄 수 있었다. 우리 모두는 하나님께 영광의 박수를 올려드렸다. 예배가 끝나자 다들 아쉬워했다. 오늘 못다 한 부분을 전역하기 전에 꼭 한 번 더 하라고 다들 내게 간곡히 부탁했다.

하나님이 하신 일이 참으로 놀라워서 밤새도록 잠을 잘 수가 없었다. 정말 나는 밤이 샐 때까지 "하나님, 사랑합니다! 주님 살아 계심을 찬양합니다!"를 무한 반복했다. 더욱이 감사한 것은 신학에 대한 나의 꿈이 그날로 확고해졌다는 사실이다. 그동안 군 생활하면서 목사와 선교사에 대한 꿈을 완전히 저버렸다. 사람들 앞에서 말을 심하게 더듬어서 자신이 없어졌기 때문이다.

그래서 나 같은 사람은 그저 번역이나 하면서 평범하게 살아야겠다고 생각했다. 하지만 전능하신 하나님은 한번 계획하신 일을 절대로 포기하지 않으시고, 끝까지 이루어 가신다는 사실을 그날 밤에 확실히 깨달았다.

내가 너와 함께 있어 네가 어디로 가든지 너를 지키며 너를 이끌어 이 땅으로 돌아오게 할지라 내가 네게 허락한 것을 다 이루기까지 너를 떠나지 아니하리라 하신지라 _창 28:15

법당 군종병의 회심(?) (2002년 여름, 101여단 통신대)

'법당의 자존심' 곽 상병은 병장이 되어 천하를 호령하고 다녔다. 후임들에게는 골치 아픈 존재인 그가 간부들에게는 아주 사랑받는 존재였다. 무더운 어느 날 저녁에 곽 병장은 할 말이 있다며 나를 갑자기 불렀다.

이 인간이 또 무슨 트집을 잡아서 나를 괴롭히려는 줄 알았다. 이제 한 달 후면 나도 병장 계급장을 다는데, 설마 아직도 나를 가만두지 않겠다고 생각하는 걸까? 하지만 곽 병장이 하는 말은 전혀 뜻밖이었다.

"율아, 혹시 나도 너 따라 교회 다니면 안 되겠니?"

그 순간 나는 긴가민가했다. 혹시 이 인간이 뭘 잘못 먹어서 헛소리를 하는 것일지도 모른다고 생각했다. 더욱이 그는 평소에 독실한 불교 신자인 행보관과 함께 온갖 법당 행사에서 열성을 부렸었다. 그래서 아직 의심되는 건 어찌 보면 당연했다. 하지만 나는 침착하게 대화를 이어 갔다.

"곽 병장님이 혹…혹시 그렇게 마음먹게 된 계…계기라도 있습니까?"

"너도 알다시피 내가 정보화 교육장 조교잖아. 어느 날 인터넷 검색하다가 우연히 기독교 음악 사이트에 접속하게 되었는데, '당신은 사랑받기 위해 태어난 사람'이라는 노래가 흘러나오고 있었어. 이 노래를 듣고 있다가 갑자기 마음이 뭉클해지는 것을 경험했어. 그래서 언제 한번 율이 너한테 이런 이야기를 하고 싶었지."

그의 말을 듣는 순간, 지난 수개월 동안 "원수를 사랑하라"는 말씀을 붙들고 기도한 것이 헛되지 않음을 깨달았다. '법당의 자존심'이 와르르 무너지는 역사적인 순간이었다. 앞으로 날 대신해 중대 군종 후임이 될 전성준 일병도 이 소식을 듣고 정말 좋아했다. 핍박자가 한 명 사라졌기 때문이었다.

아쉽게도 곽 병장은 이런저런 이유 때문에 전역할 때까지 교회에 나오지는 않았다. 그러나 하나님께서 그의 마음을 누그러뜨리신 것만은 명백한 사실이었다. 곽 병장은 교회 다니는 후임들에게 더 이상 성가신 존재가 아니었다. 자기는 교회에 안 나갔지만 다른 후임들에게는 주일마다 교회 가라고 '갈구기도' 했다.

어느 주일에 곽 병장이 일직 근무를 서게 되었다. 아침에 갑자기 내무반 문을 열고 들어오더니 언성을 높이기 시작했다.

"너희 중에 혹시 종교 활동란에 기독교라고 적어 놓고 교회 안 가는 사람 있나? 그랬다가는 내가 가만 안 둘 테니까 알아서들 잘 처신하라고!"

더군다나 행보관도 이제 나를 포함해서 기독 사병들을 함부로 대할 수 없었다. 얼마 전에 부여단장님이 새로 부임하셨는데, 기독교 신앙에 아주 투철하셨기 때문이다. 심지어 나랑 같이 주일마다 교회에서 찬양대 베이스로 열심히 봉사하셨다.

그렇기 때문에 내가 교회에서 보이지 않으면, 우리 통신대에는 거의 '비상 사태'가 발생했다. 심지어 어느 날에는 '출동 준비 태세'가 발령되어 나도 다른 전우들과 함께 군장을 싸고 있었는데, 갑자기 행보관이 내무반으로 들어와서 나에게 소리를 질러 댔다.

"야, 권율! 오늘부터 교회 중고등부 수련회가 있다는 사실을 모르고 있나? 아니면 알면서 가만히 있었던 건가? 빨리 짐 싸 들고 교회에 가야지, 여기서 왜 이러고 있나?"

아마 부여단장님이 연락하신 것 같았다. 상황은 이제 반전되었다. 출동 준비 태세 발령인데도 나는 교회 중고등부 교사로 외부 수련회에 참석해야 했다. 매년 구국 성회는 물론이고, 한 번씩 주말에 부여단장님과 함께 집회에 참석하기도 했다.

그동안 교회 다닌다고 무지하게 '갈굼'당한 순간들을 주님이 지켜보고 계셨던 것 같다. 전혀 의도치 않았는데도 나의 신앙은 보호받고 있었다. 그들에게는 좀 미안한 마음이 들었지만, 어쨌든 이런 상황을 섭리하시는 하나님께 정말 감사했다.

병장의 권위는 섬기는 것 (2002년 12월, 101여단 통신대)

'국방부 시계'가 2002년의 마지막을 달리고 있었다. 어느덧 나는 통신대의 최고 선임병이 되었다. 천하를 호령하던 곽 병장도 전역했으니, 이제

나를 못살게 구는 선임은 더 이상 존재하지 않았다. 그가 전역할 때 나한테 남긴 말이 있었다. 후임병들 중에 내가 가장 인상 깊었고 기억에 남는다고 말이다. 하나님께서 말년에 그의 마음을 누그러뜨려 주신 대로, 그가 앞으로 누굴 통해서든지 하나님의 사람으로 확실히 거듭나기를 간절히 바랐다.

나는 신병 때부터 하나님과 약속한 것이 있었다. 나중에 통신대 최고 선임이 되면 최선을 다해 후임병들을 섬기겠다는 것이다. 군대 생활의 병장만큼 교만해지는 경우도 드물지만, 역으로 생각하면 병장만큼이나 아랫사람을 실감 나게 섬길 수 있는 경우도 드물었다.

"근본 하나님의 본체"(빌 2:6)이신 예수께서 이 세상에 죄인들을 섬기러 오셨다. 가장 높으신 당신께서 가장 낮고 비천한 죄인들을 섬기러 오셨다면, 한낱 병장 따위가 무엇 때문에 후임들을 섬기지 못하겠는가?

최고 선임으로서 나는 그리스도의 섬김을 구체적으로 실천하려고 한 가지 묘책을 떠올렸다. 나는 매일 내무반 청소 시간에 이등병들 틈에 껴서 같이 청소하기 시작했다. 어느 날부터 시작된 나의 갑작스럽고 충격적인 행동은 다른 병장들을 심히 당황하게 만들었다.

"권율 병장님이 교회에 열심히 다니더니 드디어 미쳤네, 미쳤어!"

자기네들끼리 수군수군 거렸다. 병장 계급장을 달면 내무반 청소 따위는 당연히 면제되는 것처럼 생각했던 그들이었다. 물론 간부들은 병장도 후임들과 함께 청소하기를 바랐지만, 실제로는 거의 이루어지지 않았다.

그러나 나는 가장 후임인 이등병들처럼 열심히 청소했다. 이들도 심히 당황하기는 마찬가지였다. 나의 행동을 도무지 이해하지 못하는 듯했고,

또 미안해서인지 다들 몸 둘 바를 모르는 것 같았다. 하지만 이들과 가까워지려고 날마다 최선을 다했다.

그러다가 나는 마침내 '이등병의 대변자'가 되었다. 그들은 무슨 일만 터지면 나에게 찾아와 자신들의 고민을 털어놓기 시작했다. 그러면 나는 이들의 고민을 해결해 주려고 최선을 다해 노력했고, 때로는 중대한 사태를 조정해서 큰일을 막아 내기도 했다. 실제로 우리 동기 한 명이 후임병들을 괴롭히는 바람에 영창 갈 지경까지 갔는데, 내가 중재 역할을 감당해서 사태를 수습한 적도 있었다.

흔히들 병장이 되면 자신의 권위를 세우려고 쓸데없이 후임병들을 윽박지르려고 한다. 하지만 그런 행동은 도리어 불만을 살 뿐이다. 겉으로는 복종하는 척하지만, 안 보는 곳에서는 병장들을 얼마나 '씹어 돌리는지' 모른다. 오히려 후임병들은 자신을 인정해 주고 인격적으로 대해 주는 병장을 진심으로 존경한다. 이것은 내무반 생활을 통해 내가 몸소 깨달은 것이었다.

어느 날 저녁에 찾아온 김 이병이 실제로 그런 반응을 보였다.

"권율 병장님, 혹시 제가 해 드릴 일이 없습니까?"

"무슨 일?"

"그럼 관물대 앞에 있는 쓰레기라도 주십시오. 제가 버리겠습니다."

"내 쓰…쓰레기를 왜 김 이병이 치워? 내가 버…버릴 테니 신경 쓰지 마."

"아닙니다. 제가 꼭 버리고 싶습니다!"

이렇듯 후임들은 가만히 있는 나를 찾아와 무언가를 하려고 했다. 그러면 나는 찾아오는 후임들을 인격적으로 대해 주면서 상담하는 중에 때로는 복음을 전하기도 했다. 한때는 통신대 인원의 절반이 나를 따라서 교회에 출석한 적도 있다. 전도 역시 섬김의 자세에서 비롯된다는 사실을 분명히 깨달았다.

물론 후임들을 섬긴다고 해서 무작정 뒤치다꺼리를 하라는 뜻은 결코 아니다. 특히 근무 시간에 맡은 바 임무를 소홀히 하는 후임에게는 따끔한 질책과 훈계가 반드시 필요하다. 그렇지만 근무 시간 외에는 병장을 비롯한 선임병들이 몸소 섬김의 자세를 실천해야 한다. 이렇게 할 때만이 병사 상호 간에 참다운 권위를 회복할 수 있고, 보람찬 내무반 생활을 경험할 수 있을 것이다.

예랑의 밤 (2003년 2월, 101여단 무적교회)

우리 무적교회에는 '예랑의 밤'이라는 연례 행사가 있었다. '예랑'은 '예수 사랑'의 줄임말이었다. 군인 교회라는 특수 환경 때문에 중고등부 학생들이 대부분 군 간부 자녀들이었다. 하나님이 10명 남짓한 이들을 군 생활 동안 나에게 맡기셨다. 이 친구들과 교제하면서 순간순간 소중한 추억들을 많이 쌓았다. 한번은 포상 휴가를 받아 집으로 안 가고, 부대 근처에서 이 친구들과 함께 며칠간 행복한 시간을 보내기도 했다.

2003년 2월, 우리는 '예랑의 밤'을 거행했다. 몇 달 전부터 주일마다 열심히 연습하고 기도하며 이 축제를 준비했다. 연습하는 과정에서 두 자매가 마음이 안 맞아 잠시 '비상 사태'가 발생했었지만, 다행히 하나님의 은혜로 모든 일을 무사히 준비할 수 있었다. 우리는 열심히 갈고 닦은 실력으로, 예배에 참석한 군인 형제들에게 하나님의 은혜와 위로를 증거했다.

행사 시작 전에 중고등부 교사인 내가 대표 기도를 하게 되었다. 앞에서 마이크를 잡고 기도하려는 순간, 갑자기 평소와 다른 기분을 경험했다.

나는 그냥 입술만 움직일 뿐이고, 내 안에서 성령님이 계속 말씀하시는 것 같았다. 물론 말을 전혀 더듬거리지도 않았다.

그리고 행사가 모두 끝날 때까지 아이들을 품고서 쉬지 않고 하나님께 기도했다. 확신하건대 하나님의 영이 우리 가운데 강하게 임재하셨다. 특히 통신대 전우들도 평소와는 달리 큰 은혜를 경험하는 것 같았다. 어느덧 준비했던 모든 순서가 막을 내렸다. 나는 학생들과 더불어 하나님의 위대하심을 찬양하면서 은혜로운 밤을 허락하신 주님께 감사했다.

더욱이 한 동기로부터 놀라운 고백을 듣게 되었다. 이 친구는 온 가족이 교회에 다니지만 정작 자기는 하나님이 없다고 생각하고 있었다. 하지만 그는 평소와는 달리 사뭇 진지한 표정을 짓고 있었다. 내무반에서 잠들기 전에 그날 있었던 자기 경험을 말해 주었다.

"율아, 오늘 교회 행사 때 네가 앞에서 대표 기도 했잖아? 너의 기도 소리를 듣던 중에 이제껏 한 번도 느껴 보지 못한 그 무엇을 경험했어. 네 기도 중에 갑자기 온몸이 떨리면서 이상한 기분이 들었는데, 도대체 이게 무슨 현상이지?"

"그게 바로 성…성령께서 너의 마음을 두드리시는 거야. 더 이상 하나님을 부인하지 말고 하루속히 네 마…마음을 열어 봐. 평소에 널 위해 가족들이 얼마나 안타까워하며 기…기도하고 있는지 너도 이제 알아야지."

우리는 어두운 내무반에 나란히 누워 있었다. 나는 친구를 위해 하나님께 간절히 기도했다. 성령께서 '예랑의 밤'을 통해 친구에게 은혜를 부어 주셨다는 사실에 참으로 감사했다. 그리고 다른 장병들에게도 하나님의 큰 은혜와 위로가 임하였음을 확신했다.

그 후 얼마 지나지 않아 전역일이 되었다. 2003년 2월 28일, 26개월간의 군복무를 무사히 마쳤다. 군 생활 가운데 순간순간 나의 일상을 주관하시며 가장 선한 길로 이끄셨던 삼위 하나님께 모든 영광과 감사를 드린다.

인생의 전환점

생생하게 체험한 십자가,

담대한 복음 전도,

유부남이 된 대학생

먼저 가신 아버지 (2003년 3월, 대구동산병원)

　전역하자마자 경북대 북문 근처에 자취방을 구하려고 돌아다녔다. 3월부터 시작되는 신학기에 바로 복학하려고 했기 때문이다. 아버지는 제대하자마자 분주해하는 나의 모습을 아주 못마땅하게 여기셨다. 그런데도 삼일절에 친구 병춘이와 함께 원룸 하나를 얻어 방 계약을 끝내고, 동생한테 부탁해서 우리 집 트럭으로 각자 살림살이를 대충 옮겼다. 밤늦게 동생과 함께 집으로 돌아왔는데, 아버지가 몹시 언짢아하신다는 느낌을 받았다.

> "야, 이놈들아! 너희 주려고 맛있는 요리 준비했는데, 이제 집에 들어오면 어쩌잔 말이냐? 음식 다 식어 빠져서 개들한테 줘야겠다. 저녁 먹으면서 할 말이 많았는데, 기분 잡치는 바람에 더 이상 말하기도 싫다."

　아버지는 건강이 너무 안 좋아져 다른 일을 전혀 하지 못하셨다. 그래서 하루 종일 방 안에서 TV만 보실 뿐이었고, 그 덕분인지 그동안 많은 요리를 배워 놓으셨다. 이제껏 갈고닦으신 솜씨로 두 아들에게 맛있는 요리를 선보이려고 하신 건데, 우리가 늦게 들어오는 바람에 모든 게 물거품이 되고 말았다. 아버지가 평소와 좀 다른 느낌이었다. 아내와 두 아들에게 특별히 '무슨 말'을 하시려는 것 같았다. 그날로부터 이틀 후 3월 3일 월요일이 되었다. 분주한 신학기인데도 조금씩 자취방에 필요한 물건을 구해다 놓았다. 또다시 이틀이 지났다. 수요일 저녁에 너저분한 자취방을 정돈하고 있는데, 새어머니로부터 갑작스러운 전화 한 통을 받았다.

"율아, 지금 아버지가 위독하시니까 빨리 동산병원 응급실로 와라."
"네? 갑자기 또 무슨 일이래요?"

아버지가 구급차에 실려 오셨다는 소식을 듣고 급히 택시를 탔다. 이전에도 한 번씩 위독하셔서 응급실에 가신 적이 있어, 이번에도 응급조치 후에 곧바로 퇴원하실 줄 알았다. 하지만 이전과는 상황이 달랐다.

부랴부랴 응급실에 도착했다. 신음하는 아버지의 얼굴을 멍하니 바라보았다. 아버지는 나를 알아보지 못하셨다. 의사 선생님은 오늘 밤을 넘기기 힘들 거라고 했다. 더 이상 혈액이 뇌로 공급되지 않았다. 내 동생이 도착할 때까지 아버지는 그저 연명(延命)하시는 상태였다. 갑자기 나는 마음속으로 하나님께 대들기 시작했다.

'하나님, 도대체 뭐하고 계십니까? 당신은 전지전능하시다면서요? 지금 죽어가는 아버지를 살려 보시란 말입니다! 저한테는 왜 계속 이런 일들이 생기나요? 하나님, 이젠 저를 그냥 내버려 두십시오. 지금까지의 고난으로도 족합니다. 하나님 말씀대로 살려고 나름 최선을 다하는데, 왜 자꾸만 이런 일들이 닥치는 겁니까? 살아 계신 하나님께서 어디 말씀 좀 해 보십시오!'

이성을 잃어 하나님께 대드는 동안 마침내 동생이 도착했다. 동생이 아버지의 두 눈을 감겨 드리자, 아버지의 심장은 멈춰 섰다. 그 순간 우리 가족은 충격의 도가니에 빠졌다. 새어머니는 또다시 우리 집에서 비운의 순간을 맞이하셨다. 그래서인지 아버지의 죽음을 더욱 슬퍼하셨다.

특히 할아버지가 유난히 자식의 죽음을 슬퍼하셨다. 옆에 있는 의사들에게 내 아들을 살려 달라고 눈물로 읍소(泣訴)하셨다. 평소에 점잖은 할아버지였지만 아들의 죽음을 슬퍼하는 데는 체면치레를 하지 않으셨다. 동생과 나 역시 패닉(panic) 상태로 멍하니 아버지의 시신을 바라보기만 했다. 예전에는 잔소리하는 아버지가 정말 싫었는데, 막상 이런 순간이 되니까 한없는 슬픔만이 솟구치고 있었다.

마침내 아버지의 사망 판정이 났다. 즉시 아버지의 시신을 다른 곳으로 옮겨 갔다. 새어머니와 나는 동생과 함께 황급히 뒤따라 나섰다. 얼마 후 우리는 장의사에게 장례 절차와 비용을 문의했고, 시체 보관소에 안치된 아버지의 시신은 이제 곧 염습(殮襲)[19]되어 다른 곳으로 갈 채비를 갖추었다.

상주복을 입고 꼬박 밤을 새웠다. 아침이 되자 슬픔과 피곤에 지쳐 몸을 제대로 가눌 수 없었다. 어린 시절부터 계속되는 고난에 찌들 대로 찌들어 버려 내 영혼은 탈진한 듯했다. 앞으로도 내가 모를 고난의 순간들이 엄습해 올 거라는 생각에 벌써부터 하나님이 원망스러울 뿐이었다. 언제까지 나를 힘들게 하실지.

오전 내내 나는 정신 나간 사람처럼 보였다. 조문객이 찾아올 때만 제정신인 것처럼 있다가 또다시 멍한 상태가 되었다. 그런데 나에게 변화가 일어나기 시작했다. 어느 순간부터 머릿속에 전날 밤의 일이 떠오르고 있

---

19 시신을 씻긴 뒤 수의로 갈아입히고 염포로 묶는 일.

었다. 할아버지가 아들의 죽음을 애타게 슬퍼하는 장면이 먼저 떠올랐다. 그리고 또 하나의 장면이 뇌리를 스쳤다. 하나님께서 십자가에 달려 죽어 가는 당신의 아들을 하늘 위에서 내려다보시는 장면이었다. 그 순간 하나님 아버지께서 '내적 음성'으로 나를 무지하게 책망하시는 것 같았다.

> 율이 너는 내 아들 예수가 십자가에 달려 죽어 가고 있었을 때, 나의 찢어지는 심정을 이해할 수 있느냐? 네 할아버지가 아들의 죽음을 슬퍼하는 것과는 비교가 안 될 정도로 내 아들 예수의 죽음을 슬퍼했다. 십자가에서 피 흘려 죽어 가는 예수를 나의 전능함으로 충분히 살릴 수 있었지만, 바로 너 때문에 내 아들이 죽기까지 기다려야 했다. 이러한 나의 심정을 네가 조금이라도 이해할 수 있느냐?

내면 깊은 곳에서 들리는 듯한 하나님의 음성 때문에 어느새 내 영혼은 고꾸라지고 말았다. 당신의 아들을 단번에 살리실 수 있음에도 그대로 지켜보셔야 했던 그 심정……. 그렇게 하셔야만 했던 이유가 바로 나라니!

이제껏 예수님의 고난 자체에만 집중해서 주로 그분의 아픔을 묵상했었다. 그런데 하나님께서 이번에 당신의 마음을 생생하게 알려 주셨다. 십자가의 현장을 하늘 위에서 바라보고 계셨을 때, 하나님 아버지의 마음이 어떠했을지 부친의 죽음을 통해 깨닫게 해 주셨다.

그분의 죽음은 나의 죽음이었다! 그분의 죽음을 지켜보시는 아버지의 슬픔은 내 죄를 그토록 증오하시는 당신의 심정이었다. 그분이 죽어야 내가 살기 때문이다. 이것이 십자가의 복음이다! 이전보다 복음이 좀 더 입체적으로 나에게 다가왔다. 하나님 아버지의 마음과 예수님의 죽으심과 성령님의 중보하심이 십자가의 의미에 모두 들어 있었다.

나는 일평생 절대 잊을 수 없는 십자가를 또다시 체험했다. 하루 종일 쏟아지는 눈물이 눈앞을 가렸다. 모두들 내가 부친의 죽음 때문에 슬퍼한 다고 생각했지만, 정작 나는 예수님의 죽음 때문에 더욱 슬퍼하고 있었다.

신기하게도 내 마음에 말할 수 없는 평안이 밀려왔다. 하나님 앞에서 일삼던 모든 불평과 원망이 단번에 사라져 버렸다. 아버지의 죽음마저도 십자가의 복음을 깨닫는 은혜의 사건이 되었다.

마침내 "환난 중에도 즐거워하나니"(롬 5:3)라는 말씀의 의미를 깨달을 수 있었다. 앞으로 닥쳐올 그 어떠한 환난과 역경도 더 이상 두렵게 느껴 지지 않았다. 왜냐하면 그리스도를 제대로 믿으려면 하나님이 주시는 은 혜와 함께 또한 고난도 받아야 함을 이제 알았기 때문이다.

그리스도를 위하여 너희에게 은혜를 주신 것은 다만 그를 믿을 뿐 아니라 또한 그를 위 하여 고난도 받게 하려 하심이라 _빌 1:29

찾아오는 통일교 신자 (2003년 봄, 대구시 북구 산격동)

아버지가 돌아가시고 충격을 받아서인지 몸과 마음은 날마다 쇠약해 졌다. 예전에는 소리 지르셨던 아버지가 무척 싫었는데, 이제는 돌아가신 아버지가 그리워졌다. 극도로 신경이 쇠약해진 탓인지, 수업 시간에 제대 로 앉아 있을 수 없었다. 몸도 쇠약해지긴 했지만, 아버지가 돌아가신 후 에 정리해야 할 집안 문제가 이만저만이 아니었다.

그래서 학교에 휴학원을 제출하고 다음 해에 다시 복학하기로 마음먹 었다. 이러다가 언제 학교를 졸업할 수 있으려나? 경북대는 나에게 '가깝 고도 멀리 있는 학교'가 되어 버렸다.

자취방에서 푹 쉬며 원기를 회복하던 어느 날이었다. 천연 섬유학과에 재학 중인 현동이가 나를 찾아왔다. 이 친구는 통일교 신자인데 친구 아버지는 문선명의 독실한 추종자였다. 하지만 아버지만큼 통일교 신앙에 열성을 부리지는 않았다. 찾아와서는 대뜸 당황스러운 말을 건넸다.

"어떻게 하면 인생을 보람 있게 살 수 있는 거니?"

"갑자기 왜 그런 생…생각을 하는데?"

"사실 너만 보면 자주 충격을 받는다. 솔직히 너를 고등학교 때부터 죽 지켜봤지만, 아무리 생각해도 네가 나보다 훨씬 더 힘들게 살고 있는데, 율이 넌 무슨 이유로 인생을 비관하지 않고 그렇게 열심히 사는 거지? 혹시 네가 믿는 하나님 때문이니?"

"물론이지. 현…현동이 넌 이미 정답을 알고 있네. 내가 믿는 하나님 말…말고는 다른 말을 너한테 해 줄 수가 없어. 오직 예수님을 통해 날 구원하신 하…하나님이 함께하셔서 어려움을 이…이겨 낼 수 있도록 도와주시는 거야."

현동이는 그 후로도 주기적으로 찾아왔다. 나랑 같이 있으면 마치 예배당에 갔다 온 기분이 든다고 했다. 심지어 나를 만나고 집으로 돌아가면 한동안 자기도 인생을 열심히 살아간다고 고백했다. 현동이는 나를 만날 때마다 신선한 충격을 받아서인지, 나의 일상에서 뿜어져 나오는 그 묘한 이끌림을 이른바 '권율약'이라고 명명해 주었다. 그래서 인생을 비관하고 힘들어할 때면 어김없이 이 약을 먹기 위해 나를 찾아왔다. 현동이와의 만남을 통해 마태복음 5장 16장에 나타난 전도의 원리를 깨닫게 되었다.

이같이 너희 빛이 사람 앞에 비치게 하여 그들로 너희 착한 행실을 보고 하늘에 계신 너희 아버지께 영광을 돌리게 하라.

흔히 전도라고 하면 길거리에 서서 전도지를 나눠 주며 지나가는 사람에게 복음을 제시하는 것이라고 생각한다. 물론 이것도 필요한 전도의 한 방법이다. 그렇지만 이 방법만으로는 턱없이 부족하다. 오히려 하나님은 우리가 이 세상에 살면서 빛과 소금의 영향력을 한껏 발휘하기를 원하신다.

하나님의 비전을 이루려고 선한 영향력을 힘껏 발휘할 때, 세상은 우리를 보고 분명히 놀랄 것이다. 세상에서 도저히 맛볼 수 없는 평안과 기쁨을 우리 안에서 발견한 그들은 큰 호기심을 가지고 우리에게 찾아올 것이다. 이것은 초대 교회 성도들이 보여 준 믿음의 증거와도 동일한 원리이다.

하나님을 찬미하며 또 온 백성에게 칭송을 받으니 주께서 구원받는 사람을 날마다 더
하게 하시니라 _행 2:47

외국인 선수촌 방문 전도 (2003년 8월, 대구시 동변동)

대구에서 11일 동안(8.21-31) 하계 유니버시아드(Universiade)[20]가 개최되었다. 세계 174개국에서 11,000여 명이 참가하는 국제적인 대회라서 그런지, 대구 곳곳에서 연일 축제 분위기로 무르익었다. 특히 교회들이 제 발로 찾아온 선교의 기회를 활용하려고 온통 난리였다. 대회가 열리기 두 달 전에 실내 체육관에 함께 모여 선교 대회를 가지기도 했다. 나도 기수단으로 봉사하며 선교의 열의를 다졌다.

휴학 상태로 돈을 벌고 있었지만, '가깝고도 멀리 있는 학교'에 대한 미련을 떨쳐 버리지 못했다. 신문 배달을 끝내고 저녁 시간에 틈틈이 학교

---

20   대학(University)과 올림픽 경기(Olympiad)의 합성어. 2003년 8월 21일부터 31일까지 대구에서 열린 종합 스포츠 대회이다.

도서관에 가서 열심히 공부했다. 게다가 경북대 SFC 운동원[21]들과 함께 어울리면서 신앙생활을 열심히 했다.

나도 제 발로 찾아온 선교의 기회를 놓치지 않으려고, 영어 전도에 관심 있는 운동원들과 함께 외국인 선수촌을 방문하기로 마음먹었다. 우리는 모임방에 여러 번 모여서, 전도하는 데 쓰일 만한 영어 문장들을 열심히 연습했다. 후덥지근한 8월 하순의 어느 날이었다. 예닐곱 명의 SFC 운동원들과 더불어 북구 동변동에 위치한 외국인 선수촌을 방문했다. 저녁에 경북대 북문 건너편에서 만원 버스를 타고 선수촌으로 향했다. 우리의 발걸음은 선교에 대한 열의로 가득 차 있었다. 비록 영어 회화에 능숙하지 못한 지체도 있었지만, 이번 기회를 통해 거룩한 자극을 받으려고 우리와 함께하였다.

드디어 버스가 목적지에 도착했다. 놀랍게도 오후 내내 내리던 굵은 빗줄기가 마치 우리의 사명을 위하는 듯 갑자기 자취를 감추었다. 예상대로 선수촌 주변에는 경기를 마치고 휴식을 취하려는 선수들로 북적거렸다. 이들은 우리 또래의 대학생이지만, 다들 운동선수라서 그런지 우리보다 몸집이 훨씬 더 장대했다. 우리는 두 명씩 짝지어 여기저기 흩어져서 외국인들에게 복음을 전하기 시작했다. 그냥 말로만 전도하면 어색할까 싶어 사전에 준비한 예쁜 엽서를 십분 활용하였다. 나는 후배 한 명과 함께 마치 우리가 선수촌 도우미인 양 능청스럽게 어떤 외국인에게 접근했다.

"Is there anything I can do for you?"

---

21   SFC는 '학생신앙운동'의 영어 명칭으로 Student For Christ의 약자이고, 이 동아리에 소속된 멤버들을 '운동원'이라고 일컫는다.

(제가 뭐 도와 드릴 일 없나요?)

"Oh, thank you. Would you tell me where a PC room is?"

(네. 고마워요. 혹시 PC방 어디 있는지 아세요?)

흥미롭게도 이 외국인처럼 PC방을 찾는 사람들이 많았다. 한국의 PC방 문화가 외국인 선수들에게 큰 인기를 끌고 있는 듯했다. 나는 아까 봐 두었던 PC방 하나가 생각나서 이 외국인을 바래다주는 길에 복음을 전하리라고 마음먹었다.

"Sure. It's not far from here. I'll walk you to your destination."

(물론이죠. 여기서 별로 멀지 않아요. 목적지까지 바래다줄게요.)

"I really appreciate it. Do you live here?"

(정말 고마워요. 혹시 이 동네에 살아요?)

"No, but I'm here to give athletes a wonderful present tonight."

(아뇨, 근데 오늘밤 선수들에게 근사한 선물을 주려고 여기에 왔지요.)

"Really? That's great. What is it?"

(정말요? 멋지네요. 그게 뭐죠?)

"The message written on this card. Have you heard of Jesus?"

(이 엽서에 적힌 메시지입니다. 혹시 예수님에 대해 들어 봤어요?)

이 외국인은 PC방까지 가는 동안에 어쩔 수 없이 내 말에 귀를 기울여야 했다. 나랑 같이 다니던 후배도 이런 모습에 용기를 얻었는지, 다음번에는 자기가 먼저 나서서 외국인에게 말을 걸었다. 우리가 전하는 복음에 진지하게 반응하는 사람이 있는가 하면, 어떤 사람은 마구 화를 내기도 했다.

하지만 우리는 실망하지 않고 담대히 복음을 증거하러 다녔다. 두어 시간 정도 지나서 우리는 어느 식당에 모여 오늘 있었던 일들을 나누기 시작했다. 모두들 처음에는 선뜻 외국인에게 접근하기 두려웠지만, 일단 한번 전도해 보니까 분명한 자신감을 갖게 되었다고 말했다. 감사하게도 어떤 자매는 자기가 왜 영어 공부해야 하는지 확실히 깨달았다고 고백했다.

드디어 꿈에 그리던 학교로! (2004년 초, 경북대 캠퍼스)

대망의 2004년이 다가왔다. 그해에는 무슨 수를 써서라도 반드시 복학하겠다고 마음먹었다. 하지만 형편은 정반대였다. 아버지가 돌아가시고 여러 일들 때문에, 그동안 신문사(보급소) 총무 일을 하며 모아 둔 돈을 다 써 버렸다. 통장에는 고작 4,423원만 남아 있었다. 다행히도 99년에 입학할 때 낸 첫 등록금이 계속 이월되어 복학은 할 수 있었지만, 당장 생활비를 비롯해서 신학기 초에 드는 여러 비용을 도무지 마련할 수 없었다.

더 이상 자취 생활은 불가능해서 경북대 기독 센터 생활관에 입사했다. 이곳은 60여 명의 형제자매들이 함께 살면서 그리스도의 사랑을 실천하는 아름다운 공동체이다. 더욱이 경북대 복음화를 위해 헌신하시는 담당 목사님이 계셔서 이들의 신앙을 돌봐 주신다.

이곳에서는 신학기가 되기 전에 입사생들에게 공동체의 정신을 전수하려고 작은 수련회를 진행한다. 나도 갓 입사해서 2월 하순경에 생활관 수련회에 참석했다. 수련회가 끝나는 마지막 날에 놀라운 일을 경험했다. 짐을 싸서 생활관으로 돌아가려고 차에 올라타려는데, 갑자기 목사님이 부르시더니 기쁜 소식을 전해 주셨다.

"권율 형제, 혹시 계좌번호 좀 가르쳐 줄 수 있겠나?"

"물론입니다. 그런데 무슨 일로 그러시는지요?"

"기뻐하게. 자네를 위해 후원하실 분이 나타났다네."

그 순간 나는 '성령의 벼락'을 맞은 듯한 기분이었다. 전능하신 하나님이 나의 상황을 지켜보고 계셨음을 확신했다. 하나님의 손길은 여기에서 멈추지 않았다. 두어 달 후에 SFC 후배 자매가 찾아와 그 목사님과 똑같은 말을 되풀이하는 것이 아닌가!

"율이 오빠, 혹시 계좌번호 좀 가르쳐 줄 수 있어요?"

"어, 물론이지. 근데 무슨 일로?"

"우리 교회 어떤 집사님이 오빠 사정을 듣더니 꼭 후원하고 싶다고 그러시네요."

하나님이 보내신 그분들은 한 해 동안 매달 일정 금액을 후원해 주셨다. 나는 이 두 분을 위해서라도 열심히 살기로 결심했다. 새벽에 일찍 일어나 신문 배달을 했고, 낮에는 학교에서 열심히 수업을 들었다. 게다가 경북대 SFC 위원장을 맡아 한 학기 동안 공동체에 헌신할 수 있는 기쁨을 누렸다. 저녁이 되면 학비와 생활비를 벌기 위해 영어 과외를 했다.

하루하루가 정말 피곤했지만, 날마다 새 힘을 주시는 하나님을 철저히 의지하려고 했다. 당신의 전능한 손길로 세심히 돌보시는데, 만일 내가 나태하게 살아간다면 이것은 성령님을 근심시키는 죄악이다. 날 위해 십자가를 지신 그리스도를 위해서라면, 무슨 일이라도 견디겠다는 확고한 결단이 날마다 샘솟고 있었다.

난생처음 해 보는 소개팅 (2004년 봄, 대구 중앙로)

봄기운이 무르익은 어느 주일이었다. 오전 예배가 끝나고 진선이 누나가 찾아와 뜬금없는 말을 했다.

"율아, 혹시 소개팅 할 마음 없니?"

"갑자기 웬 뜬금없는 소린데?"

"같이 일하는 영어 선생님 중에 정말 괜찮은 자매가 있는데, 율이 너랑 잘 어울릴 것 같아."

누나가 나를 생각해 준 것은 참 고마웠지만, 제안을 받아들일 수가 없었다. 몇 달 전에 어떤 자매한테 받은 상처가 아직 아물지도 않았다. 그 자매는 나랑 교제하기로 약속해 놓고 한 주 만에 없었던 일로 해 버렸다. 평소에 자기 부모님께 내 이야기를 하면 부모님은 나를 대단히 칭찬하셨다고 했다. 그런데 어느 날 나랑 교제하기로 했다고 말씀드리니까, 갑자기 부모님이 돌변하며 당장 그만두라고 호통을 치셨다고 했다. 이유인즉, 나 같은 남자애랑 사귀다가 혹시 결혼이라도 하게 되면 자기 딸이 엄청 힘들어질 거라는 믿음(?) 때문이란다.

좀 실망스러운 건 그 자매의 부모가 교회 집사님들이라는 사실이었다. 성도라고 해도 부모가 되면 자녀에 대한 결혼관이 세상적으로 변하는 걸까? 어쨌든 나는 적잖게 충격을 받았다. 나처럼 지지리도 못 살고 집안 배경이 형편없는 남자는 성도라고 해도 사윗감으로 인정받을 수 없다는 사실에 자괴감이 들었다. 당분간 연애 따위는 포기하고 공부에 전념하기로 마음먹었다. 혹시 하나님께서 독신의 은사를 주셨을지도 모른다고 생각했다.

여하튼 누나의 소개팅 제안을 받아들일 수 없었다. 하지만 누나는 끈질기게 나를 설득했다. 듣기 좋으라고 하는 말이겠지만, "너 같은 신랑감도 드물다"고 그러면서 나의 자존감을 높여 주었다.

2004년 5월 15일, 스승의 날이었다. 생전 처음으로 소개팅에 임하는 날이었다. 그녀의 이름은 손미애. 우리는 오후 5시 정각에 대구 시내의 제일서적 1층에서 만나기로 했다. 생전 처음 해 보는 소개팅이라서 그런지 굉장히 어색하면서도 들뜬 기분이 들었다.

마침내 시간이 되어 약속 장소로 출발했다. 내 손에는 로이드 존스 목사님의 『로마서 강해 제1권: 속죄와 칭의』가 들려 있었다. 평생 멋 한번 안 부리다가 소개팅이라서 온갖 멋을 다 부리고, 좀 유식한 척하려고 손에 책을 들고 제 시간에 멋지게 나타나려고 했다.

하지만 쏟아지던 비 때문에 차가 밀려서 5분이나 지각하고 말았다. 소개팅 첫날부터 자매에게 점수를 깎이게 생겼다. 그래도 나는 굴하지 않고 얼른 버스에서 내려 부리나케 제일서적 1층으로 달려갔다.

약속 장소에 허겁지겁 도착해서 가쁜 숨을 가라앉히고 휴대폰을 꺼내 자매에게 전화를 걸었다. 그 순간 바로 뒤쪽에서 전화벨 소리가 울렸다. 뒤돌아서 자매를 바라보는 순간 깜짝 놀랐다. 무엇보다도 키가 170cm 정도로 보였고, 게다가 몸도 정말 날씬하고 얼굴도 참 예쁘게 생겼다. 교회 형제들의 '로망'처럼 보이는 자매가 나 같은 사람이랑 소개팅을 하다니!

우리는 복잡한 서점에서 나와 가까운 레스토랑에 들어갔다. 멋있는 자매를 앞에 두고 행복한 시간을 보내서인지, 순진한 나는 몸 둘 바를 몰라 했다. 더군다나 그녀의 생기발랄한 행동과 진솔한 화법이 내 마음을 더욱 설레게 했다.

"형제님은 혹시 혈액형을 믿으세요? 전 맹신하지는 않지만, 어느 정도는 적용된다고 봐요. 특히 B형 남자들은 이상한 성격을 가진 것 같아요. 뭐랄까? 고집불통에다가 때로는 싸이코? 친구들은 제가 O형이기 때문에 B형 남자를 만나면 같이 있기 힘들다고 그래요. 그런데 형제님 혈액형이 혹시 B형은 아니죠?"

하마터면 그 순간에 거짓말을 할 뻔했다. 내 혈액형이 바로 B형이기 때문이다.

"어떡하죠? 사실 제가 B형이거든요."

"네? 어찌 이런 일이······."

어느덧 우리는 식사를 끝내고 더욱 깊은 대화를 나누기 시작했다. 그런데 소개팅 첫날에 해서는 안 될 말을 모두 해 버렸다. 지난번 같은 일을 되풀이하고 싶지 않았다. 그래서 우리 집안의 골치 아픈 이야기를 모두 털어놓았다. 나처럼 볼품없는 남자와 혹시 연애하게 된다면 모든 걸 알고 시작하라는 뜻이었다. 연애하는 과정에서 부모님의 극심한 반대로 또 헤어질 수도 있기 때문이었다. 하지만 그녀의 반응은 나의 모든 예상을 뒤엎어 버렸다.

"우리 그리스도인한테 그게 무슨 상관이에요? 오히려 서로가 믿음으로 어려움을 극복하면서 인생을 사는 것이 주님의 뜻이라고 생각해요. 우리 엄마도 그런 일 따위에 별로 신경 쓰지 않으실 거예요."

그 순간 '바로 이 자매구나!'라는 소리 없는 외침을 마음속으로 연발했다. 결혼 생활 중에 만약에 있을지도 모르는 고난을 미리 각오하고 있다는 뜻인 것 같았다. 나는 그녀의 말에 고무되어 지금까지 내 삶에 역사하신 하나님의 은혜를 담대하게 나누었다. 나 같은 형제를 전혀 좋아하지 않을 것 같았는데 정말 의외였다.

더군다나 정말 친절하기까지 했다. 마침 토요일이라서 현풍으로 내려가야 했는데, 놀랍게도 자기 승용차로 나를 집까지 바래다준 것이다! 고속도로를 타고 30분을 함께 내달렸다. 이때 또 한 번 놀랐다. 내 동생이 바로 그녀의 학교 후배였다. 현풍 집에 도착해 잠시 동생이랑 인사하다가 익숙한 모습에 서로 금방 알아차렸다. 이 모든 상황이 왠지 하나님의 계획하심으로 느껴졌고, 이번 자매는 끝까지 갈 것 같은 확신이 들었다.

장문의 연애편지를 쓰다 (2004년 6월, 경북대 캠퍼스)

여러 가지 사정으로 기독 센터 생활관에서 한 학기를 못 채우고 퇴사했다. 하지만 생활관 근처에서 이미 자취 중인 3명의 친구들과 같이 살게 되었다. 고맙게도 나한테 작은 방 하나를 내주었다. 함께 살다 보니 금방 친해졌고, 얼마 전에 만난 미애 자매 이야기도 나누었다. 대학생 형제들은 자매 이야기만 나오면 언제나 즐거워했다.

미애 자매와 나는 그날 후로도 계속 만나면서 서로에 대해 조금씩 알아갔다. 그녀는 우리 학교에서 그리 멀지 않은 영어 학원에서 일하고 있었다. 그래서 시간이 되는 날에는 주로 학교 캠퍼스에서 데이트를 했다.

축제 기간이었다. 학생들은 캠퍼스 여기저기를 돌아다니며 축제 분위기를 만끽했다. 나도 마음이 들떠 만난 지 아직 일주일도 안 된 미애 자매를 초대해서 친구들에게 소개했다. 아직 '여친'이라고 하기엔 좀 그렇지만, 조만간 그렇게 될 것임을 확신했기에 조금 무모한 행동을 했다.

하지만 위기의 순간이 찾아왔다. 만난 지 한 달쯤 되는 어느 날이었다. 우리는 여느 때처럼 캠퍼스에서 시간을 보내고 있었다. 새로 산 자전거 뒷좌석에 그녀를 태우고, 좀 유치해 보이지만 캠퍼스 안을 여기저기 누비고 다녔다. 갑자기 할 말이 있다고 해서 자전거를 세웠고, 좀 긴장하는 마음으로 그녀의 얼굴을 쳐다봤다.

> "어떻게 들릴지 모르겠지만 저는 아직 오빠한테 감정이 생기지 않아요. 물론 처음에 호감이 생긴 건 사실인데, 더 이상 감정이 발전되지 않는 것 같네요."
> "그렇군요. 사실 저도 자매님에게 아직 뚜렷한 감정이 생기지 않아요. 하지만 저는 감정이 생기지 않는다고 해서 사랑할 수 없다고 생각하지는 않습니다. 그니까 감정을 기준으로 사랑의 여부를 판단할 수 있는 건 아니라고 생각해요."

그렇다! 사랑은 감정만으로 판별할 수 있는 성격이 아니다. 왜냐면 사랑에는 감정 외에 의지의 요소가 분명히 있기 때문이다. 대체로 연애를 시작할 때 도파민 등의 호르몬 분비가 극대화되면서 의지보다는 감정이 앞서기 마련이다. 이 기간에 형성되는 사랑의 감정은 대개 6개월이나 1년 정도 지나면 급격히 소멸되기 시작한다. 그 후로는 관계가 사랑의 감정이 아니라 사랑의 의지로 유지되며, 그래서 서로에게 황홀한 감정이 느껴지지 않는 순간에도 이 의지 때문에 사랑을 지속할 수가 있다.[22] 긴 세월에 걸치는 사랑의 여정을 고려한다면, 누군가를 사랑한다는 말은 상대방을 향해 사랑의 의지를 끊임없이 작용시키는 것이다.

고린도전서 13장 4-7절은 사랑의 속성을 완벽하게 서술하고 있다. 사랑은 오래 참는 것으로 시작해서 모든 것을 견디는 것으로 끝맺는다. 참거나 견디는 것은 그 속성상 감정의 요소보다는 의지의 요소가 훨씬 강하다. 그렇지만 대부분의 사람들은, 심지어 그리스도인마저도 사랑을 그저 낭만적인 감정 따위로 자주 오해하고 있다. 드라마나 영화에 사람들이 완전히 속고 있는 것 같다. 한결같이 사랑을 황홀한 감정 정도로 묘사하고 있다. (그게 아니면 시청률을 높이려고 불륜으로 묘사한다!) 하지만 성경은 사랑에 대해 정반대로 증거한다.

물론 사랑에 감정의 요소가 없다고 생각하면 안 된다. 사랑의 의지를 '믿음'에 비유한다면, 사랑의 감정은 '행함'에 비유할 수 있다. 어떤 사람에게 선한 행함이 있다고 해서 그에게 구원하는 믿음(saving faith)이 반드시 있다고 말할 수 없는 것처럼, 마찬가지로 남다른 감정이 있다고 해서 상대방을 반드시 사랑하고 있다고 말할 수는 없다. 바꾸어 말하면, 진정한 믿음이 때가 되어 참된 행함을 수반하는 것처럼, 진정한 사랑의 의지는 때가 되어 참된 사랑의 감정을 수반하게 되어 있다.

그녀와 나는 당장은 서로에게 사랑의 감정이 생기지 않더라도, 연애의 거룩한 목적을 가지고 사랑의 의지를 지속시킨다면 언젠가는 애틋한 감정이 무르익을 것이다. 이렇게 해서 생기는 사랑의 감정은 호르몬 분비에서 비롯되는 단순한 감정과는 분명히 구별된다. 왜냐하면 강력한 사랑의

22 C. S. 루이스, 『순전한 기독교』, 장경철 외 옮김 (서울: 홍성사, 2002), 174.

의지가 그 감정을 붙들고 있기 때문이다. 한마디로 정리하자면, 사랑의 감정은 사랑의 의지가 끊임없이 작용된 결과이어야 한다.

이러한 내용을 A4 용지 6장의 연애편지[23]로 써서 그녀에게 주었다. 다행히도 그녀는 편지를 통해 생각이 정리되고 은혜를 받은 것 같았다. 심지어 교회 친구들과 함께 내 편지를 두고 열띤 토론을 벌였다고 했다. 쑥스럽게도 연애편지가 그녀의 친구들까지 놀라게 만들었다. 아무튼 장문의 연애편지 덕분에 우리의 관계를 계속 유지할 수 있어서 하나님께 감사했다.

실연의 아픔 (2004년 여름, 대구시 대명동)

그녀의 흔들리는 마음은 장문의 연애편지 덕분에 다시 안정을 찾았다. 한 달 정도가 지났다. 곧 장마가 시작될 것 같았다. 여느 때처럼 그녀와 함께 '즐거운' 시간을 보내고 있었다.

하지만 폭풍 전 고요 같은 느낌이 들었다. 왠지 모르게 불길한 분위기가 엄습했다. 아니나 다를까, 그녀의 입술에서 충격적인 말이 흘러나왔다.

"오빠, 우리 이제 그만 만나요. 아무리 생각해도 제가 오빠를 감당하기엔 그릇이 너무 작은 것 같아요."

"뭐라고요? 그런 말씀하지 마세요. 제가 오히려 너무 부족한 사람인 걸요. 근데 갑자기 왜 그만 만나자는 거예요?"

"솔직히 현실의 벽이 크게 느껴져요. 오빠 집안 문제가 특히 그렇고요."

나는 실연을 당했다. 소개팅 첫날에 그녀는 분명히 고난을 각오하겠다

---

23 권율, 『연애 신학』 (서울: 샘솟는기쁨, 2020), 18-20에 일부 내용이 소개되어 있다.

고 말했다. 그 비장한 다짐에 반한 건데 말이 달라졌다. 아마 친구들이 옆에서 현실적인 조언을 한 것 같았다.

하지만 나는 붙잡으려고 하지 않았다. 예전에 '첫사랑'의 마음을 돌이키려고 별의별 짓을 다했지만 끝내 실패한 그 경험을 또 반복하고 싶지 않았다. 그럼에도 나는 갑작스런 이별 통보에 큰 충격을 받아 자취방에서 풀이 죽은 상태로 누워 있었다. 룸메이트 한호가 울적한 내 마음을 달래 주려고 애썼다.

"그 자매 진짜 웃기네? 갑자기 왜 그런대?"

역시 나 같은 사람은 여자를 사귈 자격이 없는 것 같았다. 골 때리는 집구석에 태어나서 가난뱅이로 살아가는 나 같은 남자에겐, 연애라는 게 혹시 일종의 사치는 아닐까 싶었다.

하루빨리 그녀에 대한 미련을 떨쳐 버리고 싶었다. 하나님이 보내 주시는 자매가 나타날 때까지는 절대 연애하지 않기로 결심했다.

'이 세상에 그런 자매가 없다면 평생 독신으로 살아가리라!'

한편 주님이 나에게 목회자의 소명을 주셨으니, 언젠가는 결혼시켜 주실 것 같기도 했다. 그래도 참 감사한 것은, 이번에는 예전처럼 연애 문제로 괴로워하거나 방황하지 않았다는 사실이다. 군 생활 동안 호세아를 통해 깨달았던 말씀을 이제 실천할 수 있겠다는 생각에 오히려 감사했다.

나 주가 그들을 사랑하는 것처럼 너도 그 여인을 사랑하여라 _호 3:1, 새번역

하나님이 자기를 떠나가는 이스라엘을 끊임없이 사랑하시는 그 마음처럼, 나를 떠나가는 그녀를 끝까지 사랑하리라는 마음을 가질 수 있었다.

이런 관계성의 비유를 이성 간에 올바로 적용시키려면, 상대방을 향한 희생의 결과로 나타나야 한다. 그래서 나는 내 자신을 희생하면서 그녀를 끝까지 사랑하는 방법을 고안해 냈다. 앞으로 그녀가 나보다 훨씬 더 훌륭한 형제를 만날 수 있도록 하나님께 기도하는 것이다. 하나님이 이스라엘을 끝까지 사랑하기 위해 아들 예수님을 희생시키셨듯이, 나를 떠나가는 그녀를 끝까지 사랑하기 위해 나의 모든 것을 희생시키려 했다.

며칠 후에 나는 정신을 차리고 그녀에게 보낼 '마지막 편지'를 작성했다. 그녀를 위해 간절히 기도하는 마음으로 나의 모든 진심을 토로했다.

부인할래야 부인할 수 없는 것이 위대하신 하나님의 사랑입니다. 그리고 거기서 비롯되는 모든 종류의 사랑인 것 같습니다. …… 처음부터 끝까지 미애 씨와 저에 관한 유일한 기도 제목은, 하나님과 동행하는 가운데 미애 씨가 행복해지길 바라는 것뿐입니다. 나의 감정 따위는 힘들겠지만 충분히 희생시킬 수 있습니다. 전 그저 미애 씨가 웃을 수 있다면 그걸로 만족합니다. …… 그리고 사랑하는 이를 위해 힘들 수 있다는 기쁨을 가르쳐 주셔서 그대에게 오히려 감사합니다. …… 앞으로 저보다 더욱 훌륭한 형제를 만나도록 힘써 기도하겠습니다. 그럼 이만.

그러고 나서 이 편지를 그녀 몰래 전해 주려고 마음먹었다. 그래서 낮 시간에 자매가 학원에서 강의하고 있는 동안, 그녀의 아벨라(Abella) 승용차 와이퍼에 편지를 몰래 꽂아 두고 오려고 했다. 점심을 먹고 경북대 동문에서 349번 버스를 타고 검단국제학원으로 향했다. 그녀 몰래 편지를 꽂아 두고 와야 하는데, 이상하게도 왠지 모르게 그녀와 맞닥뜨릴 거라는

'확신'이 들었다.

어느덧 목적지에 도착했다. 학원 정문 건너편에 외롭게 주차된 그녀의 아벨라가 시야에 들어왔다. 나는 버스에서 내려 재빨리 그녀의 차에 편지를 꽂아 놓았다. 그런데 그 순간 그녀가 학원 문을 열고 뚜벅뚜벅 걸어 나오는 것이 아닌가! 우리는 전혀 뜻밖의 상황에 깜짝 놀라면서 잠깐 동안 멍하니 서로를 바라보았다.

"오빠, 여기에 무슨 일로 찾아왔어요?"

"아, 네. 마지막으로 이 편지를 전해 주려고 왔습니다. 미애 씨 몰래 차에 꽂아두려고 했는데, 이렇게 들키게 될 줄은 몰랐네요."

"그냥 만나자고 하면 되지, 소심하게 이런 걸 왜 몰래 갖다 줘요?"

"죄송해요. 근데 이 시간에 강의 안 하고 지금 어디 가는 중이에요?"

"잠깐 쉬는 시간에 선생님들끼리 가위바위보 해서 지는 사람이 떡볶이 사 오기로 했는데, 아쉽게도 제가 걸려 버렸네요."

참 신기하게도 영화에서나 연출될 법한 장면이었다. 모든 장면들이 적절한 순간에 완벽한 타이밍을 따라 움직이고 있었다.

'어쩌면 이것이 앞으로 있을지도 모르는 재개(再開)를 위한 서곡은 아닐까? 아니면 그녀를 잊게 해 달라는 기도를 하나님이 거절하시고 또다시 관계를 회복시켜 주시려는 표징은 아닐까?'

앞으로 혹시 있을지도 모르는 만남을 은근히 기대하면서 자취방으로 돌아왔다.

그로부터 두 주가 지났다. 저녁에 칠곡 3지구에서 고등학생 영어 과외를 하고 있었다. 과외 중에 갑자기 휴대폰이 요란하게 울렸는데, 다름 아닌 미애 자매였다. 보통 과외 시간에는 전화를 받지 않지만, 이번은 나에게 너무나 중대한 순간이라 학생에게 잠시 양해를 구한 후 전화를 받았다.

"오빠, 지금 어디세요?"
"칠곡 3지구에서 과외 중입니다. 그런데 무슨 일로?"
"몇 시에 과외 끝나죠? 제가 지금 차 몰고 그쪽으로 갈게요."

휴대폰으로 들려오는 그녀의 음성은 마치 어떤 확신에 사로잡혀 있었다. 과외를 마치고 아파트 입구를 나서자 가로등 불빛 아래서 보랏빛을 발하는 그녀의 아벨라가 나를 기다리고 있었다.

"오빠, 어서 차에 타세요. 긴급히 드릴 말씀이 있어요."
"네. 근데 무슨 일이에요?"

"우리 다시 시작하면 안 될까요? 지난 2주 동안 고민해 봤는데, 만일 내가 오빠를 놓친다면 평생 후회할 것 같아요."

"네? 정말이에요? 그렇게 결단한 어떤 계기라도 있나요?"

"전 다른 건 다 잊을 수 있어요. 심지어 오빠 자신까지도. 그런데 오빠랑 교제하면서 은혜를 체험했던 기억들은 도무지 지워지지가 않아요. 주님의 말씀에 대한 은혜가 나를 여기로 이끌고 왔어요."

그 순간 나는 마치 '부활'을 경험하는 듯했다. 서서히 사라져 가던 그녀에 대한 사랑의 의지와 감정이 또다시 불붙듯 타올랐다. 처음에 그녀를 만났을 때 솟구친 확신이 정확하게 적중하는 순간이었다. 얼마 전에 그녀 몰래 편지를 갖다 놓고 오려다 들켜 버린 사건도 결코 우연이 아니었다. 역시 우리 하나님은 보잘것없는 나에게도 멋진 자매를 선물하시는 사랑의 주님이시다. 앞으로는 하나님이 책임지시고 우리의 관계를 이끌어 가실 것 같았다.

도저히 믿기지 않는 성적 (2004년 겨울, 경북대 캠퍼스)

대학 생활의 첫 방학도 이제 막을 내렸다. 참 감사하게도 그 방학을 통해 성령님의 생생한 손길을 느낄 수 있었다. 무엇보다도 하나님이 나에게 인생의 소망을 일깨워 주셨다. 그중에서도 미애 자매의 마음이 다시 돌아와 계속 교제하게 된 것이 최고로 감사한 일이었다.

1학년 첫 방학이 끝나고 2학기가 시작되었다. 이번에도 지난 학기처럼 여전히 분주한 하루하루를 보냈다. 대학 생활 두 학기째로 접어들면서 학문의 묘미도 조금씩 느낄 수 있었다. 하지만 세상 학문의 특성상 성경적 가치관과 동떨어진 것이 많아, 수업 시간에 냉철한 분별력을 발휘해야 했다.

흥미로우면서도 우려되는 과목이 있었다. '종교와 사회'라는 교양 과목이었다. 이 수업은 미국 버클리(Berkeley) 신학 대학에서 학위를 받은 교수님이 담당하셨다. 기독교 신앙에 합리성을 부여하여 사회를 객관적으로 바라보려는 사상은 마음에 들었지만, 안타깝게도 예수님을 단지 사회 운동가나 종교 사상가 정도로 치부했다. 물론 예수님의 사역에는 사회 운동이나 종교 사상적인 측면도 포함되어 있다. 그렇지만 이런 것들은 십자가의 구속 사역을 이루는 과정에서 부수적으로 파생된 결과물이다.

이 과목의 한계성은 바로 이 부차적인 결과물에 집착한다는 것이었다. 또한 자유주의 신학의 영향 때문인지 성경 속에 등장하는 기적에 관한 이야기나 초자연적인 사건들을 모두 사회·심리학적 관점에서 해석했다. 게다가 이 과목의 성격상 수강생들이 대부분 크리스천이었다. 그래서 학생들은 확고한 성경적 기준과 냉철한 분별력을 가지고 이 수업 시간에 임해야 했다.

정신없이 바빴던 2학기도 어느덧 마지막을 향해 달리고 있었다. 평소에 공부할 시간이 많이 없기 때문에 시험 기간에 거의 밤잠을 설쳐야 했다. 마침내 기말고사가 끝났고 성적 발표만을 기다리고 있었다. 드디어 시험 성적이 모두 발표되었고, 나는 자취방에서 친구 컴퓨터로 성적 조회를 했다. 그런데 이게 어찌된 일인가. 한 과목만 A0이고 나머지 여섯 과목은 모두 A+였다.[24] 그 순간 나는 곧바로 방바닥에 무릎 꿇고 하나님께 감사의 기도를 드렸다.

'전능하신 하나님, 부족한 저에게 훌륭한 성적을 주셔서 정말 감사드립니다. 평소에 공부할 시간이 턱없이 부족했는데도 이렇게 좋은 성적이 나온 것은, 전적

---

24 당시 평점은 4.25/4.3점이며, 100점 만점으로 환산하면 99.5점이 된다.

으로 주님이 주신 지혜와 능력 때문임을 고백합니다.'

　　너무 기뻐서 감사의 눈물을 흘리고 말았다. 다윗과 같이 '성령의 기쁨'에 충만하여 하나님 앞에서 뛰놀며 덩실덩실 춤을 추고 싶었다(삼하 6:16).

　　하지만 평소에 제일 자신 있어 했던 과목에서 A0가 나왔다. 만약 전 과목 모두 A+를 받으면 교만해질까 봐 하나님이 취하신 은혜의 조치였다. 지난 학기에도 평균 A-를 웃도는 성적을 받아 장학금을 받았지만, 이번에는 아마 학과 수석의 성적으로 더 많은 장학금을 받을 수 있을 것 같았다. 입학할 때의 성적이 꼴찌였다는 점을 감안할 때, 이건 분명히 하나님이 일으키신 '기적'이었다. 내 실력만으로는 도무지 이룰 수 없는 일이었다.

　　하루 일과는 이른 새벽부터 시작되었다. 새벽 4시에 일어나 한 시간 동안 신문을 배달하고, 아침부터 학교에서 열심히 수업 듣고, SFC 동아리와 기학연[25] 사역, 그리고 저녁에는 영어 과외를 해야 해서 참으로 분주했다. 더구나 미애 자매와 교제하게 된 후로는 데이트할 시간도 따로 마련해야 했다. 그래서 학교 공부는 그야말로 자투리 시간을 활용해 틈틈이 해야 했다. 하지만 이 모든 일에도 불구하고 전능하신 주님이 지혜를 주셔서 엄청난 성적을 얻을 수 있었다.

　　여호와를 경외하는 것이 지혜의 근본이요 거룩하신 자를 아는 것이 명철이니라
　　_잠 9:10

　　그런즉 너희는 먼저 그의 나라와 그의 의를 구하라 그리하면 이 모든 것을 너희에게 더하시리라 _마 6:33

25　'기독학생연합회'의 줄임말로 IVF, CCC, SFC 등 당시 12개 이상 선교 단체의 연합체이다.

점쟁이 집에 전도지 뿌린 사건 (2004년 12월, 경북대 캠퍼스 주변)

어느새 2004년 한 해도 점점 저물어 가고 있었다. 한 번씩 내 자신을 보면서 정말 '독종'이라는 생각을 했다. 몸이 아무리 고단해도 계획한 일은 정해진 기간 내에 끝마쳤기 때문이다. 특히 신문 배달하면서 그런 모습을 발견했다. 쓰러져 혼수상태에 빠지지 않는 이상 아무리 몸이 아파도 새벽에 일어나 신문 보급소로 출근했다. 좋게 말하면 의지력이 아주 강한 사람이고, 나쁘게 말하면 완전히 고집불통이었다. 한겨울 새벽에 일찍 일어나 신문 배달해 본 사람은, 웬만한 고집 없이는 그 일을 해내기가 불가능하다는 걸 안다. 나는 신문 배달 일을 하면서 단 한 번도 새벽에 못 일어난 적이 없다. 이런 '독종'을 하나님이 앞으로 어디에 사용하실지 기대했다.

신문 보급소는 신암초등학교 아래쪽에 위치한 동아일보 동신암지국이었다. 내가 맡은 구역은 경북대 동문 건너편 신암동이었다. 새벽에 신문 배달하면서 이 지역의 영적 분위기를 알게 되었다. 좁은 골목마다 수많은 점쟁이들이 살고 있었다. 소위 '장군 보살', '처녀 보살' 등 다양한 보살집들이 즐비하게 들어서 있었다. 반면에 교회당은 두세 곳밖에 눈에 띄지 않았다. 어느 날부터 이 지역을 바라보며 애통해하기 시작했다. 추운 겨울이 다가오니 이곳의 영적 상태가 더욱 냉랭하게 느껴졌다. 이 동네에 사는 영혼들은 복음보다는 하나같이 마귀의 세력에 짓눌려 있는 것 같았다. 신문 배달하면서 빨간색의 '卍'(만)이라는 글자를 쳐다볼 때마다 하루속히 그 보살집의 문을 닫게 해달라고 하나님께 기도했다.

바울은 아테네에서 실라와 디모데를 "기다리고 있는 동안에 온 도시가 우상으로 가득 차 있는 것을 보고 격분하였다"(행 17:16, 새번역). 바울은 아테네 사람들이 하나님을 멀리하고 우상 숭배에 빠져 있는 걸 보고 심히 애통해했던 것이다. 주께서 부족한 나에게도 바울의 그런 마음을 어느 정도 느낄 수 있게 하셨다. 나는 점쟁이들에게 예수님을 알려야 한다는 거룩한 부담감을 가졌다. 그래서 '비밀 작전'을 세웠다. 성탄절 새벽에 신문을 배달하면서 손수 제작한 전도지를 예쁜 카드와 함께 보살집마다 뿌리기로 했다. 점쟁이들은 어지간해서 자극을 받지 않기에 메시지의 내용을 강하고 직설적으로 만들었다.

> 사람이 죽었습니다! 그는 죄가 없는 완전한 의인(義人)이었습니다. 그가 죽은 이유는 당신을 헛된 길에서 돌이키기 위함입니다. 게다가 죽음에서 그치지 않고 다시 살아나셨습니다. 그 이름은 바로 '예수 그리스도'입니다. 그분을 선택하지 않으면 당신은 영원히 후회하실 거라고 내 생명을 걸고 부르짖습니다. 지금 결단하십시오!

그리고 마지막에 사도행전 16장 31절의 말씀을 덧붙였다.

> 주 예수를 믿으라 그리하면 너와 네 집이 구원을 받으리라.

드디어 성탄절 새벽이 다가왔다. 구주 예수님이 탄생하신 날에 우리 그리스도인들이 침묵한다면, 하나님 아버지께서 아주 섭섭하게 생각하시리라!

그날에는 보살집들을 찾아다녀야 했기 때문에 평소보다는 더욱 빠른 속도로 신문을 배달했다. 스무 장 남짓한 카드를 보살집마다 뿌리면서 이중에 한 영혼이라도 예수님을 만나게 해 달라고 간절히 기도했다. 마귀의 노예가 되어 버린 점쟁이들이 하루속히 잘못된 길에서 돌이켜, 천하 만민 가운데 단 한 분의 구원자이신 예수님을 만나기를 진심으로 바랄 뿐이었다.

다른 이로써는 구원을 받을 수 없나니 천하 사람 중에 구원을 받을 만한 다른 이름을
우리에게 주신 일이 없음이라 _행 4:12

신기한 영적 체험 (2005년 초, 경북대 근처 자취방)

신년 교사 부흥회에 참석하려고 동일교회에 갔다. 수백 명의 교사들이
한자리에 모여 강사의 설교에 귀를 기울이며 다음 세대를 향한 열정을 불
태웠다. 나도 교회에서 교사로 섬기고 있어 하나라도 더 배우려고 열심히
귀를 기울였다. 강사 목사님의 사역 이야기는 참으로 놀라웠다. 아이들을
한 명씩 전도하기 위해 얼마나 많은 수모를 당했는지 당신의 진솔한 언어
로 들려주셨다. 나를 포함해서 모든 교사들이 큰 은혜를 받고 다음 세대를
더욱 섬겨 보겠다는 전의를 불태웠다.

부흥회가 끝나고 늦은 밤에 자취방으로 돌아왔다. 큰 방에는 아직 친
구 3명이 불을 켜 놓고 담소를 나누고 있었다. 나는 생활 패턴이 새벽형이
라서 친구들이 작은 방을 나 혼자 사용하도록 배려해 주었다. 새벽에 신문
배달을 하려면 일찍 일어나야 해서 이불을 펴고 얼른 잠을 청했다.

그런데 아무리 자려고 해도 잠이 오지 않았다. 게다가 내 영은 심히 흥
분된 상태로 깨어 있었다. 계속 뒤척이다가 하는 수 없이 일어나 살짝 몽
롱한 상태로 무릎을 꿇었다. 잠이 안 오니까 기도라도 해야겠다는 생각이
들었다. 그 순간 갑자기 내 입에서 이상한 말이 튀어나오기 시작했다. 한
국어나 영어는 아니었는데, 뭔가 또렷한 언어로 계속해서 말하고 있었다.
그러는 동안에 내 영혼은 지고(至高)의 기쁨과 행복을 느끼기 시작했다. 마
음속에서는 한없는 평안이 밀려왔다. 뭐라고 말로 표현할 수 없었다. 시간
이 마치 정지한 듯 영원한 현재에 맞닿은 느낌이랄까.

분명한 건 평소와는 전혀 다르게 하나님과 깊은 교제를 누렸다는 것이다. 이해할 수 없는 그 언어로 기도하면서 하나님의 임재를 느끼고 있었다. '잠시 후에' 마음을 다스리고 일어나 옆방으로 갔다. 그때 친구들의 표정에서 매우 당황스럽다는 반응을 감지할 수 있었다.

"율아, 너 무슨 기도를 밤중에 그렇게 오랫동안 했어? 한 시간 반 동안 계속 말하는 것 같더라. 기도에 방해될까 봐 우리도 조용하게 대화했어."

한 시간 반이라니! 나는 분명히 10분 정도 기도했다고 생각했는데, 어떻게 해서 시간이 그렇게 빨리 지나갈 수가 있을까. 이런 경험은 난생처음이었다.

하지만 신기한 현상은 다음 날에도 계속되었다. 일단 하루 종일 황홀한 상태에 있었다. 며칠 동안 잠이 거의 오지 않았고, 입에서는 계속 이상한 말이 튀어나오고 있었다. 찬양을 부르면 곡조에 맞게 '방언'이 튀어나왔고, 한국어 성경을 소리 내어 읽는데도 영어도 아닌 다른 언어가 튀어나왔다. 무엇보다 형용할 수 없는 기쁨이 마음속에서 끊임없이 샘솟고 있었다. 주변은 하나도 안 바뀌었는데 그냥 낙원에 와 있는 듯한 기분이 들었다. 마치 하나님이 옆에서 나를 지켜보시며 행복해하신다는 느낌이 엄습해 왔다.

심지어 자다가 꿈을 꾸면 다른 사람의 상황이 보이기도 했다. 그 장면이 하루 종일 떠올라서 그 사람에게 연락해 보면 정말 그런 상황에 처해 있었고, 어떻게 알았냐고 하면서 추궁하는데, 뭐라고 해야 할지 막막하기만 했다. 그래서 다음부터는 연락하지 않고 마음속으로만 기도해 주었다. 그때까지 성령의 은사와 영적 체험에 대해 관심이 없었는데 갑자기 관심이 생기기 시작했다. 아마도 그동안 영적 체험을 금기시하고 한쪽으로 치우쳐 있어서 하나님이 주권적으로 이런 경험을 허락하신 것 같다.

아무튼 그 경험이 나의 신앙에 또 하나의 분기점이 될 것 같았다. 어쩌면 말씀의 능력을 더욱 강화시켜 주시려고 이런 체험을 허락하셨던 것일까? 분명히 말씀과 성령으로 우리의 믿음이 성숙한다고 배웠는데, 하나님이 그 원리대로 이루어 가시는 과정이라고 느껴졌다. 성령께서 나를 더욱 만지시도록 그분의 말씀에 내 몸을 쳐 복종시켜야겠다고 다짐했다.

학생으로서 유부남이 된 사나이 (2005년 여름, 수성구 웨딩파라다이스)

그동안 친구 세 명과 자취를 하다가 나 혼자 다른 곳으로 옮겼다. 그 자취방은 다름 아닌 미애 자매의 집이었다. 물론 그녀의 집이 3층 주택이라서 나는 3층의 조그마한 방을 얻어 살았기 때문에, 당연히 밥도 혼자서 해 먹고 빨래도 웬만한 건 스스로 했다. 미애 씨 어머님은 내가 한 집에 산다는 것을 개의치 않으셨지만, 그래도 마음속으로는 염려하시는 듯했다. 아무리 미래에 사위가 될지도 모르는 총각이라도 결혼 전이었기 때문이다. 만일 결혼 전에 둘이 허튼짓해서 '염려스러운 일'이 벌어지기라도 하면 집안 망신이 아니겠는가. 그렇지만 염려스러운 일은 전혀 일어나지 않았다.

미애 자매랑 한 집에 살아서인지 둘의 관계는 더욱 빠르게 발전했다. 그녀와 데이트하기 위해 따로 시간을 내어 어디에 갈 필요가 없다는 것이 너무 좋았다. 학교 갔다가 집에만 오면 그 순간부터 자동적으로 데이트가 시작되었다. 우리는 주로 저녁에 만나 산책을 즐겼다. 더군다나 집이 앞산[26] 아래쪽에 있어서인지 시내 한복판과는 비교가 안 될 정도로 공

---

26 해발 660미터로 대구 시내 남쪽에 위치해 있다.

기가 깨끗했다. 이런 식으로 나는 미애 자매랑 깊은 교제를 누리면서 서서히 미래에 대한 생각을 하게 되었다. 나뿐만 아니라 그녀 역시 동일한 생각을 하고 있는 듯했다. 어느 날 우리는 그녀의 차 안에서 중대한 대화를 나누었다.

"미애 씨, 우리도 이제 미래를 생각해야 하지 않을까요? 그날이 언제가 될지는 모르겠지만 지금부터 서서히 준비해야 한다고 생각해요."

"그렇죠? 하지만 오빠가 학교를 졸업하려면 아직 2년 이상 남았는데, 그때까지 아무 말 없이 그저 기다려야 하는 거예요?"

"좋아요. 그럼 제가 학교를 1년 일찍 졸업해 버릴게요. 힘들겠지만 그때까지 꾹 참고 기다려 줘요. 이 약속 꼭 지키겠습니다. 그리고 무엇보다도 하나님께 기도하면서 그분의 뜻을 간절히 구해 봅시다."

안 그래도 마음속으로 조기 졸업에 대한 열망을 불태우고 있었다. 이전 학기에 하나님이 엄청난 성적을 주셨는데, 이번 학기에도 전 과목 모두 A학점을 주셨다. 그리고 경북대 학칙을 살펴보니, 전(全) 교과목 평균 성적이 A-(3.7/4.3) 이상 되고 기타 졸업 요건을 갖춰 소속 학과의 졸업 이수 학점을 모두 채우면, 최대 1년까지 단축시킬 수 있었다. 그래서 그때부터 더더욱 열심히 공부하기로 다짐했다. 미애 자매와 일찍 결혼하기 위해서라도 학교를 빨리 졸업해야겠다고 굳게 마음먹었다.

하지만 결혼 문제는 다른 방법으로 진행되었다. 뭔가 모를 확신으로 충만해져 그녀에게 청혼하기로 마음먹었다. 더위가 엄습해 오던 어느 날 저녁에, 드디어 그녀에게 나의 마음을 고백했다.

"미애 씨, 이참에 우리 그냥 결혼해 버릴까요?"

"뭐라고요?"

"다소 급한 감이 있지만, 우리가 열심히 가족들을 설득해 보는 거예요."

"좋아요. 그렇게 해요. 이왕 결혼할 건데 좀 빨리 한다고 뭐가 달라질 게 있겠어요? 근데 오빠는 무드가 전혀 없어요. 무슨 남자가 청혼을 그런 식으로 해요?"

"죄송해요. 제가 워낙 시골 촌놈 출신이라 분위기를 낼 줄 몰라요. 결혼해서는 분위기를 좀 내도록 노력할게요."

어릴 때 고생을 많이 해서인지 여자들 앞에서 분위기 잡는 방법을 몰랐다. 아니, 그럴 만한 여유가 없었던 것 같다. 어쨌든 그녀가 나의 청혼을 수락했으니 난 그걸로 완전히 만족했다. 그날부터 우리는 '가족 설득 작업'에 열을 올렸다. 나는 소심한 성격이고 그녀는 '왈가닥'이다. 그래서 가족들에게는 남자보다 여자가 더 설치는 것처럼 보였다. 이 때문인지 미애 씨 어머님은 자기 딸이 진지하게 말하는데도 그저 농담으로 여기셨다. 안 되겠다 싶어 내가 직접 진지한 모습으로 어머님께 정중하게 말씀드렸다.

"어머님, 저희 둘의 결혼을 허락해 주십시오."

"권 선생이 직접 애기하는 걸 보니 미애의 말이 사실인가 보군. 하지만 아직 학생인데 무슨 수로 결혼하겠다는 건가? 그래, 돈은 좀 모아 두었는가?"

"결혼 비용은 어느 정도 모아 두었습니다. 그 후로는 우리가 결혼 생활을 하면서 조금씩 모으면 된다고 생각합니다. 아직 학생인 저의 모습보다는 미래에 하나님께서 들어 쓰실 그때의 모습을 생각해 주십시오. 저는 하나님이 우리 결혼 생활을 축복해 주실 것을 믿어 의심치 않습니다."

"아무리 성도라고 해도 현실적인 문제를 생각해야지? 돈 없이 결혼했다가 나중에 돈 때문에 힘들어하는 부부가 얼마나 많은데!"

"그리스도인이라면 현실적인 문제를 하나님께 맡겨야 한다고 생각합니다. 제가 지금까지 가난하게 살아왔지만, 물질이 부족해서 생계의 위협을 느낀 적은 한 번도 없었습니다. 돈이 필요한 순간마다 주님이 어떤 경로를 통해서든지 풍성하게 채워 주셨습니다."

이런 식으로 나는 예비 장모님 앞에서 몇십 분 동안 간증을 해 버렸다. 그런데 하나님이 예비 사위의 인생을 주관하신다는 믿음이 생기셨는지, 어머님은 마침내 우리의 결혼을 허락해 주셨다. 처음에 죽어라고 반대하던 미애 씨 이모님들도 어느덧 우리의 결혼에 동의의 뜻을 표하셨다.

우리 집안 식구들도 마찬가지였다. 새어머니도 처음에는 반대하시더니 우리 둘이 여러 번 찾아뵙고 정중하게 말씀드리니까 역시 결혼을 허락해 주셨다. 동생은 한때 자기 학교 선배가 형수가 된다는 사실에 어색한 표정을 지었다. 하지만 동생은 형의 일이라면 어릴 때부터 무조건 찬성이라서 우리 결혼을 대환영하였다. 반면에 친구들은 혹시 내가 사고 쳤을지도 모른다는 생각에 내심 걱정했다. 우여곡절 끝에 우리는 집안 식구들과 친구들을 설득해 내는 데 완전히 성공했다. 전능하신 하나님이 우리를 결혼시키시겠다는데 누가 우리의 결혼을 말리겠는가.

그리고 이전 해에 하나님이 무엇 때문에 물질을 부어 주셨는지 마침내 깨닫게 되었다. 앞을 내다보시는 주께서 우리의 결혼을 이전 해부터 미리 준비하고 계셨던 것이다. 당시 내 통장에는 결혼 자금으로 1,000만 원가량 들어 있었다. 이 돈으로 우리는 그야말로 알뜰 결혼식을 준비해야 했다. 신혼 방은 처갓집에 있는 내 자취방을 개조하면 되고, 평소에 사치하는 걸 싫어하다 보니 살림살이도 기존의 것을 사용하면 됐다. 게다가 어떤 분이 우리 부부를 위해 멋진 한복을 선물해 주셨다. 결혼 준비의 모든 과정이 순탄하게 진행되는 걸 보면서 주님의 손길을 분명히 느낄 수 있었다.

무엇보다도 우리는 기도로 결혼식을 준비했다. 결혼하기 몇 달 전부터 나는 미애 자매와 내 자취방에서 거의 날마다 눈물로 하나님께 기도했다.

'살아 계신 주님, 우리 결혼식을 주관하셔서 참석한 하객들에게 성령의 은혜가 전달되게 하옵소서. 하나님의 영광이 나타나게 하옵소서.'

얼마의 시간이 흘러 우리는 '힘겨운' 웨딩 촬영을 끝내고 점점 다가오는 결혼식 날짜를 기다리고 있었다. 드디어 일생에 단 한 번뿐인 우리의 결혼식 날이 되었다.

2005년 7월 16일 토요일 오후 1시, 하객들이 대구시 수성구 두산오거리에 위치한 웨딩파라다이스 1층으로 몰려들었다. 날씨가 무척 더울 거라고 예상했는데, 다행히 그 전날에 비가 와서 더위가 잠시 주춤했다. 평소 잘

만나지 못했던 친척들과 친지들이 이날 한자리에 모였다. 신부 손미애 양은 신부 대기실에서 친구들과 사진 찍는 일에 여념이 없었고, 신랑 권율 군은 결혼식장 앞에서 하객들을 맞이하느라 정신이 하나도 없었다. 참 고맙게도 우리 영문학과 동기들도 많이 와 주었고, 게다가 나랑 친하게 지내던 방글라데시 유학생 모사라프 후세인(Mosarraf Hussein)도 함께했다.

결혼식은 거의 두 시간가량 진행되었다. 주례자가 미국에서 오신 한인 목사님이어서 그런지 미국 스타일로 설교하고 결혼식을 진행했다. 당신의 두 아들도 영어 축가로 결혼식을 더욱 아름답게 해 주었다. 그렇게 '부흥 집회'와 같은 우리 결혼식이 모두 마무리되었다.

우리 부부는 몇 달 전부터 결혼식을 두고 기도하며 하나님께 약속한 것이 있었다. 결혼 첫날밤을 기도원에서 보내자는 것이다. 예전의 위대한 신앙 선배들은 첫날밤에 기도원에서 다음 날 아침까지 철야 기도를 했다던데, 우리는 그분들처럼 밤은 새지 않더라도 적어도 밤 12시는 넘기기로 했다. 그래서 아내와 나는 저녁 식사를 마치고, 달성군 가창면에 위치한 주암산 기도원으로 갔다. 빈 기도실을 빌려 우리는 찬양 테이프를 잔잔하게 틀어 놓고, 준비해 온 기도 제목을 두고 하나님께 간절히 기도했다.

'사랑의 하나님, 오늘 저희 결혼식을 은혜 가운데 마치게 해 주셔서 무한 감사를 드립니다. 무엇보다도 우리가 하나님 아버지를 우리 가정의 주인으로 모시게 하시고, 또한 우리 부부가 그리스도께서 교회를 사랑하시는 것같이 서로를 사랑하게 하옵소서.'

성경 암송이 가져온 엄청난 축복 (2005년 9월, 경북대 캠퍼스)

2005년 9월, 2학년 2학기가 시작되었다. 이제 나는 학생으로서 유부남이 되어 앞으로 남은 학교생활을 마무리해야 했다. 우리 영문과에 내가 결혼했다는 소문이 널리 퍼졌다. 흔히들 학생 신분으로 결혼하면 공부에 방해될 거라고 생각하는데, 나는 그렇게 생각하지 않는다. 여학생들과 '무언의 신경전'을 벌일 필요가 없어 공부에 더욱 집중할 수 있기 때문이다. 나는 나이가 들어 보여 복학한 이후로 후배들에게 줄곧 아저씨라는 말을 들었는데, 이제는 결혼까지 했으니 누가 봐도 영문학과의 아저씨였다.

유부남이 된 나는 그 학기에도 정말 열심히 공부했다. 비록 기학연 회장 직과 기타 여러 일을 감당하느라 매우 분주했지만, 시간이 나는 대로 최선을 다해 학업에 열중했다. 한 아내의 남편으로서 후배들에게 유부남의 업그레이드 된 실력을 한껏 보여 주고 싶었다.

그 학기에 가장 인상 깊었던 과목은 인문대 2층에서 개설된 '영작문2'라는 전공과목이었다. 영작문 수업은 우리 영문과 학생들도 가장 꺼려 하는 과목들 중 하나였다. 보통 대학생들이 한국어로 레포트 쓰기도 싫어하는데, 매시간 부과되는 영어 작문 과제를 좋아할 리가 없기 때문이다. 나는 수강할 과목을 선택할 때 가장 염두에 두었던 사항은 성적 잘 주는 교수가 아니라, 앞으로 나의 꿈을 이루기 위해서 그 과목이 얼마나 도움 되는가였다.

이 전공 수업은 예상대로 쉽지 않았다. 수강생들은 거의 해외 어학연수 경험이 있어 능숙한 영어를 구사했다. 해외 경험이 전혀 없는 나로서는 정말 큰 부담이었다. 제발 낙제만 안 하면 좋겠다는 심정이었다. 시간마다 최선을 다해 공부했고, 궁금한 것이 있으면 교수님을 찾아가 질문하기도 했다.

어느 날 교수님은 중요한 과제물을 제시하셨다. 'My Role Model'(나의 역할 모델)이라는 주제 아래 A4 용지 두 장 분량으로 각자의 생각을 작성해 오라는 것이다. 그 즉시 예수 그리스도가 나의 머릿속에 떠올랐다. 왜냐하면 이분은 나의 구원자이신 동시에 나의 '완벽한 역할 모델'이시기 때문이었다.

그래서 나는 'Jesus Christ, My Perfect Role Model'(예수 그리스도, 나의 완벽한

역할 모델)이라는 제목으로 영어 문장을 써 내려가기 시작했다. 영작문 교수님이 기독교 신자가 아니라서 성적 받는 일이 걱정되기도 했지만, 오히려 나는 과제물을 통해 내가 믿는 예수님을 교수님께 마음껏 소개하고 싶었다. 자기가 사랑하는 연인을 남들에게 자랑하고 싶듯이, 내가 사랑하는 예수님을 누군가에게 자랑하는 일은 너무나 당연한 일이었다.

그런데 놀라운 일이 벌어졌다. 교수님이 에세이 채점 결과를 발표했는데, 이 반에서 95점 이상을 받은 학생이 딱 한 명뿐이라고 말씀하셨다. 다들 그가 누군지 궁금해하며 각자의 에세이를 되돌려받고 있었다. 나도 제출한 에세이를 되돌려받았는데, 그 순간 깜짝 놀랐다. 나의 에세이 성적이 96점이었기 때문이다. 해외 경험이 전혀 없는 내가 그저 예수님을 있는 그대로 소개했을 뿐인데 어떻게 이런 일이 일어나는지 그저 놀랍기만 했다.

교수님이 그런 성적을 주신 이유는 다른 데에 있었다. 어느 날 영작문 공부를 하다가 궁금한 점이 있어 교수님을 찾아갔다.

"권율 학생, 혹시 영어로 글 쓰는 걸 누구한테 배웠어요? 내가 봐도 권율 학생이 구사하는 영어 문장이 다른 학생들과 전혀 달라서 말이야."
"아닙니다. 저는 군 생활하는 동안 스스로 영작문 연습을 했습니다. 그리고 고등학교 때부터 영어 성경에 나오는 문장들을 지금까지 계속 암송했을 뿐입니다."

성경 암송이 얼마나 많은 복을 주는지 잠시 말하고 싶다. 하나님의 말씀을 그냥 통독하는 것과 암송하는 것은 좀 다르다. 성경 말씀이 우리 영혼에 체화(體化)되는 과정은 특히 암송을 통해 이루어진다. 나는 중학교 시절에 교회 전도사님께 암송 훈련을 받았다. 이분은 나에게 성경 암송의 중요성

을 깨우쳐 주셨다. 당신 스스로가 본을 보이셨기 때문에 나는 어느새 전도
사님의 모습을 닮고 있었다. 전도사님은 항상 호주머니에 암송 쪽지를 넣
고 다니셨다. 심지어 목욕탕에 갈 때도 말씀이 적힌 종이를 거울에 붙여 놓
고 목욕을 하셨다. 하나님 말씀에 얼마나 미치셨으면, 동기들이 전도사님
에게 Walking Bible(걸어 다니는 성경)이라는 별명을 붙여 주셨겠는가. 아무튼
나는 이분을 본받아 중학교 때부터 성경 말씀을 암송하기 시작했다.

앞서 언급했듯이, 나는 고등학교 2학년 때부터 영어에 미치게 되었다.
그때부터 성경 말씀을 영어로도 암송하기 시작했다. 정말 신기하게도 영
어 문법이 암송을 통해 저절로 터득되었다. 고등학교 때 영문법 책을 한
번도 안 본 내가 영문과에 입학해서 영어 에세이를 썼다. 이것 자체가 성
경 암송을 통해 얻게 된 큰 축복이다.

나는 성경을 암송하면서 말할 수 없는 복을 누렸다. 그중 가장 큰 복은,
내가 어떠한 고난에 처해도 성경 암송을 통해 하나님의 위로와 보호하심
을 풍성히 체험할 수 있다는 것이다. 어릴 때부터 암송하던 수많은 구절들
을 통해 성령께서 새 힘을 공급해 주심으로 인생의 고난을 이겨 낼 수 있
었다.

이 말씀은 나의 고난 중의 위로라 주의 말씀이 나를 살리셨기 때문이니이다

_시 119:50

새해부터 시작되는 강행군 (2006년 새해, 경북대 캠퍼스)

어느덧 한 해가 가고 2006년 새해가 시작되었다. 2006년은 그 어느 때
보다 기대되는 한 해였다. 앞으로 한 해를 어떻게 보내느냐에 따라 조기

졸업 여부가 결정되기 때문이었다. 그때까지 전 교과목 평균 성적을 A학점으로 유지했었기에 이 상태를 유지하기만 해도 1년을 단축시킬 수 있었다. 주변에서는 이렇게 큰소리치는 나를 걱정했지만, 하나님이 내 마음의 소원을 분명히 이루시리라고 믿었다.

또 여호와를 기뻐하라 그가 네 마음의 소원을 네게 이루어 주시리로다 _시 37:4

학교를 3년 만에 졸업하려면 계절 학기 수업을 반드시 들어야 했다. 그래서 나는 그해 겨울 방학에도 두 개의 교양 과목을 수강했다. 2학년 2학기 기말고사가 끝나고 누적된 피로가 풀리지 않은 채로 일주일 뒤에 곧바로 계절 학기 수업을 들었다. 그러다가 1월 중 어느 날, 새벽에 자다가 온몸이 불덩이가 되어 가까운 병원 응급실로 실려 가고 말았다. 의사 선생님은 나에게 제발 무리해서 공부하지 말라고 타이르셨다. 안 그러면 또다시 체온이 40도까지 치솟을 거라고 경고하셨다. 괜히 나 때문에 아내만 밤새도록 내 옆에서 무척 고생했다. 이제 결혼했으니까 내 몸과 아내를 생각하면서 공부하기로 마음먹었다.

그해 겨울 방학에도 경북대 SFC 후배들과 함께 영어 성경 공부 모임을 가졌다. 나의 영어 이름이 Jonathan이기 때문에 후배들은 이 모임을 Jonathan Bible Study라고 불렀다. 우리는 일주일에 두 번씩 모임 방에 모여 신국제역(NIV)로마서 본문으로 하나님의 말씀을 깊이 파고들었다. 이런
모임을 자처해서 하는 이유는, 과거에 영어 성경을 통해 내가 받은 은혜를 후배들에게 조금이라도 나누고 싶었기 때문이다.

나는 신학적으로 오류를 범하지 않으려고 권위 있는 설교자들의 로마서 강해집을 참고하면서 사전에 철저하게 준비했다. 후배들은 물론 나도 이 모임을 통해 큰 은혜를 경험했는데, 그 결과 내가 직접 NIV 로마서 본문을 모두 번역하게 되었다. 3주간에 걸쳐 온종일 번역 작업에 몰두했지만, 피곤함이라고는 전혀 느낄 수 없었다. 이것이 후에 있을 번역 사역의 '전초전'이 되었다.

여보, 오늘 성경 말씀 봤어요? (2006년 초, 대구시 대명동)

우리 부부는 결혼 생활을 시작하면서 하나님 앞에 서원했다. 그건 바로 '하루라도 성경 말씀을 읽지 않으면 잠자리에 들지 않으리라'는 신앙적 결단이다. 어쩌면 내가 반강제적으로 아내에게 세뇌시킨 일인지도 모르겠다. 이것 때문에 아내는 한동안 나를 무지하게 원망했었다. 결혼할 때는 아내가 '성령 충만'하여 내가 하자는 대로 했지만, 날이 갈수록 의지력 결핍으로 점점 힘들어했다. 그래도 다른 건 모두 아내에게 양보할 수 있어도 그것만큼은 절대로 타협할 수 없었다.

그렇지만 아내에게도 '좋은 기회'가 찾아왔다. 아직 겨울이 채 가시지 않은 어느 날, 군대 생활하던 처남이 휴가를 나왔다. 그날 저녁에 아내는 오랜만에 휴가 나온 동생을 데리고 시내에 가서 재미있는 시간을 보내며 자정이 넘도록 영화를 상영했다. 아내가 성경을 읽지 않았을 거라는 생각에 나는 둘이 집에 들어오기만을 기다렸다.

마침내 새벽 2시가 넘어 그 둘은 헐레벌떡 집으로 돌아왔다. 그때 나는 매우 피곤한 기색을 내비치는 아내에게 아주 부담스러운 말을 건넸다.

"여보, 오늘 성경 말씀 봤어요?"

"네? 오늘 정신없이 바쁘다 보니 그만 깜빡해 버렸네요. 지금 엄청 피곤하니까 그냥 내일 볼게요."

"그건 절대 안 돼요! 하나님 앞에 약속한 것은 무슨 일이 있더라도 반드시 지켜야 해요."

"당신 정말 너무한 거 아니에요?"

"우리가 앞으로 세상을 변화시키는 부부로 쓰임 받고자 한다면, 자기 자신과 타협하는 것은 있을 수 없는 일이에요."

아내가 정해진 통독 분량을 다 채울 때까지 나는 옆에서 기다렸다. 쏟아지는 잠 때문에 괴로워하는 아내의 모습을 지켜보며 나 자신도 마음이 아팠다. 그렇지만 아무리 사랑하는 아내라고 해도 남편과 가족보다 하나님을 더 소홀히 하는 일은 용납할 수 없었다. 우리는 새벽 4시가 넘어서야 잠자리에 들었다.

이렇게까지 극단적으로 신앙생활을 하는 이유가 있다. 그것은 우리 그리스도인들이 하나님을 사랑하는 가장 확실한 증거가 바로 그분의 말씀을 가까이하는 일이기 때문이다. 열렬한 사랑에 빠진 연인의 모습을 한번 생각해 보라. 그들이 무엇보다 서로가 하는 모든 말에 극도로 민감하게 반응한다는 걸 알 수 있다. 가령 여자가 어떤 선물을 받고 싶다고 말할 때, 남자는 그다음 날 당장 여자가 원하는 선물을 사 들고 나타난다. 이뿐 아니라 데이트 후에 각자 집으로 돌아가서도 그날 서로가 했던 말들을 밤새도록 떠올리면서 아주 행복해한다.

그렇다면 우리의 신앙 상태를 되돌아봐야 한다. 하나님을 사랑하는 그리스도인이 성경 말씀을 가까이하지 않는 것은 있을 수 없는 일이다. 이

것은 마치 사랑하는 연인에게 "난 당신을 사랑하지만 당신이 하는 말에는 전혀 관심 없소!"라고 말하는 것과 똑같다.

거듭 말하지만, 하나님을 사랑하는 것은 그분의 말씀을 사랑하는 것이다. 하나님을 열렬히 사랑했던 시편 119편 기자의 위대한 고백들을 들어보라.

진리의 말씀이 내 입에서 조금도 떠나지 말게 하소서 내가 주의 규례를 바랐음이니이다 _43절

내가 주의 계명들을 사모하므로 내가 입을 열고 헐떡였나이다 _131절

주의 말씀이 심히 순수하므로 주의 종이 이를 사랑하나이다 _140절

또한 우리가 하나님을 열렬히 사랑하면, 그분의 말씀을 지키려고 날마다 몸부림칠 수밖에 없다.

하나님을 사랑하는 것은 이것이니 우리가 그의 계명들을 지키는 것이라 _요일 5:3

오늘날의 그리스도인들이 하나님의 말씀을 실천하지 않으려는 것은 하나님을 사랑하지 않기 때문이다.

너희가 나를 사랑하면, 내 계명을 지킬 것이다 _요 14:15, 새번역

사랑하는 연인들이 서로의 말을 이루어 주려고 애쓰는 것처럼, 우리 그

리스도인들도 하나님의 말씀을 실천하려고 날마다 노력해야 한다.

서서히 시작되는 번역 사역 (2007년 초, 대구시 대명동)

대망의 2007년이었다. 그해 한국 교회의 분위기는 큰 활기를 띠고 있었다. 그해가 바로 평양 대부흥이 일어난 지 정확히 100주년이었기 때문이다. 그래서인지 새해 초부터 교회들이 저마다 연합하여 '부흥 집회'를 가지기에 한창이었다. '우리의 소원대로 올해에 과연 100년 전과 같은 엄청난 성령의 역사가 재현될 수 있을까'를 기대했다.

위대한 부흥이 다시 도래하기를 소망하면서 마침내 마지막 겨울 계절 학기 수업 두 과목을 끝마쳤다. 1월 17일 수요일에 실시된 '프랑스 문화의 이해' 교양 과목 기말고사를 끝으로 대학 생활이 모두 끝났다. 기말고사를 치고 강의실에서 나올 때 말할 수 없을 정도로 기분이 좋았다. 마치 인생의 커다란 관문을 하나 통과했다는 느낌이었다. 그렇지만 긴장의 끈을 놓칠 수는 없었다. 1월 말까지만 쉬고 2월부터는 또다시 주님이 주신 꿈을 이루기 위해 힘찬 발돋움을 시작하겠다고 다짐했다.

그런데 이 말이 끝나기가 무섭게, 그것도 2월 1일 새벽 1시에 나한테 번역 제의가 들어왔다. 예전에 나랑 기학연 사역을 같이 했던 선화에게서 연락이 온 것이다.

"오빠, 혹시 번역 일 하고 싶은 마음 없어요?"

"당연히 하고 싶지. 안 그래도 앞으로 미국 두나미스[27] 사역에 가담하면 내가 번역 위원으로 섬겨야 해."

---

27 두나미스(dunamis)는 '능력'(power)을 뜻하는 헬라어이다.

"그럼 잘됐네요. 그 전에 연습하는 셈 치고 한번 해 볼래요? 제가 아는 어떤 간 사님이 아주 급하게 부탁하셔서 이렇게 불쑥 연락하는 거예요."

번역해야 할 책은 존 케네디(John W. Kennedy)가 쓴 『증거의 횃불』(*The Torch of the Testimony*)이라는 교회사 관련 책이었다. 이 책에서 저자는 교회의 역사를 되짚어 가며 교회의 참된 본질이 무엇인지 독자들에게 역설하고 있었다.

나는 이 책을 번역하면서 이루 말할 수 없는 은혜를 체험했다. 특히 윌리엄 틴데일(William Tyndale)에 관한 이야기가 내 영혼을 엄청나게 자극시켰다. 그는 15세기 말에 영국에서 태어나서 일평생 하나님의 말씀 때문에 고난 받으며 항상 쫓기는 삶을 살았다. 게다가 서민들이 성경 말씀을 읽을 수 있도록 영문판 신약 성경을 완성하여 비밀리에 보급했지만, 결국에는 이단으로 정죄되어 화형을 당하고 말았다.

> 큰 나무 십자가에 결박되어 목에는 올가미가 묶였고 그의 몸은 장작더미로 둘러싸였다. 약속된 신호에 따라 사형 집행관이 밧줄을 당기자 윌리엄 틴데일은 드디어 영광스러운 보상을 받았다. 마른 부싯깃에 불길이 치솟으며, 위대한 영혼을 담은 겸손한 육체는 한 줌의 재로 변해 버렸다.[28]

이 대목에서 나는 '영광스러운 보상'(a glorious reward)이라는 말에 완전히 꼬꾸라지고 말았다. 자기 출세를 위해서가 아니고 오로지 하나님 말씀 때문에 일평생 고난 받으며 수고한 대가가 고작 화형 당해 순교하는 것이라니! 그것도 이런 비참한 최후가 영광스러운 보상이라니! 그 순간 내 영혼

---

28 John W. Kennedy, *The Torch of the Testimony* (Jacksonville: SeedSowers, 1984), 135.

은 주체할 수 없는 은혜의 충격에 사로잡혀 영광의 주 하나님을 찬양했다. 번역하다 말고 나는 한없이 흘러내리는 눈물 때문에 앞을 제대로 볼 수 없었다. 그리고 지금까지 자부하고 있던 나의 신앙을 되돌아보기 시작했다.

'나는 과연 틴데일처럼 오직 하나님 말씀을 위해 고난의 삶을 살아왔는가? 아니면 목회자와 신학 교수가 되리라는 '거룩한' 목적을 핑계 삼아, 말씀 때문에 당하는 고난을 회피하려고 했던 것은 아닌가?'

예전에 하나님은 종교 개혁이라는 부흥을 일으키시기 위해 틴데일과 같은 수많은 자들의 순교를 요구하셨다. 그렇다면 오늘날의 부흥 운동도 마찬가지이다. 비록 지금은 순교하는 경우가 드물어도, 순교에 버금가는 희생이 반드시 뒤따라야 이 땅에 부흥이 도래할 것이다. 나는 이러한 사실을 깊이 직시하게 된 후 부흥에 대한 관점과 특히 신앙에 대한 나의 태도를 바꾸기로 결단했다. 앞으로는 내가 꿈꾸고 있는 소망을 이루려고 발버둥 치기에 앞서, 하루하루의 삶 가운데 말씀 때문에 당하는 고난을 기쁘게 감당하려고 노력할 것이다.

6학기 만에 대학 졸업 (2007년 2월, 경북대 캠퍼스)

2007년 2월 23일, 아내와 함께 경북대학교 졸업식에 참석했다. 대학원생과는 달리 학부생을 위한 졸업식은 딱히 거행되지 않았다. 그래서인지 모두들 학교에 오자마자 들뜬 분위기 속에서 사진 찍는 일에 여념이 없었다. 점심시간쯤 나도 아내와 함께 부랴부랴 캠퍼스에 도착했는데, 아는 사람들과 같이 사진 찍는다고 정신이 없었다. 참 감사하게도, SFC 후배들이 졸업하는 선배들을 위해 예쁜 선물을 준비해 왔다. 선물 받을 자격이 없는 나에게도 멋있는 넥타이를 선물해 주었다. 대학 생활 동안 가장 인상 깊었던 추억을 꼽으라면, 나는 단연 경북대 SFC를 꼽을 것이다. 간사님과 여러 운동원들이 학원 복음화를 위해 노력한 모든 수고들이 언젠가는 풍성한 결실을 맺으리라 확신한다.

우리 부부는 한동안 정신없이 사진 찍기에 몰두했고, 그 후 영문학과 사무실로 찾아갔다. 마지막으로 학과 사무실에 들러 '빛나는' 졸업장을 받고, 그동안 수고했던 조교 누나에게도 감사의 말을 전하고 싶었다. 같은 교회에 다니는 영문학과 조교 누나는 학생들을 마치 자기 친동생처럼 챙겨 주었다. 누구든 차별하지 않고 정말 하나같이 학생들에게 감동적인 모습을 보여 주었다. 이제 학교에서 누나를 더 이상 못 보게 된다고 생각하니 살짝 서운해졌다.

졸업장을 받아 들고 학과 사무실을 빠져나오는 순간, 드디어 지난 3년 간의 대학 생활이 완전히 끝났다. 결혼 전 아내에게 약속한 대로 학교를 정확히 3년(6학기) 만에 졸업했다. 사실 영문학과 학업 분위기상 조기졸업을 한다는 자체가 정말 어려운 일이었다. 특히 여학생들이 죽어라고 공부했기 때문에 '어리바리한' 남학생들은 장학금은커녕 학점 관리에도 속수무책인 경우가 많았다.

3년 만에 졸업하겠다는 나의 각오를 처음에는 다들 믿지 못했다. 영문학과 역사상 그런 사람이 없었기 때문이었다. 7학기 졸업자는 간혹 있었다. 심지어 조기 졸업 원서를 제출하러 학과 사무실로 찾아갔을 때 조교 누나도 그 사실을 믿지 못했다.

"율아, 이번에 너 7학기 만에 졸업하는 거 맞지?"

"7학기가 아니라 6학기인데요."

"이상하다. 그럴 리가 없는데…… 어라, 확인해 보니 정말이네! 그럼 율이가 우리 학과 최초로 3년 만에 졸업하는 거네."

여기서 그 3년 동안 어떤 마음으로 공부했는지 나누고 싶다. 새벽부터 일어나서 신문 배달하고, 낮에는 집중해서 수업을 듣고, 공강 시간에는 SFC 동아리와 기학연 활동을 하고, 밤마다 생계를 위해 영어·수학 과외를 했다. 그리고 1학년 때 자매를 소개받아 연애하다가 2학년 여름에 결혼식을 올렸다. 이토록 살인적인 일상이었는데도 경북대 영문학과 최초의 6학기 졸업자라는 기록을 세웠다. 이런 일이 가능했던 이유는 하나님이 주신 꿈을 생각하며 죽도록 공부하고 치열하게 일상을 살았기 때문이다.

잘 알다시피 세상 친구들은 자기 출세를 위해 미친 듯이 공부하고 자기계발에 죽도록 힘쓴다. 하나님을 믿는 우리는 과연 어느 정도의 열정으로 자신의 일상을 살아가고 있는가? 어느 한 분야에서 하나님 나라를 증거하기 위해 자신의 모든 열정을 갈아 넣어도 행복할 만큼의 거룩한 열정이 있는가? 아니면 전능하신 하나님이 내 인생을 책임져 주실 거니까 적당히 공부하고 적당히 살면 된다는 생각에 빠져 있는가?

하나님은 실력이 탁월한 사람보다 열정이 뜨거운 사람을 찾고 계신다. 고등학교 때 '영어 깡통'이었던 내가 실력이 없어도 열정을 불태우고 있으니까 하나님이 다듬으셔서 그 열정을 당신의 목적대로 이루어 가신다. 과거의 수준 낮은 내 모습이 조기 졸업하는 사람으로 변할지 누가 알았겠는가! 가진 게 없어도 거룩한 열정을 품고 있으면 하나님은 반드시 그를 사용하신다는 걸 대학 생활 3년 동안 터득했다.

이 땅의 모든 그리스도인 수험생들이여, 그대들이 과연 하나님의 영광을 위해서 공부하고 있는가? 도리어 하나님의 능력을 이용하여 자기가 일류 대학에 진학하기를 바라고 있는 것은 아닌가? 졸업을 앞둔 기독 대학생들이여, 그대들이 과연 하나님의 주권을 일터에 드러내기 위하여 밤낮 설쳐 가며 취업 준비에 열을 올리고 있는가? 도리어 하나님의 전능하심을 이용하여 안정된 직장을 구해 큰돈을 모으려고 안간힘을 쓰는 것은 아닌가?

내가 이토록 신랄한 질문을 던지는 것은, 한국 교회의 미래가 바로 이 땅의 그리스도인 수험생들과 대학생들에게 달려 있기 때문이다. 만약 이들이 위의 질문에 신앙적인 답변을 못한다면, 외람된 말이지만 한국 교회의 미래는 정말 암울해질 것이다.

우리 그리스도인 학생들은 참된 영성을 회복해야 한다. 하나님의 영광을 위해 공부한다는 사실이 무엇인지 확실히 깨달아야 한다. 그래서 자신이 앞으로 하나님의 비전을 위해 어떤 일을 할지 날마다 고민하며 성령의 인도하심을 구해야 한다. 만일 이러한 고민의 과정 없이 세상 친구들과 똑같은 생각에 사로잡혀 있다면, 우리 하나님은 자기 핏값으로 사신 한국 교회를 바라보며 한없이 슬퍼하실 것이다. 하나님은 우리 젊은이들을 통해 이 땅의 미래가 변화되기를 학수고대하시기 때문이다.

무엇보다 이 땅의 그리스도인 부모들이 자녀들의 신앙을 두고 하나님 앞에서 울어야 한다고 생각한다. 사실 우리 학생들이 세상 친구들 사이에서 그리스도인의 영향력을 발휘하지 못하는 것은, 부모들이 자녀들에게 성경적 가치관을 제대로 심어 주지 않기 때문이다. 오히려 자녀들이 학업 성적에서 다른 애들에게 뒤처질까 봐 노심초사(勞心焦思)하며, 온갖 수단을 동원해서라도 자녀들의 성적을 올리려고 한다.

심지어 시험 기간이 되면 어떤 부모들은 앞장서서 자녀에게 주일 예배와 봉사를 쉬게 하고 도서관이나 독서실에 가서 공부할 것을 강요한다. 더군다나 매년 입시철이 되면 평소 새벽 기도에 참석하지 않던 부모들도, 교회에서 새벽마다 자식들을 일류 대학에 진학시켜 달라고 몸부림치면서 하나님께 기도한다. 더욱이 수능 시험 당일에는 교회에서 목사님을 필두로 모든 수험생 부모들이 한자리에 모여, 하루 종일 자녀들의 성적을 위해 처절하게 하나님께 울부짖는다.

그렇지만 우리 부모들이여, 자녀들의 무너져 가는 영성을 두고 하나님 앞에 가슴을 치며 울부짖어 본 적이 있는가? 도리어 자녀들의 성적이 오르지 않아 하나님의 전능하심을 의심하며, 나중에 자녀들이 대학 진학에 실패할까 봐 하나님을 은근히 원망하고 있지는 않은가? 지금은 우리 부모들이 하나님 앞에서 가슴을 치며 회개하면서 자녀들의 영성 회복을 위해 울부짖을 때이다. 자녀들의 성적보다는 오히려 자녀들이 하나님을 모른다는 사실 때문에 더욱 애통해해야 한다. 부모들의 눈물겨운 기도만이 자녀의 신앙을 회복시킬 수 있기 때문이다. 그러고 나서 부모들이 해야 할 일은 자녀들에게 공부하는 이유를 분명히 심어 주는 것이다. 놀랍게도 자녀들이 공부하는 이유와 목적을 명백히 깨닫는다면, 공부하지 말라고 해도 그들이 죽어라고 공부하게 될 것이다.

청년아, 울더라도 뿌려야 한다! (2007년 여름, 대구시 대명동)

대학교를 졸업한 후로는 날마다 번역 작업에 몰두했다. 번역을 의뢰받은 교회사 책이 1960년대에 출간된 것이라 번역하기가 굉장히 힘들었다. 한 문장이 심지어 열 줄 이상 되는 것도 있었다. 그렇지만 전에 NIV 로마서 본문을 번역하면서 터득한 번역 기술 때문에 비교적 순조롭게 작업할 수 있었다. 더욱이 번역하다가 밀려오는 성령의 은혜에 도취되어 육신이 피곤한 줄도 몰랐다. 어떤 날에는 심지어 스물두 시간가량 책상에 앉아서 번역 작업에 몰두한 적도 있었다.

그러던 어느 날, 저녁 시간이 되어 잠깐 쉬려고 했다. 그 순간 전혀 생각지도 못한 동생에게서 전화 한 통이 걸려 왔다.

"율이 형, 저 길환이에요. 요즘 어떻게 지내세요?"

"책 한 권 번역한다고 정신이 하나도 없네. 길환이도 잘 지내지?"

"그럼요. 사실 형한테 드릴 말씀이 있어요. 저 지금 교회에 왔어요."

"뭐라고? 네가 어떻게 교회에 다닐 생각을 했니?"

"군대 갔다 와서 복학했는데, 어떤 후배 녀석이 날마다 교회 가자고 졸라 대는 거예요. 형도 내가 기독교를 얼마나 비판했는지 잘 알잖아요? 그래서 처음엔 후배의 말을 완전히 무시해 버렸는데, 시간이 얼마간 지나고 어느 날 갑자기 내 마음이 움직였어요. 놀랍게도 그 순간 형의 모습이 문득 떠올랐던 거예요."

길환이의 짤막한 간증을 들으면서 하나님께 영광을 돌려드렸다. 원래 이 친구는 7-8년 전에 나에게 영어 과외를 받던 동네 후배였다. 나는 영어 과외를 받는 모든 학생들에게 하나님의 복음을 증거했다. 죽어 있는 그들의 영혼을 생각하면, 영어에 대한 지식보다 생명의 복음이 더욱 절실하게 느껴졌기 때문이다.

그렇다고 전도의 열매가 곧바로 나타나는 것은 아니었다. 물론 어떤 학생은 내가 과외를 그만두기 전에 교회를 다니기도 했고, 특히 기독교 집안의 자녀들은 과외 시간 중에 잠깐 하는 성경 공부를 통해 은혜의 눈물을 흘리며 신앙의 열의를 다지기도 했다. 하지만 대개의 경우는 나 혼자서 복음을 소개하고, 듣는 학생은 그저 무관심한 반응을 보일 뿐이었다. 그렇다 할지라도 나뿐 아니라 우리 모두는 때를 얻든지 못 얻든지 생명의 복음을 힘써 증거해야 한다.

그때 나는 길환이를 통해 전도의 비밀을 새롭게 깨달았다. 우리는 하나님의 복음을 다만 전하는 것뿐이고, 그 열매는 성령께서 주관하셔서 당신이 원하시는 때에 드러난다는 것이다. 따라서 전도의 열매가 곧바로 나타나지 않는다고 해서 절대 좌절할 필요가 없다. 속히 열매 맺어야 한다는 생각이 지나치면, 오히려 하나님의 주권을 침해하는 결과를 낳는다. 왜냐하면 성령님의 생각과 계획을 우리 뜻에 맞추려고 하는 꼴이 되기 때문이다. 전도하면서 그 영혼을 위해 안타까운 마음을 품되, 자기 생각을 내려놓고 하나님이 정하신 때를 간절히 사모할 뿐이다.

반면에 전도의 열매를 잘 맺는 성도들은 하나님 앞에서 겸손해야 한다. 왜냐하면 앞에서 언급한 대로 전도의 열매는 전적으로 성령님의 사역이기 때문이다. 우리는 다만 하나님이 쓰시는 도구에 불과한 존재들이다. 비신자로 하여금 예수 그리스도를 주(主)로 고백하게 만드시는 분은 복음 전도자가 아니라 오직 성령 하나님이시다.

성령으로 아니하고는 누구든지 예수를 주시라 할 수 없느니라 _고전 12:3

이런 의미에서 많은 교회들이 연말에 실시하는 '전도 왕 시상식'을 다시 한 번 생각해 봐야 한다. 물론 이것이 성도들에게 복음 전도를 장려하는 긍정적인 역할도 한다. 그러나 자칫하면 이것 때문에 그 '전도 왕'이 마치 자신의 힘으로 전도의 열매를 맺었다는 생각에 빠질 위험성이 있다. 예수원(Jesus Abbey)을 설립한 대천덕 신부의 기도에 귀를 기울여 보라.

> 모든 성공이 당신의 것임을 기억하게 하시고
> 모든 영광이 당신의 것이라는 것을 알게 하소서
> 제가 해야 할 모든 일을 마쳤을 때
> 나는 무익한 종이라는 것을 알게 하소서
> 그리고 필요한 것 이상의 일은
> 할 수 없다는 것을 알게 하옵소서[29]

보통의 경우에 하나님은 한 영혼을 돌이키시기 위해 수많은 전도자를 거치게 하신다. 그렇기 때문에 복음의 씨앗을 뿌리는 사람과 그 씨앗의 열매를 거두는 사람이 각각 나뉘는 것이다. 대개 우리는 전도할 때 한 영혼이 주님께로 돌아오면, 그 영혼이 마치 자기만을 통해 회심했다고 생각하려는 경향이 있다. 그렇지만 하나님의 입장에서 보면, 자기뿐만 아니라 이전의 모든 전도자들을 통해 그 영혼을 부르신 것이다.

이 때문에 우리는 다 같이 하나님 앞에서 그 영혼을 두고 기뻐해야 한다. 열매를 잘 맺지 못하는 전도자는 미래에 다른 전도자를 통해 그 영혼이 돌아올 것을 두고 미리 기뻐하고, 열매를 잘 맺는 전도자는 이전 수많은 전도자들의 수고에 감사하면서 마침내 때가 되어 자신을 통해 한 영혼이 돌아왔다는 사실에 기뻐해야 한다. 그리고 반드시 명심해야 할 것은, 모든 일을 합력해서 선을 이루시는(롬 8:28) 삼위 하나님께 모든 영광을 돌려드려야 한다는 사실이다.

29　예수원 홈페이지(http://www.jabbey.org)의 '설립자 소개' 게시판에서 인용하였다.

비록 오래전에 내가 길환이에게 복음의 씨앗을 뿌렸지만, 하나님의 때가 되어 마침내 다른 사람을 통해 복음의 열매가 나타났다. 예전 같았으면 내가 뿌린 씨앗을 다른 자들이 거둬들였다는 사실에 은근히 질투했겠지만, 이제는 오히려 모든 것을 합력해서 선을 이루시는 삼위 하나님께 무한 감사를 드릴 수 있다. 그래서 당장 전도의 열매가 맺히지 않더라도, 기회 닿는 대로 최선을 다해 복음의 씨앗을 뿌릴 것이다.

게다가 지금 이 순간에 나 역시 한 영혼을 돌이킬 준비 사역에 동참하고 있다는 사실로 크게 기뻐할 것이다. 정말이지 우리 모두는 울더라도 복음의 씨앗을 힘써 뿌려야 한다.[30] 아니 오히려, 안타까움의 눈물을 미래에 대한 기쁨의 눈물로 승화시켜야 한다. 하나님이 창세전에 예정하신(엡 1:4) 자 모두를 한 영혼도 빠뜨리지 않고, 우리 모두의 복음 전도를 통해 반드시 돌이키실 것이기 때문이다.

이방인들이 듣고 기뻐하여 하나님의 말씀을 찬송하며 영생을 주시기로 작정된 자는 다 믿더라 _행 13:48

순교자들의 무덤을 방문한 일 (2007년 5월, 서울 양화진)

2007년 5월 19일, 나는 아내와 함께 새벽에 KTX 열차를 타고 서울에 갔다. 아내는 영어 학원에서 교육부장을 맡고 있었기 때문에, 매달 서울 강남구 일원동에 있는 네오스쿨(Neo School)에서 연수를 받아야 했다. 그날에는 남편인 나도 홀로 가는 아내가 외롭지 않도록 동행했다. 또한 우리는

---

30 이재철, 『청년아 울더라도 뿌려야 한다』 (서울: 홍성사, 2002), 45-47.

서울에 간 김에 양화진을 방문해 보고 싶었다.

오전 9시 반부터 오후 1시까지 아내가 연수를 받는 동안, 나는 근처 아파트 단지에서 혼자 어슬렁거리고 있었다. 5월인데도 서울의 오전 공기가 다소 쌀쌀하게 느껴졌다. 하지만 난 영어 성경을 옆구리에 차고 아파트 단지를 옮겨 다니며 삼위 하나님의 영광을 묵상했다. 어딜 가든지 나는 성경책 하나만 있으면 온종일 버틸 수 있다. 그 이유는 하나님의 말씀을 묵상하는 기쁨이 내 영혼을 쉴 새 없이 흥분시키기 때문이다.

주의 말씀의 맛이 내게 어찌 그리 단지요 내 입에 꿀보다 더 다니이다 _시 119:103

마침내 아내의 연수가 끝났고 우리는 근처 식당에서 맛있는 점심을 먹었다. 그러고 나서 지하철을 타고 신촌역에 도착해서 그 무렵 알게 된 간사님 한 분을 만났다. 우리 세 명은 근사한 커피숍에 들어가서 차를 마시며 서로의 삶 가운데 역사하신 주님의 은혜를 나누었다. 우리 부부는 복음 사역의 마당발이신 간사님을 통해 서울의 복음화 상황을 상세히 엿들을 수 있었다.

커피숍에서 한참 시간을 보낸 후, 간사님은 우리 부부를 데리고 양화진을 방문했다. 이곳은 원래 조선 왕조에서 교통과 국방의 요충지였는데, 현재 외국인 선교사들의 묘지로 활용되고 있다. 입구에 들어서니 우측에 '100주년 기념교회'의 전경이 시야에 들어왔다. 『청년아 울더라도 뿌려야 한다』를 저술하신 이재철 목사님이 이 교회를 담임하고 계셨다.

우리 부부는 간사님과 함께 한국 복음화를 위해 순교하셨던 외국인 선교사들의 무덤을 둘러보았다. 평소 예배 시간에 말로만 듣던 순교자들의 무덤을 눈으로 직접 보니, 갑자기 마음이 숙연해지기 시작했다. 그때 간사님이 놀라운 이야기를 들려주셨다.

"얼마 전 비오는 날에 제가 이곳을 찾아왔었어요. 때로는 지쳐 마음이 무거울 때 주님이 허락하신 소명을 되새기려고 이곳에 종종 찾아오곤 했는데, 그날 저는 깜짝 놀랄 만한 광경을 목격했답니다. 집사님으로 보이는 어떤 여성도님이 이 선교사님 무덤 앞에서 무릎 꿇고 울면서 회개하시는 거예요! 그날 저도 하나님 앞에서 많이 회개했습니다. 평소 자비량 사역을 감당하던 제가 때론 생활비가 없어 힘들어했는데, 여기 순교자들의 무덤 앞에서는 아무 말도 할 자격이 없다는 걸 절실히 깨달았습니다."

간사님의 고백을 듣는 동안 내 영혼은 또다시 은혜에 사로잡혔다. 정말 그렇다! 살아 있는 우리는 순교자들의 무덤 앞에서 아무 말도 할 자격이 없다. 살아 계신 하나님은 이 땅을 복음화시키기 위해 수많은 선교사들의 피를 요구하셨다. 우리 모두는 한때 그 선교사들을 쳐 죽인 사람들의 후손이다. 이제는 우리가 복음에 빚진 자로서 순교자들의 정신을 본받아 그리스도의 복음을 힘써 증거해야 한다. 또한 하나님께서 이 땅에 주권적인 부흥을 일으키시도록 간절히 기도해야 한다.

'성령의 부흥'이 이 땅에 도래하기를 소원한다면, 우리의 무능함을 철저히 자복하고 자기 죄를 회개함으로써 하나님께로 돌아가야 한다. 왜냐하면 부흥은 하나님의 주권적인 역사이기 때문이다. 또한 부흥은 하나님이 자신의 위대하심을 '보다 비상한 방법'으로 만천하에 알리시는 기적의 역사이다. 그분의 이러한 주권적인 행동에 피조물인 우리 인간들은 그저 성령의 인도하심을 따라 적극적으로 반응할 뿐이다. 이에 우리가 할 수 있는 가장 적극적인 반응은 예수 그리스도를 담대히 증거하는 것이다. 부흥의 주역이신 성령께서 행하시는 일이 오직 예수님을 영화롭게 하는 것이기 때문이다.

우리는 부흥을 간구하는 목적이 하나님의 영광과 능력을 이 땅 가운데 온전히 드러내는 데 있다는 것을 명심해야 한다.[31] 그러니까 한국 교회를 살리려고 성령의 부흥을 수단화해서는 안 된다는 뜻이다. 오히려 부흥을 통해 하나님의 위대하심이 만천하에 드러날 때만이 한국 교회는 살고 또 다시 복음의 생명력을 회복하게 될 것이다.

> 하나님이여 주는 하늘 위에 높이 들리시며 주의 영광이 온 세계 위에 높아지기를 원하나이다 _시 57:5

인생의 첫 단락을 마무리하며 (2007년 7월, 대구시 대명동)

2007년 7월이 되었다. 한국 교회가 100년 전의 평양 대 부흥과 같은 성령의 역사를 고대한 지도 벌써 반년이 지났을 무렵이었다. 여전히 곳곳에서 부흥을 사모하는 집회들이 끊이질 않고 있었다. "너희 하늘 아버지께서 구하는 자에게 성령을 주시지 않겠느냐"(눅 11:13)고 예수님이 친히 말씀하셨는데, 우리의 소원대로 과연 그해에 또다시 '성령의 부흥'이 도래했는가? 그로부터 꽤 시간이 지난 지금, 우리 안에 내주하시며(고전 3:16) 동시에 모든 곳에 충만해 계시는(시 139:7-8) 성령 하나님께서, 한국 교회에 또다시 회개의 영을 부어 주시기를 간절히 소망한다.

당시 나는 인생의 중대한 전환점에 서 있었다. 2월에 학교를 졸업한 후

---

31 마틴 로이드존스, 『부흥』, 정상윤 옮김 (서울: 복있는 사람, 2007), 222-225.

내 인생의 두 번째 단락을 준비하고 있었다. 또한 우리 부부를 향한 하나님의 뜻이 무엇인지 분별하려고 날마다 애쓰는 중에 있었다. 한 가지 확신했던 바는, 우리 인생의 모든 일을 전능하신 하나님이 주관하신다는 것이었다. 아무리 어려운 일을 당할지라도 이 사실만큼은 절대 놓치지 않았다. 그래서 나는 내 인생을 두고 고민을 하되 불안해하지는 않았다. 일단 하나님의 나라와 하나님의 의를 구하며 그분의 온전한 소유가 되기로 결단하면, 이 넓은 세상이 온통 내 인생을 위한 가능성의 장으로 변한다는 사실을 확신했다.[32]

내가 해야 할 일은 '무덤 앞의 돌'을 굴리는 일이었다. 예수님이 무덤 안에 있는 나사로를 살리시기 전에 먼저 사람들에게 "돌을 옮겨 놓으라"(요 11:39)라고 말씀하셨다. 우주 만물을 지으신 주님이 그까짓 돌 하나 정도는 말씀 한마디로 단번에 옮겨 놓으실 수 있었다. 그럼에도 주님이 그런 말씀을 하신 까닭은, 하나님의 역사를 체험하기에 앞서 우리가 할 수 있는 부분은 최선을 다해 행하기를 원하셨기 때문이다. 그러고 나서 우리 힘으로 도저히 이룰 수 없는 부분들을 하나님께 온전히 맡기라는 것이다.

우리 부부는 '무덤 앞의 돌'을 어디로 옮길지를 두고 계속 고민했다. 구체적으로 말하면, 앞으로 내가 신학을 공부하는 문제와 미래의 자녀 문제, 그리고 기도와 물질의 후원자 문제 등이었다. 전능하신 하나님이 우리 부부를 어떻게 이끌어 가실지 기대하며 기도했다. 우리는 앞일을 전혀 알 수 없지만, 하나님의 부르심에 믿음으로 순종하여 갈 바를 알지 못하고 떠난 아브라함처럼(히 11:8), 전능하신 그분의 능력을 쫓아 앞을 향해 담대히 나아갈 뿐이었다.

---

32   제럴드 L. 싯처, 『하나님의 뜻』, 윤종석 옮김 (서울: 성서유니온선교회, 2002), 163.

사역자로서의 준비 과정

인생의 두 번째 단락 시작,

잠시 경험한 평신도 간사 생활,

그리고 신대원 입학과 졸업

또 한 번의 영적 체험 (2008년 여름, 전북 전주시)

대학교를 졸업하고 두나미스 사역에 합류했다. 이 사역은 미국 노스캐롤라이나에 본부를 둔 PRMI[33]에서 펼치고 있던 성령 사역이었다. 한국의 예수원 설립자인 고(故) 대천덕 신부와도 깊은 관련이 있었다. PRMI 총재인 브래드 롱(Brad Long) 목사는 대천덕 신부의 제자이자 영적 아들이었다. 나는 신학 공부를 하기 전에 평신도 간사로서 당분간 두나미스 사역에 힘쓰기로 했다. 이전에 경험한 영적 체험에 대해 좀 더 분별하며 이 분야를 좀 더 배우고 싶은 마음도 컸다.

특히 나의 사역은 미국 두나미스 교재를 한국어로 번역하는 것이었다. 영문학을 전공한 것이 이럴 때 도움이 될 줄이야. 한국 두나미스를 섬기는 여러 목사님들을 알고 교제하면서 많은 것을 배울 수 있었다. 성령 체험을 금기시하는 교단에만 있다가 이런 분들과 어울리는 게 처음에는 좀 어색했지만 시간이 지나면서 적응하게 되었다.

전주의 어느 교회에서 두나미스 세미나가 열렸다. 나와 아내도 스태프

---

33 Presbyterian-Reformed Ministries International의 약자로 '국제 교회 갱신 사역'이라고 번역한다.

로 섬겼다. 그날 저녁에 특별히 여러 목사님들이 내 머리와 몸에 손을 얹고 안수 기도를 해 주셨다. 성령의 은사와 능력이 충만히 임하도록 혼신의 힘을 다해 기도해 주셨다.

그런데 갑자기 신기한 현상이 일어났다. 드라이 아이스처럼 차가운 어떤 기운이 머리끝에서부터 발끝까지 관통하고 있었다. 그리고 내 영혼이 몸 안에 있는지 몸 밖에 있는지 헷갈리기 시작했다. 성령의 역사는 보통 뜨겁게 임한다고 들었는데, 참 아이러니하게도 나는 몸에 열이 많아서 그런지 성령님이 정말 시원하게 나의 전인격을 휘감고 계셨다.

몇 년 전처럼 신기한 체험을 한 것이다. 앞으로 있을 사역을 위해 주께서 성령의 능력으로 나를 무장시키시는 것인지, 아니면 그냥 이런 세계도 있다는 걸 잠시 보여 주시는 것인지 잘 몰랐지만, 하나님의 역사를 나의 이성으로 제한하면 안 된다는 것은 분명했다. 물론 말씀과 교리로 영적 현상을 분별해야 하는 과정은 필수적이다. 목사님들의 사역 동기를 보니까 성령님이 일으키시는 역사임이 틀림없어 보였다.

하지만 나는 말씀 사역에 대한 갈증을 해소할 수 없었다. 어느덧 내 마음은 두나미스 사역을 내려놓고 신대원 진학을 준비하는 방향으로 기울고 있었다. 그래서 2년간의 두나미스 사역이 내 인생에서 막을 내렸고 본격적으로 신대원 입시를 준비하기 시작했다.

무당 집 앞에서 대적 기도하기 (2008년 초가을, 대구시 대명동)

신대원 입시를 준비하면서도 기도하는 일을 게을리하지 않았다. 특히 동네 골목마다 들어서 있는 무당 집들을 유심히 살피면서 밤마다 대적 기도를 하러 다녔다. 밤에 운동하러 나갔다가 돌아오는 길에 여기저기를 다니며 무당 집 대문 앞에 서서 악한 영들이 물러가기를 간절히 기도했다.

그때 신기한 현상을 경험했다. 어떤 무당 집은 대문에서 안채가 있는 곳까지 거리가 상당히 먼데도 내가 기도하려고 손을 대문에 갖다 대자 그 즉시 안채에서 불이 꺼져 버렸다. 학습무가 아니라 강신무임이 틀림없었다. 정말 귀신(마귀)에 사로잡혀 있는 무당이기 때문에 하나님의 영이 임한 성도를 즉각적으로 알아봤던 것이다.

『한국민족문화대백과사전』을 보면, 흔히 무당을 세 부류(세습무, 강신무, 학습무)로 구분한다. 먼저, 세습무는 조상 대대로 무업을 전수받은 무당이다. 이들은 다른 어떤 일보다 무업이 일상적으로 몸에 배인 자들이다. 다음으로, 강신무는 신내림(신의 강림)을 통해 무당이 된 경우이다. 이들은 자기 뜻이 아닌 신의 뜻과 말을 대언한다는 의식을 지니고 있으며, 굿을 통해 무업에 종사하는 이유를 신을 모시고 즐겁게 해 주는 데서 찾는다. 마지막으로, 학습무는 말 그대로 학습을 통해 무당이 된 경우이다. 무업에 관한 전문 지식을 쌓은 이들은 그동안 축적된 데이터를 활용하여 사람들의 이목을 집중시키지만, 결코 강신무처럼 용하게 점을 치거나 굿을 할 수는 없다.

참으로 묘한 사실은 위의 분류 방식에 '목사'를 대입해도 별로 어색하지 않다는 것이다. 먼저, '세습 목사'는 말 그대로 부모로부터 교회를 물려받은 경우이다. 이들은 다른 어떤 일보다도 목회가 일상적으로 몸에 배여 전문가 수준으로 교회를 '경영'할 수 있다. 다음으로, '강신 목사'는 성령의 부르심을 따라 목사가 된 경우이다. 오해의 소지가 있어 해석을 덧붙여야겠다. 여기에서 '강신'이라는 단어를 '성령의 임재' 또는 '성령의 부르심'이라는 뜻으로 재해석하면 된다. 이들은 자신의 뜻을 내려놓고 하나님의 뜻과 말씀을 대언하면서, 목회에 전념하는 이유를 오직 하나님을 영화롭게 하는 데서 찾는다. 마지막으로, '학습 목사'는 그냥 열심히 공부해서 목사가 된 경우이다. 성경과 교리에 관한 전문 지식을 가지고 교인들에게 어느 정도 영향력을 행사하지만, 하나님의 말씀을 실제적으로 대언한다는 의식이 없다. 그동안 축적한 데이터를 활용하여 교인들의 일상을 다만 지도할 뿐이다.

조국 교회에 넘쳐나는 목회자들이 과연 어느 부류에 집중적으로 몰려 있을까? 앞으로 나는 어느 부류에 속하는 목사가 되는 것일까? 세습 목사나 학습 목사가 되지 않도록 정신을 차리고 준비해야겠다.

신대원에 수석으로 합격 (2008년 12월, 천안 고려신학대학원)

어느 신대원에 진학할지 고민하다가 고려신학대학원에 가기로 결심했다. 출신 교단이 고신이기도 하고, 무엇보다 성령론을 전공하신 박영돈 교수님 밑에서 신학을 공부하고 싶었다. 가뜩이나 성령 체험한 것 때문에 약간 혼란스럽기도 했는데, 이참에 신대원에 들어가서 학문적으로도 제대로 무장해야겠다는 생각이 들었다. 사실 박 교수님의 강의안을 이미 구해서 하나씩 섭렵하던 중이었다.

시험 날짜가 얼마 남지 않았지만 정말 최선을 다해 공부했다. 500개가 넘는 필수 암송 구절을 한 주 만에 다 암송해 버렸다. 아침에 눈을 뜨는 즉시 성경 구절을 암송하기 시작해서 밤에 잠드는 순간까지 계속 암송한 덕분이었다. 그리고 평소에 암송해 둔 구절들이 많이 중복되어 있어 도움이 되었다. 아무튼 나는 학부 때처럼 죽어라고 공부했다. 입시에 필요한 과목들을 모조리 공부하며 나의 체력과 지성의 한계를 시험했다.

드디어 12월 초 입시 날짜가 다가왔다. 하루 전날 신대원에 가서 잠을 잤다. 시험 전날이기도 하고 낯선 환경이라서 그런지 잠을 2시간밖에 못 잤다. 그럼에도 나는 시험 당일 1교시부터 정신력으로 버티며 최선을 다해 시험을 쳤다. 성경 시험도 무난했고, 영어 시험은 아주 흡족하게 친 것 같았고, 그밖에 신조 시험과 논술도 크게 부담이 없었다. 그래도 장학금을 받기에는 뭔가 부족한 느낌이 들었다. 미리 신학을 공부한 고신대 신학과 출신들이 월등하게 잘할 것 같았다.

집으로 내려와서 나는 기도하는 마음으로 결과를 기다렸다. 아침에 산책하는 중에 시편 86편 17절을 묵상했다.

은총의 표적을 내게 보이소서 …… 여호와여 주는 나를 돕고 위로하시는 이시니이다.

신기하게도 그날 밤에 자다가 어떤 꿈을 꾸었다. 수많은 사람들이 경기장에서 달리기를 하는데 마지막 결승선을 내가 끊고 있었다. 그때 교회 전도사님이 갑자기 나타나서 나에게 뭐라고 말하는데 너무 숨이 차서 무슨 말인지 잘 알아듣지 못했다. 그 순간 장면이 바뀌면서 주일 예배 시간이 되었고 담임 목사님이 설교 후에 광고를 하고 있었다. 우리 교회 권율 형제가 신대원에 수석으로 합격했다고 교인들에게 알리는 것이 아닌가!

새벽에 잠에서 깨어났는데 꿈이 너무나 생생해서 잊히지가 않았다. 하나님이 미리 알려 주시는 것인지, 아니면 내가 간절히 바라는 게 꿈으로 나온 것인지 알 길이 없었다. 그런데 그날 오후에 전화가 왔다. 꿈에서 나온 그 전도사님이 방금 신대원에서 입시 결과를 들었다며 나에게 수석 합격이라고 말씀해 주셨다. 그 순간 온몸에 소름이 돋기 시작했다. 더욱 신기한 건, 꿈에서 본 장면 그대로 주일 광고 시간에 목사님이 나의 수석 합격 소식을 교인들에게 알려 주셨다. 교인들은 처음 듣는 소식이었겠지만 나는 똑같은 장면을 두 번이나 목격했다.

나는 그저 장학금이라도 받으면 좋겠다고 생각했는데 하나님은 이보다 더욱 큰 선물을 준비하고 계셨다. 2009학년도 고려신학대학원 수석 합격이라는 너무나 과분한 선물! 더욱 겸손한 마음으로 열심히 공부하며 하나님이 원하시는 목회자가 되도록 준비해야겠다고 굳게 다짐했다. 한편 아내에게 학비 걱정을 안겨 주지 않아서 내심 뿌듯한 마음이 들었다.

성적 장학금이 사라질 뻔 (2009년 3월, 천안 고려신학대학원)

청운의 꿈을 안고 천안 고려신학대학원에 입학했다. 만삭이 된 아내를 집에 두고 와서 마음이 편하지 않았지만, 학교에 있는 동안에는 최선을 다해 공부해야겠다고 다짐했다. 더욱이 수석으로 입학했다는 부담감 때문인지 교수님들의 기대에 한껏 부응하고 싶다는 생각이 들었다.

학교에 입학해 보니 여러 장학금 제도가 있었다. 그중에서도 목양 장학금이 인상적이었는데, 성적 우수자를 뽑아서 1년간 등록금과 생활비를 지원해 주고 2학년 때부터는 성적을 고려해서 장학금 수여를 지속하는 제도였다. 대신 목양 장학금을 받는 동안에는 교회 사역을 하면 안 되고 학업에 전념해야 한다는 조건이 붙어 있었다.

나는 0순위에 해당되어서 그런지 자연스럽게 대상자로 뽑혔고 목양 장학생 오티(orientation)에 참석하게 되었다. 하지만 첫날 저녁 식사를 마치고 장학금 거부를 결심했다. 왜냐하면 몇 명 안 되는 목양 장학생들이 하루 저녁에 먹어 치운 큰 액수의 고급 한우가 심히 부담스러웠기 때문이다. 물론 장학 재단에서 특별히 우리를 위해 준비해 주신 건 감사했지만, 식권 살 돈이 없어 굶는 원우[34]들을 생각하면 이 상황이 결코 바람직해 보이지는 않았다. 식사를 하는 내내 마음이 정말 힘들었다.

그래서 나는 어떤 핑계를 대고 장학금을 거부할지 고심하기 시작했다. 다음 날 담당 교수님을 찾아가서 정중하게 말씀드렸다.

"교수님, 정말 죄송하지만 저는 목양 장학금을 못 받을 것 같습니다. 명단에서 제외시켜 주시면 감사하겠습니다."
"왜 그러는가? 무슨 특별한 이유라도 있는 건가?"
"특별한 이유는 아니고 그냥 1학년 때부터 교회 사역을 병행하고 싶어서 그렇습니다."

수석 입학생에 대한 기대감 때문인지 교수님은 강하게 설득하셨다. 그럼에도 워낙 확고한 나의 결심을 보시고 최종적으로 장학생 명단에서 제외시켜 주셨다. 하지만 문제가 생겼다. 내가 목양 장학생으로 포함되었다는 걸 학생처에서 듣고 수석 장학금을 차석에게 이미 넘긴 상태였다. 수석으로 입학하고도 장학금을 못 받는 상황이 된 것이다.

그래도 나는 후회하지 않았다. 장학금을 못 받아도 한 학기만 버티면 된다는 생각이 들었다. 무엇보다 식권이 없어 끼니를 거르는 원우들을 생각하니 오히려 잘한 일인 것 같았다. 나도 다음 학기부터는 학교 식당에서

---

34 신학대학원 재학생들을 가리키는 표현이다.

배식 아르바이트를 해서 식권 나눔에 동참해야겠다고 굳게 결심했다.

입학식 당일에 성적 장학금을 받으러 내가 단상에 안 올라가니까 주변에서 이상하게 쳐다봤다. 분명히 수석 입학했다고 들었는데 왜 장학금을 못 받는 거지 하는 눈초리였다. 그래도 나는 차석 입학생의 장학금 수여 순서를 진심으로 축하해 주었고 우리 모두가 정말로 잘되기를 바라고 있었다.

그런데 놀라운 일이 벌어졌다. 며칠이 지나서 학생처로부터 연락이 왔는데, 주기철 목사 기념사업회에서 장학생을 뽑는다는 소식이었다. 고려신학대학원 입학생 중에서 3년마다 1명을 선발하는데 마침 그해가 해당 연도라서 나에게 지원해 볼 의사가 없는지 물어보셨다. 당연히 나는 지원 의사를 밝혔고 각종 서류를 구비해서 기념사업회에 보냈다. 감사하게도 주기철 목사 장학금 대상자로 선발되었는데, 그 내용을 살펴보니 3년간 매학기 장학금이 지급된다는 것이다! 교내의 어떤 장학금보다도 더 많은 금액이었다. 이제 졸업할 때까지 학비 걱정을 할 필요가 없게 되었다. 목양 장학금을 거부했다가 하마터면 큰일(?) 날 뻔했는데 주님이 이렇게 큰 은혜를 베풀어 주시다니. 앞으로 더욱 겸손한 마음으로 동기 원우들을 섬겨야겠다고 새삼 다짐했다.

제2의 Walking Bible (2009년, 천안 고려신학대학원)

신학 공부를 시작해 보니 생각보다 만만하지가 않았다. 나처럼 일반 학부 과정을 나온 원우들은 학부 신학과 출신들보다 더욱 열심히 공부해야 했다. 신학 공부도 그렇지만 신구약 성경을 정말 열심히 읽고 암송해야 했다. 왜냐하면 2학년 때까지 성경 종합 시험을 통과하지 못하면 과목 성적이 아무리 좋아도 3학년 진급이 안 됐기 때문이다.

그런데 신학 수업을 따라가느라 성경을 읽고 묵상할 시간이 턱없이 부족했다. 선배들 말대로 입학 전에 읽고 암송한 성경 실력이 졸업할 때까지 거의 유지될 판이었다. 성경 종합 시험은 범위가 워낙 커서 다른 과목들처럼 벼락치기도 통하지 않았다. 1학기 때는 신약 전체가, 2학기 때는 구약 전체가 시험 범위였다. 그래서인지 원우들은 학기 성적과 함께 성경 시험에 대한 부담감을 엄청 느끼고 있었다.

나 역시 마찬가지였다. 입학 전까지 성경 전체를 40독 이상 하고 2천 구절 가까이 암송했지만, 사실 잘 모르는 본문이 훨씬 더 많았다. 그런데 참 감사하게도 성경 종합 시험을 칠 때마다 1등을 차지했다. 1학년뿐만 아니라 아직 통과 못한 전체 원우들이 다 시험을 치는 상황인데도 1학기 신약에서도 1등, 2학기 구약에서도 1등을 한 것이다.

이 소문은 삽시간에 학교 전체에 퍼졌다. 일단 어떤 교수님은 수업 시간에 성경을 인용하시면서 내 눈치를 보시기도 했다. 헷갈리는 구절이 어느 본문에 나오는지 물으시면 내가 아는 한 성심껏 답변해 드렸다. 학기마다 원우들에게 성경 암송 강의를 했다. 어떻게 하면 구절을 효과적으로 암송하고 장기 기억으로 전환할 수 있는지 평소에 하던 암송 습관을 있는 그대로 소개했다. 기억하기 위한 방법론보다 성경 암송을 통해 누리는 경건의 유익을 집중적으로 강조했다. 여신원 대상으로 강의하기도 했는데, 어느 여전도사님은 감명을 받아 눈물을 흘리기도 했다.

나는 15년 전에 함께했던 전도사님이 생각났다. 성경을 진정으로 사랑하셨던 그분의 습관을 나도 있는 그대로 따라 하고 있었다. 그분은 목욕탕에 갈 때도 우유갑을 까 흰 부분에 유성매직으로 암송 구절을 써서 들고 들어가셨다. 탕 안에 들어갈 때 그냥 종이에 써서 가지고 들어가면 다 젖어 버리기 때문이다. 평소에도 그분의 호주머니 속에는 암송 구절이 적힌 쪽지가 늘 들어 있었다. 그래서 동기 전도사님들 사이에서도 Walking Bible(걸어 다니는 성경)로 소문이 나셨다. 당시 중고생이었던 나는 그분의 모습이 멋있어 보여 모든 행동을 무조건 따라 했다.

그 결과 15년이 지나 나도 같은 신학교에 입학해서 똑같은 별명을 얻었다. 그분의 뒤를 이어 제2의 Walking Bible이 되었다. 역시 경건의 훈련은 혼자서 하는 게 아니고 똑같이 따라 하고 싶은 멘토가 있어야 되는 것 같다. 바울이 디모데에게 그런 존재였다. 심지어 자신이 겪은 박해와 고난까지 디모데가 충실하게 따라 했다고 증언한다(딤후 3:11).[35] 이것이 바로 복음 사역이나 경건의 훈련을 전수하는 최고의 방법이다. 과연 나는 누군가에게 그런 존재가 될 수 있을까.

첫째 아들 탄생 (2009년 4월, 대구시 수성구)

주말에 열심히 교회 사역에 임하고 있었는데 집에서 연락이 왔다. 첫째가 예정일에 맞춰 나오려고 하니까 빨리 내려오라는 것이다. 급하게 서울역으로 가서 대구로 내려가는 기차에 몸을 실었다. 아내를 만났던 당시에 나는 학부생이어서 출산을 미루다가 결혼 5년차에 첫째를 보게 되었다.

아내에게 여러 모로 미안했다. 주중에는 신대원 때문에 천안에 있었고, 주말과 주일에는 교회 사역 때문에 서울에 있었다. 대구 집에는 두 달에 한 번 금요일에 잠시 내려가는 게 전부였다. 심지어 그다음 날 곧바로 서울에 올라왔다. 신학생 남편이라서 평소에 함께하지 못해 늘 죄인이었다. 그나마 아내가 친정에 있어서 장모님이 많이 도와주셨다.

---

35 개역개정판에는 "네가 과연 보고 알았거니와"라고 되어 있지만, 여러 영어 성경(NKJV, ESV 등)은 이 부분을 "너는 주의 깊게 따랐다"(You have carefully followed)라고 번역한다. 참고로, 구문상의 차이로 영어 성경에는 10절 초반부에 나온다.

응애 ~ ♥

　대구에 도착하자마자 아내가 입원한 산부인과 병원으로 갔다. 다행히 첫째가 아빠를 기다려 주었다. 본격적인 진통이 시작되고 한 시간 반쯤 지났을 때 분만실로 향했는데, 남편도 들어오라고 해서 마스크와 장갑을 끼고 아내의 출산을 참관했다. 한 생명이 탯줄을 달고 나오는 순간, 아빠의 눈에서는 감격의 눈물이 흘러내렸다. 출산의 고통을 견뎌 낸 아내에게 모든 걸 다 주고 싶었다. 사실 출산의 고통뿐 아니라 평소에 남편도 없이 한 생명을 품고 하루하루를 살아 낸 아내의 고뇌가 얼마나 위대했을지.

　첫째가 딸이길 바랐지만 늠름한 아들이었다. 병실에 올라와 아내와 이런저런 대화를 나누었다. 가뿐히(?) 걸어 다닐 만큼 아내의 몸 상태는 좋아 보였다. 그런데 남편이 해서는 안 될 말을 해 버렸다. 큰 고통을 겪은 출산 당일에 아내에게 둘째 이야기를 꺼내고 말았다! 말을 내뱉고 나서 곧바로 후회했지만 때는 이미 늦었다. 아내의 표정이 일그러지기 시작했는데 생각보다 빨리 정상으로 돌아왔다. 아내에게 더욱 잘하는 수밖에 없었다.

첫 학기에도 수석 (2009년 7월, 천안 고려신학대학원)

　입학해서 한 학기 동안 정말 열심히 공부했다. 목양 장학금을 거부하면서 교회 사역에도 힘쓰겠다고 교수님께 큰소리친 게 생각나서 더더욱 열심히 했다. 시간적으로는 공부만 하는 동기들보다 불리할 수밖에 없었다.

그런데 이게 어찌된 일인지, 첫 학기 성적이 나왔는데 전체 수석이었다. A0가 있었지만 대부분 A+였다.

학부 신학과 출신들이 분명 내재된 실력에 있어서는 더 탁월할 텐데, 시험 칠 때 다들 방심한 건가. 게다가 목양 장학생들은 교회 사역을 하지 않고 공부에만 열중했을 텐데, 다들 시험을 치다가 실수를 많이 한 건가. 아무튼 얼떨결에 첫 학기에도 수석을 했다.

자신감이 붙기 시작했다. 교회 사역을 병행하며 신대원 공부를 해낼 수 있다는 확신이 들었다. 상황이 이렇다 보니 교수님들이 나한테 큰 기대를 하셨다. 앞으로 교수 요원으로 잘 준비되면 좋겠다고 많은 분들이 격려해 주셨다. 나도 당연히 입학할 때부터 신학 교수가 되려는 생각을 가지고 있었다. 무엇보다 학업과 사역에 균형을 이루는 학자가 되고 싶었다. 그 꿈을 이루기 위한 도전 정신이 샘솟았다.

그래서인지 수업 시간에 공부한 내용이 과연 사역 현장과 어떤 관련이 있을지를 두고 늘 고민했다. 하나님에 관한 학문인 신학은 어떤 방식으로든지 교회 현장에 영향을 미치게 된다. 왜냐하면 신학의 현장이 교회이고 신학은 교회를 위한 신학이어야 하기 때문이다.

동네 아이들 전도하기 (2010년 봄, 서울시 중랑구)

매주 토요일이 되면 묵동초등학교[36] 근처에 전도하러 나갔다. 유초등부를 담당하고 있는 만큼 어린 영혼들에게 복음을 전하고 그들을 교회로 인도하고 싶은 마음이 컸다. 놀랍게도 은퇴 장로님 한 분이 10년 이상 묵동초등학교 앞에서 전도를 하고 계셨다. 손수 문방구 쿠폰을 만드시고 이걸

---

36   서울시 중랑구 중화1동에 위치한 공립 초등학교인데 1972년에 개교하였다.

아이들에게 주면서 학교 앞의 아무 문방구에 가서 학용품을 사게 하셨다. 한 아이에게라도 복음을 들려주시고 싶은 장로님의 순수한 마음이 느껴졌다.

어느 날 놀이터에 있는 아이들에게 다가가 복음을 전했다.

"애들아, 혹시 교회 다니니?"

"아뇨."

"그럼 예수님이 어떤 분인지 들어 봤어?"

"저희도 알아요. 하나님의 아들이라면서요? 십자가에 죽었다가 3일 만에 살아났다고 하던데요? 그리고 나중에 이 세상에 다시 오신다면서요?"

그 순간 나는 무척 당황했다. 내가 지도하는 유초등부 아이들보다 훨씬 잘 알고 있었다. 그런데도 이 아이들에게는 믿음(신앙)이 없었다. 이를 어떻게 설명해야 할까.

구원에 있어 지식은 참으로 중요하지만 필요충분조건은 아닌 것 같다. 다시 말해, 구원받은 아이들은 예수님이 어떤 분이시고 그분이 어떤 일을 행하셨는지 반드시 알고 있지만 그 역이 꼭 성립되지는 않는다. 예수님이 어떤 분이신지 안다고 해서 그 친구가 반드시 구원받은 상태라고 단정할 수 없다는 것이다.

혹시 자신이 구원받았다고 생각하는 교인들 중에도 그런 경우가 있지 않을까? 예수님이 어떤 분이신지 알고 있는데 정작 자신 안에 구원하는 믿음이 없는 상태가 있을지도 모른다. 그들이 구원받았다고 우리가 간주하는 것이지, 실상은 하나님과 관련이 없는 채로 피상적인 교리 지식만 가지고 그저 살아갈지도 모른다. 성경 지식에 대한 대답은 유창하게 하면서도 정작 결정적인 순간이 오면 하나님보다는 항상 자신을 먼저 생각하는 일상을 살지도 모른다. 유초등부 아이들을 지도할 때 이런 부분을 신경 써야 할 것이다.

서울을 떠나기로 결심 (2010년 겨울, 서울 동부제일교회)

2008년 12월에 서울로 가서 근 2년 동안 월요일부터 금요일 오전까지 천안에서 신대원 생활을 했고, 금요일 오후부터 주일 저녁까지 서울에서 교회 사역을 했다. 그리고 대구 집에는 두 달에 한 번 금요일 저녁에 잠시 갔다가 다음 날 토요일 오후에 서울로 올라왔다.

이런 생활을 2년 동안 해 보니 도저히 견딜 수 없었다. 무엇보다 가족들과 떨어져 있으니까 아내와 뭔가 어색해지고 아내보다 오히려 교회 자매들이 더 익숙해지기 시작했다. 이런 상황이 지속되면 나의 경건 생활에도 치명적일 수 있겠다는 생각이 들었다. 담임 목사님도 나의 상태가 이전 같지 않음을 느끼셨는지 어느 날 목양실로 나를 호출하셨다.

> "전도사님, 가족들과 떨어져 교회 사역하고 신대원 공부하는 거 힘들지 않아요? 아무리 생각해 봐도 대구로 사역지를 옮기는 게 나을 것 같습니다."
>
> "네, 목사님. 안 그래도 제가 요즘에 고민이 많습니다. 아내와 계속 떨어져 있으니까 공부에도 집중이 안 되고 교회 사역에도 이전처럼 마음을 못 쓰는 것 같습니다. 염려해 주셔서 감사드립니다."

서울에서 2년간 담임 목사님의 목회를 지켜보며 많은 것을 배웠다. 무엇보다 하나님의 말씀을 바르게 연구하고 성도들에게 먹이시려고 하는 모습이 정말 감동적이었다. 게다가 부교역자들에게 어찌나 인격적으로 대하시는지 몸 둘 바를 모를 정도였다. 가끔 아내가 대구에서 올라오면 목사님의 사택에서 우리 둘이 잘 수 있도록 당신의 방을 내어 주셨다. 심지어 목사님의 막내딸에게 장애가 있는데도 전혀 어두운 면이 없으셨고 언제나 하늘의 위로와 소망을 우리에게 느끼게 해 주셨다. 나도 그런 담임이 되고 싶었다.

고향 교회 방문했다가 붙잡힘 (2011년 2월, 대구시 달성군 구지면)

만 2년의 서울 생활을 마치고 대구로 내려왔다. 한 달 쉬었다가 어느 주일에 고향 교회를 방문했다. 예배를 마치고 담임 목사님께 안부 인사를 드리러 갔다.

"목사님, 그간 평안하셨습니까?"
"그래, 자네도 그동안 잘 있었는가?"

사실 나는 목사님께 죄송한 마음을 가지고 있었다. 결혼하고 나서 아내가 다니는 교회로 무작정 옮겨 버렸기 때문이다. 물론 사전에 정중하게 말씀드렸지만, 목사님은 우리가 결혼해서 작은 교회를 섬기는 게 더 바람직하다고 진심 어린 조언을 해 주셨다. 그런데도 나는 처가댁에 들어가 살아야 한다는 핑계(?)로 목사님의 말씀을 외면해 버렸고, 신대원에 입학할 때까지 4년 동안 고향 교회를 등지고 있었다.

"혹시 지금 사역지를 구하는 중이면 다음 주부터 부임하는 건 어떻겠는가?"
"네, 목사님. 그렇게 하겠습니다."

오랜만에 안부 인사드리러 갔는데 부임 인사가 되어 버렸다. 사실 4년간 등지고 있던 빚진 마음을 조금이라도 갚고 싶었다. 무엇보다 나의 신앙생활이 시작된 모교회이기 때문에 언젠가 한번은 사역자로서 제대로 섬기고 싶었다. 빈 예배당을 둘러보다가 결혼 전까지 20년간의 내 모습이 떠오르기 시작했다. 주일 학교 때부터 중고등부와 청년회 때까지 이곳에서 친구들, 형들, 누나들이랑 만들었던 아름다운 추억이 새록새록 스치고 있었다. 그런데 이제 전도사로 모교회를 섬기게 되었다니. 예전에 나를 가르쳤던 주일학교 선생님들이 어느덧 권사님이 되어 여전히 교사로 섬기고 계셨었는데, 왠지 모르게 부담감이 밀려왔다.

둘째도 아들 (2011년 11월, 대구시 수성구)

첫째가 태어나고 2년 후 또다시 아들이 태어났다. 둘째는 딸이길 바랐건만 이번에는 4.3kg의 우량아가 '고추'를 달고 나왔다. 울음소리부터 뭔가 남달랐다. 신생아 울음소리에 허스키한 사운드가 들렸고, 꺾을 수 없는 고집 같은 게 느껴졌다. 첫째 때도 그랬지만 둘째도 진통이 시작되자 거의 곧바로 나왔다. 아내는 몸이 날씬한데도 출산에 최적화된 몸매인 것 같았다.

그런데 문제가 발생했다. 며칠 병원에 있다가 둘째를 안고 집에 왔는데 갑자기 첫째 녀석이 마구 울어 대기 시작했다. 어찌나 서럽게 우는지 나도 아내도 장모님도 무척 당황했다. 보아하니 그동안 집안의 사랑을 독차지하고 있었는데 동생이 태어나니까 한순간에 그 사랑을 뺏겼다고 느낀 것 같았다.

첫째를 겨우 달래서 진정시키고 이제 막 세상에 나온 둘째에게 온통 관심을 쏟기 시작했다. 첫째를 서운하지 않게 하면서도 둘째를 더욱 신경 써야 하는 상황이 참 난감했지만, 진짜 부모가 되는 과정이라 생각했다. 아내는 고이 잠든 둘째를 형이 깨울까 봐 늘 노심초사했다. 나는 신대원 생활과 교회 사역 때문에 아내의 수고를 빤히 알고도 덜어 주지 못했다. 그래서 늘 죄인이었다. 둘째가 신장이 약하다는 의사의 말이 괜히 신경 쓰였는데 별 문제가 없길 바랄 뿐이었다.

유학을 포기함 (2011년 겨울, 천안 고려신학대학원)

신대원 마지막 학기를 보내며 결심을 굳혔다. 입학 전부터 신학 교수가 되려고 준비해 왔는데 신대원 공부를 하면서 완전히 뒤집혔다. 유학을 포기하기로 했다! 현장 사역을 하면서 계속 연구도 하고 현장과 직결된 신학적 작업을 해 보고 싶었다. 물론 박사 학위를 따고 나서도 그렇게 할 수 있겠지만, 해외에서 유학 생활을 하는 기간이 왠지 아깝다는 생각이 들었다.

사람 마음이 참 희한하다. 분명히 교수가 되겠다는 마음이 확고했고 하나님이 이쪽으로 부르셨다고 믿었건만, 신대원 공부를 하며 사역을 하면 할수록 점점 현장으로 부르신다는 확신이 밀려왔다.

정말로 주님이 부르신다는 확신일까? 아니면 공부보다는 사역이 내 기질에 맞을 거라는 막연한 기대 때문이었을까? 평소에 했던 걸 보면 신학 공부가 좀 더 맞는 것 같았는데, 현장에서 영혼들이 변화될 때 희열을 느끼는 걸 보면 사역이 또 맞는 것 같기도 했다. 어느 쪽인지 단정하지 못했지만 하나님이 이끄시는 상황에 그냥 순종해 보고 싶었다.

교수님들과 동기 원우들은 내가 당연히 유학 가는 줄로 생각했다. 당시 담당 교수님은 나보고 특정 전공을 권유하시며 이걸로 꼭 박사 학위를 받으면 좋겠다고 하셨다. 교수회에서는 이미 내가 유학 간다고 생각하고 장학금을 주기로 결정하려던 참이었다고 했다. 어느 날 학생처에서 전화가 왔는데 졸업 후에 어디로 유학 갈 건지 물으셨고, 나는 정중하게 말씀을 드렸다.

"저는 졸업하고 나서 SFC 간사로 헌신할 생각입니다. 다른 졸업생에게 장학금을 주시면 되겠습니다."

졸업생 대표로 강단에 서다 (2012년 2월, 천안 고려신학대학원)

어느 교수님으로부터 연락이 왔다. 그해 졸업하는 원우들을 대표해서 나에게 졸업사를 해 달라고 부탁하셨다. 평소에 말주변이 없어 조금 망설였지만 왠지 해 보고 싶다는 마음이 들었다. 그래서 최선을 다해 졸업사 내용을 정리하기 시작했다.

참으로 기분이 묘했다. 수석으로 입학해서 졸업할 때는 졸업생 대표로 강단에 서다니! 더구나 졸업식에는 원우들이 섬기는 교회에서도 많은 분들이 참석한다. 담임 목사님들과 중직자들, 졸업생 가족들, 그리고 지인들까지 오면 신대원 대강당이 꽉 차게 된다. 그분들 앞에 서는 것이 굉장히 부담스럽겠지만, 그럼에도 용기를 내어 멋진 졸업사를 해 보고 싶었다.

드디어 2012년 2월 21일이 되었다. 예상대로 많은 분들이 신대원 졸업생들을 축하하기 위해 모여들었다. 사랑하는 아내도 남편의 졸업식에 어린 두 아들과 함께 참석했다. 당시 섬기던 모교회의 담임 목사님과 장로님과 권사님들도 와 주셨다. 졸업식이 시작되었고 1부 예배를 마친 후 2부 학위 수여식이 진행되었다. 여러 순서 후에 마침내 졸업생 대표의 졸업사 시간이 되었다. 담대한 마음으로 나는 강단에 올라갔다.

"고신 교회와 한국 교회를 말씀과 성령으로 새롭게 하는 사역에 부르심을 받은 저희를 기억하시고 기도해 주시기 바랍니다. 아말렉과의 전투에서 모세의 팔이 피곤해지자 아론과 훌이 그를 도와서 죽을 각오로 온종일 기도했던 것처럼, 그리스도의 몸 된 교회, 특히 고신 교회가 세상과의 영적 전투에서 승리하는 일에 저희 졸업생들도 처절한 기도로 임할 것을 약속드립니다. …… 하나님 앞에서 '신앙의 정통과 생활의 순결'을 지키기 위해 신사 참배를 죽기까지 거부했던 선배들의 그 아름다운 발자취를 저희도 따라가겠습니다."

캠퍼스 사역자로서의 일상

SFC 간사로 지원,

열정적으로 캠퍼스를 섬겼지만

아내의 위암 수술, 그리고 사직

•이번 스토리부터는 당일에 기록해 둔 일기라서 주로 현재적 시점으로 내용이 전개됨을 일러둔다.

성육신적 친밀감 (2012년 3월 15일, 대구산업정보대)

신대원을 졸업하고 SFC 간사로 캠퍼스 선교에 뛰어들었다. 사례도 없이 후원금으로 생계와 사역을 이어 가야 했다. 그나마 주일마다 교회를 섬겼기 때문에 파트 사례금이 조금 나왔다. 재정이 늘 부족한 상황이라 가족들에게 무조건 '죄인 모드'로 살아갔다.

어느 날 처음으로 대구산업정보대[37]에서 큰모임을 가졌다. 그런데 운동원[38]이 형제 한 명뿐이었다. 그동안 내가 영남대에만 너무 신경 쓴 게 아닌가 하는 생각이 들었다. 하나님은 숫자에 연연하지 않으신다는 사실을 위안 삼아 우리 둘은 첫 큰모임을 하나님께 올려 드렸다.

이 친구가 처음 나를 만났을 때 건넨 말이 있다.

"간사님, 처음 저랑 전화 통화할 때 말을 더듬거리시던데요!"

그런데 나는 그의 말에 행복감을 느꼈다. 아마 그 형제는 자기와 나의

---

37 학교 명칭이 2012년 5월부터 '수성대학교'로 변경되었다.
38 SFC 동아리에 소속된 멤버를 일컫는 말이다.

공통점을 찾으려고 그렇게 말했을 것이기 때문이다.

누구든지 그 친구와 대면하는 순간부터 이상함을 느꼈다. 외모가 비호감형이고 지능이 모자랐기 때문이다. 그래서 대학생 수준의 대화를 나누기가 불가능했다. 말도 어눌하고 특이한 행동을 하기 때문에 사람들이 별로 가까이하지 않는 것 같았다.

그렇기 때문에 이 친구는 자기와 비슷한 사람을 만나고 싶었던 모양이다. 나도 어릴 때 어머니 가출 사건 후로 유창성 장애를 앓고 있다. 물론 지금은 거의 극복했지만 아직 부분적으로 남아 있다. 설교하거나 강의할 때는 '성령의 능력에 사로잡혀' 전혀 말을 더듬지 않지만, 전화 통화하거나 갑자기 낯선 사람 앞에서는 아직도 그런 증세가 나타난다.

어릴 때 나는 그런 내 모습을 죽도록 싫어했다. 하나님이 왜 나를 그렇게 만드셨는지를 끊임없이 원망했다. 그러나 이제는 그렇게 생각하지 않는다. 하나님이 나를 그렇게 만드신 이유를 잘 알기 때문이다. 나와 비슷한 증세를 가진 사람들의 처지를 생생히 이해하고 그들과 함께 아파하며 살라고 하나님이 나를 그렇게 만드신 것이다.

오늘 우리는 서로 처음 봤지만 갑자기 남다른 친밀감을 느낄 수 있었다. 이런 걸 '성육신적 친밀감'이라고 표현해야 하나. 앞으로 이 친구를 만날 때는 말을 더듬지 않으려는 마음을 내려놓기로 했다. 최대한 그의 처지를 깊이 공감하며 이해하려고 노력하고 싶다. 나의 말이 어눌한 것도 사역을 위한 큰 도구가 될 수 있다는 사실을 마침내 깨달았다.

나 여호와는 중심을 보느니라 (2012년 3월 22일, 대구산업정보대)

산업정보대에서 처음으로 전도하러 다녔다. 지난주 큰모임 때 1명으로 시작해서 그런지 담당 간사인 나는 마음이 조급해졌다. 나 혼자 서둘러 전도하러 나가려고 했지만 곧바로 그런 생각을 내려놓았다. 혼자 다니려고 했던 이유는 1명뿐인 그 형제의 비호감형 외모와 모자라는 지능 때문이었다. 이 형제와 대화할 때 나는 답답함을 느꼈다.

그런데 '설상가상으로' 오늘 갑자기 동문 한 명이 찾아왔다. 아뿔싸! 이 동문 자매는 그 형제보다 훨씬 더 심각한 상태의 외모와 지능을 가지고 있었다. 딱 봐도 전형적인 지적 장애인이었다. 학교를 졸업한 지 7년이 지났는데도 모교 SFC 큰모임에 자주 참석했다고 한다. 또 감사하게도(?) 우리와 함께 전도하러 나가겠다고 했다.

혼자 나가려던 마음을 뒤로하고 나는 이 둘을 데리고 함께 전도하러 다녔다. 우리는 SFC 홍보물을 들고서 캠퍼스 안을 여기저기 다니며 동아리를 알리기 시작했다. 예상했던 대로 학생들은 우리를 피하려고 했다. 특히 나랑 함께하는 이 둘이 접근할 때는 학생들이 너무나 당황스러워하며 이상한 눈빛으로 쳐다봤다.

요즘 사지가 멀쩡한 기독 청년들은 캠퍼스 내에서 거의 전도하지 않는다. 그런데 비호감형 외모를 가지고 정신도 온전치 못한 이 둘은 열정을 가지고 학생들에게 홍보물을 건네 주며 SFC를 소개하고 열심히 전도하고 있다. 나는 이 둘과 함께 큰모임 전까지 계속 캠퍼스 안을 누비고 다녔다. 하나님이 우리를 지켜보시며 흐뭇해하신다는 사실이 생생히 느껴졌다. 더욱이 이 둘은 그다음 주부터 더 일찍 모여 전도하러 다니자고 말했다. 나는 기쁨의 눈물을 훔치며 이 둘을 마음속으로 축복했고, 이번 학기에 최선을 다해 동역하며 하나님 나라를 이루어 가겠노라고 다짐했다.

> 내가 보는 것은 사람과 같지 아니하니 사람은 외모를 보거니와 나 여호와는 중심을 보
> 느니라 _삼상 16:7

회개를 일으키는 성령의 역사 (2012년 11월 8일, 경산시 영남대 캠퍼스)

날씨가 다소 쌀쌀해지고 있다. 오늘은 영남대 캠퍼스를 섬기는 날이다. 도서관에서 여느 때처럼 저녁에 있을 큰모임 메시지를 준비하고 있었다. 본문은 골로새서 3장 12절부터 4장 1절까지였다. 특히 3장 13절을 강조하고 싶었다.

누가 누구에게 불만이 있거든 서로 용납하여 피차 용서하되 주께서 너희를 용서하신

것같이 너희도 그리하고

유난히 오늘따라 말씀을 준비하는 중에 성령께서 내 영혼을 자극하시는 걸 느꼈다. 왠지 모르게 저녁에 놀라운 역사가 일어날 것만 같은 기분이 들었다.

이윽고 큰모임 시간이 다가왔다. 찬양을 하고 SFC 강령을 복창하니, 드디어 메시지를 전할 시간이 되었다. 예배실 뒤쪽 벽에 걸린 시계는 6시 50분을 가리키고 있었다.

"사도 바울은 오늘 본문에서 단순히 용납하고 용서하라는 말을 하는 것이 아닙니다. 부담스럽게도 '주께서 너희를 용서하신 것같이' 서로를 용서하라고 권면합니다. 나한테 불만이 있는 사람을 그냥 놔 두고 피하는 것이 결코 용서가 아닙니다. 그것은 그냥 무관심일 뿐입니다. 주님이 우리를 용서하신 것같이 우리도 서로를 용서해야 합니다. …… 주님처럼 용서하려면 우리는 우리 것을 희생할 줄 알아야 합니다. 그것은 우리의 자존심, 체면, 시간, 물질과 같은 것일 수도 있습니다. 때로는 자신의 육체적 고통을 감내해야 할 상황이 생길지도 모릅니다. 물론 저도 이런 용서가 너무나 힘들다는 것을 잘 알고 있습니다. 도무지 그 사람

만 생각하면 치가 떨리고 절대 용서 못할 것 같다는 생각도 종종 해 봤습니다."

　설교 중에 성령께서 몇몇 운동원들을 감동시키시는 걸 분명히 느낄 수 있었다. 평소 심하게 서로 다투던 몇몇 위원들에 대한 생각이, 메시지를 전하는 내내 내 머릿속을 떠나지 않았다. 그래서인지 오늘 본문이 더욱 그들의 영혼을 자극시키는 듯했다. 하나님이 그리스도를 통해 성령의 은혜를 그들에게 부어 주셨다고 확신했다.

　그런데 하나님의 역사는 이것으로 그치지 않았다. 밤늦게 집에 들어와 자정이 넘어 책상에 앉아서 성경을 읽으려 할 때 갑자기 휴대폰 벨소리가 울렸다. 전화를 받자마자 펑펑 울어 대는 한 운동원의 목소리에 깜짝 놀랐다.

　"간사님, 오늘 설교 말씀 듣고 너무 충격 받았어요. 내 안에 있는 죄성 때문에 괴로워 미칠 지경이에요. 예수님이 나를 용서하신 것처럼 다른 운동원들을 용서하고 품어야 하는 것은 아는데, 그게 제 마음대로 안 되네요. 저 정말 어떻게 하면 좋아요? 말씀에 순종하고 싶은데 그게 정말 힘들고 미칠 지경이에요. 그래서 큰모임 마치고 지금까지 회개하며 기도하고 있었어요. 아무리 회개해도 말씀에 굴복하지 않는 내 모습이 너무 싫고 짜증이 나요. 그런데 저 말고 이런 반응을 보인 친구가 또 있어요."

　나는 그 운동원의 눈물 섞인 고백을 듣고 갑자기 숙연해졌다. 그 친구가 오히려 말씀을 전했던 나를 부끄럽게 만들었다.

　'내 속에도 그런 죄성이 늘 은밀하게 꿈틀거리고 있는데, 나는 얼마나 하나님의 말씀 가운데 나 자신을 굴복시키려는 시도를 했던가? 내 육신이 주님의 말씀에 굴복하지 않으려는 추악한 모습을 두고, 그 운동원처럼 펑펑 울며 기도해 본 경험이 언제였던가? 어쩌면 나는 설교 행위를 즐기면서 다른 사람들이 하나님의 말씀에 굴복되기를 제3자의 입장에서 지켜만 보고 있었던 것은 아닌가?'

하지만 나 자신을 두고 회개함과 동시에 하나님께 감사드리고 영광을 돌리지 않을 수 없었다. 왜냐하면 하나님의 말씀이 "살아 있고 활력이 있어" 사람의 영혼을 찔러 쪼개는 능력의 말씀(히 4:12)임을 또다시 체험했기 때문이었다.

울며 전화했던 그 친구가 당장 용서의 마음을 품지 못했을지도 모른다. 그러나 하나님이 그를 긍휼히 여기셔서 말씀 앞에 자신의 죄성을 바라보도록 조명해 주셨다는 사실로도 그 친구는 큰 은혜를 경험한 것이다.

가난하고 소외된 자들의 예수님 (2013년 1월 12일, 대구시 달성군 구지면)

"권율아, 니 오…오렌지 주스 좋…좋아하는 거 아이가? 꿀 호…호떡도 좋아하제? 이건 내가 사…사 주는 거니까 마이 무라. 그동안 내가 너…너무 마이 얻어묵…묵었는 기라. 내가 돈 없는 기 정말 미…미안타. 내가 니한테 정말 부…부담만 준다. 진짜 미…미안타."

오늘따라 덕호가 디저트는 자기가 산다면서 이것저것 골라 왔다. 그동안 내가 토요일 저녁밥을 계속 사 줘서인지, 오늘은 자기 주머니에 꼬깃꼬깃 넣어 뒀던 천 원짜리 몇 장을 꺼내 나한테 보여 주었다. 계산대 앞에서 덕호가 어눌한 말과 이상한 행동을 보이니까 편의점 직원의 얼굴에 당황한 기색이 역력했다.

덕호는 나랑 고등학교를 같이 다녔다. 그런데 학교를 졸업한 후 10년 이상 연락이 두절됐다가 2010년에 다시 만나게 되었다. 그런데 다시 만나게 된 첫 모습이 가히 충격적이었다! 고등학교 때 봤던 내 친구의 모습이 전혀 아니었다. 몸은 예전보다 더욱 야위었고, 평소에 세면을 잘 하지도 않고, 입는 옷도 완전 노숙자 차림이었다. 그동안 무슨 충격을 받았는지 모르겠지만, 말도 심하게 더듬거렸다.

이번 겨울은 어느 해보다 유난히 추웠는데도, 덕호는 냉방에서 전기장판 하나 없이 이불 몇 장을 깔고 그냥 매일 밤을 버텼다. 부모님이 따뜻한 방으로 와서 곁에 자라고 해도 절대로 말을 듣지 않았다. 부모와도 대화가 완전히 단절된 상태였다. 배고프면 밥을 주방에서 몰래 퍼 와서 자기 방에 갖다 놓고 반찬도 없이 숟가락으로 그냥 퍼 먹었다.

매일 새벽 5시가 되면, 아무도 모르게 집에서 뛰쳐나와 인근 지역의 목욕탕에 간다. 그런데 목욕을 하기보다 그냥 탈의실에서 멍하게 몇 시간 앉아 있다가 배고파지면 집으로 다시 돌아온다. 그러면 부모님은 답답하고 걱정하는 마음으로 어디 갔다 왔냐고 호통을 친다. 하지만 덕호는 또다시 자리를 피해 도망 다닌다. 부모님이 모두 다리가 불편한 까닭에, 이 친구는 마지못해 농사일을 가끔씩 거들기도 한다. 그러다 해가 지면 부모님 몰래 자기 방으로 들어와서 쥐 죽은 듯이 남은 하루를 보낸다.

이것이 덕호의 하루 일과였다. 10년 남짓한 세월 동안 과연 무슨 일이 있었던 걸까? 친구 덕호에게는 정말 아무도 만나는 사람이 없었다. 아니, 사람들이 친구를 만나 주지 않았다. 완전 '비호감 외모'로 변해 버린 이 친구를 세상이 버린 것이다!

친구를 어떻게 해서든 원래 모습으로 돌려놓고 싶었다. 덕호는 예전에도 친구 관계가 좋은 편은 아니었다. 그런데 지금은 어떤 친구도 없고, 부모와도 세상과도 완전히 단절된 상태에 있다.

다행히도 나에 대한 기억은 살아 있었다. 고등학교 시절에 그나마 나랑 시간을 많이 보냈기 때문일 게다. 사실 나도 학창 시절에 소외된 그룹에 속했다. 그래서 왕따 기질이 농후한 우리 둘은 잘 어울려 지냈었다.

오늘따라 덕호가 나한테 많이 사 주고 싶었던 모양이다. 심성이 착한 친구이기에 그동안 얻어먹으면서도 얼마나 마음속으로 부담을 느꼈을까. 오히려 내가 민망했다. 아무튼 나는 친구에게 진정한 친구가 되고 싶다. 나도 재정 상황이 좋지 않았지만, 친구에게 베푸는 건 전혀 아깝지 않다.

무엇보다 친구 덕호에게 복음의 능력을 맛보게 해 주고 싶다. 곰팡이 냄새 나는 방에도 성경책이 있는 걸 보니, 복음의 씨앗이 소멸되지 않은 것 같다. 이따금 나에게 신학적인 질문을 하기도 한다. 이제 친구를 새롭게 할 수 있는 것은 세상의 치료법이 아니라 오직 복음의 능력임을 확신한다. 친구를 데리고 이전 해에 정신과에 다녔지만, 돈만 날리고 아무런 효과를 얻지 못했다. 이제 남은 일은 내가 친구를 위해 기도하며 그리스도의 복음으로 그의 전인격을 변화시키는 것밖에 없다. 하나님의 말씀이 살아 있고 활력이 있음이 친구를 통해 드러나기를 간절히 소원할 뿐이다.

2천 년 전 이 땅에 오신 예수님은 가난하고 소외된 자들의 친구이셨다. 주린 영혼을 먹이시고 병든 자를 고치시며 무지한 자에게 천국 복음을 가르치셨다. 당신의 능력을 오로지 그런 자들을 위해 사용하셨다.

그렇다면 그리스도의 종이라고 자처하는 나는 누구의 친구인가? 혹시 목회적 성공을 꿈꾸거나 사역의 열매가 대박 나기를 기대하며 가난하고 소외된 자들을 외면한 적은 없었던가? 오히려 그들을 사역의 방해거리로 여겼던 적은 없었던가?

앞으로 나는 어떤 사역을 하든지 가난하고 소외된 영혼을 위한 사역을 하고 싶다. 화려한 스펙으로 무장한 '스타 사역자'가 되려 하기보다, 주님 앞에서 묵묵히 내 사명을 감당하는 무명 사역자가 되고 싶다.

아빠, 보고 싶어! 언제 와? (2013년 2월 13일, 제주도)

대구경북 SFC의 간사들과 톱 리더 운동원들이 제주도에서 훈련하는 첫날이었다. 오후 9시가 조금 넘어 아내의 휴대폰 번호가 내 폰의 화면에 들어왔다. 그런데 아내의 목소리가 아니라 주성이(첫째)의 우는 목소리가 들려왔다.

> "아빠, 보고 싶어! 언제 와? 아빠, 언제 오는 거야? 보고 싶다구! 아빠, 아빠, 보고 싶으니까 빨리 와! 내일 와? 아빠, 내일 오냐구?"

이제 막 다섯 살로 접어든 아들 녀석이 아빠가 보고 싶다고 마구 울어대는 것이 아닌가! 그 순간 내 마음을 뭐라 표현할 수가 없었다. 지금까지 단 한 번도 나를 보고 싶다고 운 적이 없었는데, 오늘은 무슨 영문인지 나를 애타게 찾았다. 평소에 나는 간사 사역으로 늘 분주하다고 핑계 대며 가정에서 아빠 역할을 제대로 하지도 못했는데, 아들 녀석이 이렇게 아빠를 애타게 찾는 걸 보면서 만감이 교차하기 시작했다.

불현듯 나는 하나님 아버지의 마음이 조금이나마 깨달아졌다. 내가 어떤 마음으로 하나님께 기도해야 하는지 아들 녀석을 통해 가슴 깊이 알게 되었다. 아들이 아버지를 보고 싶어 간절히 부를 때 아버지의 마음이 정말로 찡하게 됨을 정서적으로 분명히 느낄 수 있었다. 이때 아버지의 마음에는 아들의 요구를 기꺼이 들어주려는 애틋함이 솟구친다는 사실을 깨달게 되었다.

이러한 과정은 논리적으로 설명이 불가능하다. 그렇다면 기도는 화려한 미사여구로 치장된 사문(死文)이 아니라, 자녀가 아버지 하나님을 간절히 보고 싶어서 그분의 이름을 부르며 그분을 구하는 말과 행동 그 자체이다!

너희가 내게 부르짖으며 내게 와서 기도하면 내가 너희들의 기도를 들을 것이요 너희가 온 마음으로 나를 구하면 나를 찾을 것이요 나를 만나리라 _렘 29:12-13

주님, 차라리 저를 아프게 하소서! (2013년 5월 31일, 대구시 수성구)

5월의 마지막 금요일 아침이다. 눈을 뜨고 아직 잠이 덜 깬 상태였는데, 아내가 갑자기 방문을 열고 들어오더니 울먹이며 말했다.

"여보, 방금 병원에서 연락 왔는데, 나보고 위암이래! 나 어쩌지? 엄마가 알면 완전 걱정하실 텐데…….. 근데 우리 애들은 어쩌지? 지금 큰 병원에 같이 가서 어디까지 진행됐는지 자세히 알아봐요! 설마 나 죽는 건 아니겠지?"

아내의 울먹이는 말에 정신이 번쩍 들었다. 울며 당황하는 아내를 진정시키고 일단 아내의 친구가 인턴으로 근무하는 경북대 병원으로 갔다. 다행히 두 아들은 어린이집으로 보낸 후였다. 아내를 옆 좌석에 태우고 차를 모는데, 내 마음속에서 만감이 교차했다. 그동안 가끔씩 배가 아프다는 아내의 말을 대수롭지 않게 여겼던 내 자신이 미워지기 시작했다. 두 아들을 키우는 데 내가 남편 역할을 제대로 하지 못해, 아내가 중병에 걸린 것 같아 마음이 심히 괴로웠다. 이제껏 사역에 미쳐서 가정을 제대로 돌보지 못한 내 자신이 급작스럽게 후회됐다.

병원에 도착해서 진료 순서를 기다리는 동안 아내의 인턴 친구와 이런 저런 대화를 나누었다. 이전에 병원에서 검사했던 내시경 결과로 봐서 위암이 심각한 정도는 아니라고 했다.

마침내 아내의 진료 순서가 되었다. 진료실에 들어가서 의사에게 자세한 경과를 들을 수 있었다. 일단 사진상으로 볼 때 위암이 많이 진행되지 않게 보여 예상되는 병기(clinical stage)는 1기라고 했다. 그런데 암세포의 위치가 식도에 가까워서 위 전체를 절제해야 한다고 했다. 위장(胃臟)의 아래쪽에 위치해 있으면 그 부분만 절제하는 것이 가능한데, 암세포가 위쪽에 있기 때문에 위장 전체를 잘라 내야 한다는 것이다.

이제 얼마 후면 아내는 평생 위가 없는 상태로 살아야 한다. 평소에 좋아하던 음식도 마음껏 먹지 못하고 일평생 음식을 절제하며 소식(小食)해야 한다. 그렇지 않아도 몸이 야위었는데, 이제 수술 후면 몸이 더 야위게 될 것이다. 또 철없는 두 아들이 성인으로 자랄 때까지 계속 엄마를 괴롭힐 건데, 이것 또한 아내에게 감당하기 힘든 스트레스로 작용할 것이다.

우리 부부는 저녁에 하나님 앞에 간절히 부르짖었다. 그동안 열심히 기도하지 않던 나에게 기도의 간절함이 찾아왔다. 이제껏 사역의 분주함 때문에 메말라 갔던 나의 심령이 회복되어, 주님 앞에서 겸손의 눈물을 흘리고 있었다. 아내의 배에 오른손을 얹고 간절히 부르짖기 시작했다.

"사람의 생명을 주관하시는 하나님, 제 아내에게 어찌하여 이런 시련을 주십니까? 저희 부부를 향한 주님의 뜻이 무엇입니까? 이 일을 두고 저희가 어떻게 기도해야 합니까? 전능하신 하나님, 차라리 저를 아프게 해 주옵소서. 할 수만 있다면 아내의 암세포를 저에게 주옵소서."

이때 갑자기 아내가 기도를 끊더니 무슨 기도를 그렇게 하냐며 정색했다. 암세포를 왜 당신이 가져가냐고 했다. 그래도 내 마음은 변함없이 아내를 대신해서 아프기만을 바랐다. 내가 걸려야 할 병이 아내에게 간 것 같아서 마음이 너무 괴로웠다.

그동안 암송했던 성경 구절들이 살아 움직이며 나의 뇌리를 스쳐 갔다.

두려워하지 말라 내가 너와 함께 함이라 놀라지 말라 나는 네 하나님이 됨이라 내가 너를 굳세게 하리라 참으로 너를 도와 주리라 참으로 나의 의로운 오른손으로 너를 붙들리라 _사 41:10

주여 사람이 사는 것이 이에 있고 내 심령의 생명도 온전히 거기에 있사오니 원하건대 나를 치료하시며 나를 살려 주옵소서 보옵소서 내게 큰 고통을 더하신 것은 내게 평안을 주려 하심이라 주께서 내 영혼을 사랑하사 멸망의 구덩이에서 건지셨고 내 모든 죄를 주의 등 뒤에 던지셨나이다 _사 38:16-17

말씀을 붙잡고 펑펑 울며 기도하는 중에 아내와 나는 말할 수 없는 평안에 사로잡혔다. 우리에게 평안을 주시려고 큰 고통을 더하여 주신다는 그분의 말씀이 생생하게 재현되는 듯했다. 그때 갑자기 아내가 진지하게 고백했다.

"이번 기회를 통해 내 속에 있는 은밀한 죄까지 소멸하도록 힘써야겠어요. 주님이 암세포를 소멸시켜 주실 때 우리의 죄악 된 삶의 방식까지도 소멸시켜 달라고 힘써 기도해요. 어쩌면 당신이 내년에 목사 안수받기 전에 저를 준비시키려고 이런 시련을 주시는 걸지도 몰라요."

아내가 이렇게 신앙적으로 반응할지 전혀 예상하지 못했다. 그동안 아내를 가르치려고만 했던 내 모습이 한없이 부끄럽게 느껴졌다. 이제 아내의 질병 자체에 매몰되어 괴로워하기보다, 믿음으로 하나님께 적극 반응하며 살아야겠다는 생각이 들었다.

그리고 내가 믿음이 부족하다는 사실을 여실히 깨달았다. "여러 가지 시험을 당하거든 온전히 기쁘게 여기라"(약 1:2)는 말씀을 삶 속에서 제대로 실천하지도 못하는 나의 영적 무능함을 알게 되었다.

앞으로 하나님이 아내에게 어떻게 역사하실지 기대된다. 그 기회를 통해 우리 부부가 영적으로 더욱 성숙되기를 소망한다. 주님께서 목사 후보생 한 명을 좀 더 사람답게 만드시려고 조그마한 시련을 잠시 주신다고 믿고 싶다. 깊고도 오묘한 하나님의 섭리와 계획을 감히 누가 알 수 있으랴! 그저 믿음으로 성령의 인도하심을 지켜볼 뿐이다. 하지만 내 삶의 방식이 더욱 그리스도를 닮게 하시려는 하나님의 뜻인 것만은 분명하다.

대순진리회 수련생들과의 대화 (2013년 12월 2일, 경산시 영남대 캠퍼스)

영남대 SFC 모임을 마치고 밤이 늦어 급히 스타렉스를 몰고 정문을 나왔다. 영대오거리에서 신호가 걸려 대기 중이었는데, 난데없이 여자 두 명이 차 문을 두드리기 시작했다. 사연을 들어 보니, 막차 시간을 놓쳐 집까지 걸어가야 한다는 것이다. 그런데 집이 대구시 대명동에 있다는데, 그곳이 경북 경산시와는 거리가 20km나 떨어져 있었다. 난 측은한 마음에 일단 타라고 했다.

"이 늦은 밤에 여기에서 뭐 하느라 막차까지 놓쳤어요?"

"누굴 만나려고 했는데 그 사람이 나오지 않아 계속 기다리다가 그만……."

"두 분 혹시 학생이세요?"

"아니요. 우리는 학생은 아니고요……."

뒤돌아서 두 여자를 자세히 보니, 과연 대학생 같지는 않았고, '뭔가'를 전하러 다니는 포교인들 같았다. 평소 이런 사람들에게는 공통된 특징이 있다. 일단 눈을 자세히 보면 악한 영에 사로잡힌 느낌이 들고, 또 옷차림이 대개 노숙자들과 비슷한데 그냥 대충 입고 다닌다.

"이제 그쪽 분들 정체를 밝히시죠."

"우리는 진리를 전하러 다니는 사람입니다."

"진리요? 구체적으로 어떤 걸 말하는 거죠?"

"아저씨를 보니 정말 좋은 사람 같아요. 그리고 물질의 복도 있고, 인복도 많네요."

"차 태워 줘서 고마우니까 별 칭찬을 다 하시네요. 뭐 하는 분들인지 정확히 말하시죠."

"저희는 대순진리회 수련생입니다. 진리를 전하러 다닙니다. 사람을 살리러 다녀요."

그들이 사람을 살리러 다닌다는 말에 순간 측은한 마음이 들었다. 결혼도 안 한 두 자매가 이렇게 밤늦도록 추운 날씨에, 거짓 진리에 사로잡혀 그런 헛된 일을 하고 있는 게 참 안타까웠다.

"저도 그쪽들처럼 사람을 살리러 다닙니다."

"그래요? 그럼 우린 같은 일 하는 사람이네요."

"(순간 당황) 그쪽들은 어떻게 사람을 살려요?"

"사람은 누구나 업을 가지고 태어나는데, 이 업을 해결하려면 희생을 많이 해야 돼요. 아저씨도 이렇게 좋은 일 하는 걸 보니, 전생에 업이 많네요. 아저씨는 어떻게 사람을 살려요?"

"사람은 누구나 죽음을 경험하는데, 이건 죄가 있기 때문입니다. 죄가 해결되면 완전한 천국에서 영원히 살 수 있어요. 근데 이 죄의 해결이 어떤 고행이나 선한 행위를 쌓는다고 되는 건 아니고, 전능자 하나님의 아들이 오셔서 대신 속죄하는 수밖에 없어요."

"교회 다니시는 분이구나. 맞아요. 뭐, 그럴 수도 있죠."

"저는 내년에 목사 될 사람입니다. 지금은 강도사구요. 훔치는 '강도'는 아니고, '도를 강론하는 사람'이라는 뜻에서 '강도사'입니다. 또 대학생들을 살리려고 하는 기독 동아리 간사이기도 합니다."

"간사요? 그게 뭐예요?"

"뭐, 자원 봉사자 비슷한 사람입니다."

"아저씨, 근데 예수님만이 구원자로 오셨을까요? 석가를 비롯해서 여러 사람이 왔는데⋯⋯."

그 순간 갑자기, 예전에 다른 종교인들과 나눌 때 가졌던 거룩한 오기가 나도 모르게 발동되었다. 물론 아주 부드러운 말투로 그들에게 들려주었다.

"예수 그리스도만이 유일한 길이요 진리요 생명입니다. 당신들은 선행과 희생을 해야 업이 해결된다고 믿지만, 제가 믿는 신앙은 그렇지 않아요. 하나님이신 예수님이 2천 년 전 이 땅에 오셔서 죄 문제를 해결해 주셨고, 저는 지금 그분의 은혜에 감사하는 마음으로 사람을 살리러 다닙니다. 당신들처럼 고생하면서 업을 해결하는 게 아녜요."

"과연 그럴까요?"

그들과 대화하는 중에 내가 믿는 복음을 좀 더 소개하고 싶은 생각이 들었다. 그래서 시간이 좀 걸리더라도 그들을 집까지 태워 준다고 했다. 우선 그들이 말하는 '진리'를 좀 들어 보았다. 말도 안 되는 그들의 '진리'를 들어 주느라 무척이나 고생했다. 변종 불교 같은 느낌도 들고, 짝퉁 증산도 같은 느낌도 들었다.

10여 분이 지나 내 차례가 되었다. 난 기다렸다는 듯이, 그들에게 그리스도의 복음을 소개했다. 사람의 행위에 따라 구원이 결정되는 게 아니라, 예수님의 십자가의 은혜에 구원이 달려 있음을 말해 주었다. 그리고 마지막 심판의 날에 그분을 믿는 여부에 따라 영원한 천국과 지옥이 결정됨을 확실히 알려 주었다.

복음을 전하는 동안 내 마음이 뜨거워지는 걸 경험했다. 내가 믿는 이 복음이 그들에게 전해진다는 자체가 나에게 기쁨이 되었다. 그들은 사람을 살리러 다닌다고 하면서, 실제로는 사람을 죽이러 다니는 것이다! 40분이 지나 어느덧 그들의 집 앞에 다다랐다. 개인 주택은 아닌 듯하고, 대순진리회 수련생들이 모여 사는 숙소 같았다.

"아저씨, 정말 감사했어요. 우리한테 좋은 일 하셔서 이번 주 내내 좋은 일 있을 거예요."

"그래요. 복 빌어 줘서 감사해요. 다음부터 제발 이런 추운 날씨에 늦은 시간까지 돌아다니지 마세요. 일찍 집에 들어가세요. 여자 분들이라 더 위험하잖아요."

"네. 감사해요. 아저씨, 잘 돌아가세요."

나는 집으로 돌아오는 내내, 내가 믿는 복음에 대해 다시 한 번 생각했다. 이 복음이 '사람을 살리는 생명의 복음'임을 또다시 되새겼다. 오늘 만난 두 자매가 거짓 진리를 가지고 사람을 살린다며 이렇게 밤늦도록 헛수고를 하는데, 진짜 생명의 복음을 소유한 내가 그들의 열심에 뒤지면 안되겠다는 생각이 들었다.

오늘 만난 두 자매는 거짓 진리에 사로잡혀 그것을 100% 확신하며 사람을 살리겠다고 하는데, 과연 우리는 그리스도의 복음을 생명의 복음으로 100% 확신하고 있을까? 그들이 거짓 진리를 전혀 부끄러워하지 않고 사람들에게 말하듯이, 과연 우리는 사도 바울의 고백처럼 복음을 전혀 부끄러워하지 않고 모든 믿는 자에게 구원을 주시는 하나님의 능력이라고 담대히 말할 수 있을까?

집 앞에 주차하자마자 내 영혼은 기도하기 시작했다. 그들을 위해 잠시 기도했다. 그들의 영혼이 너무나 불쌍하게 생각되었다. 말도 안 되는 '대순진리'가 유일한 길이라고 믿는 그들을 생각하니, 마음이 매우 아팠다. 세상의 영에 사로잡혀 사람들을 헛된 길로 미혹하다가 결국 멸망받게 될 그들이 참 불쌍했다.

그리고 회개의 기도가 터져 나왔다. 그동안 사역의 짐에 짓눌린 나머지, 내가 소유한 이 복음을 사역을 위한 수단 정도로 종종 생각한 것 같아, 나 자신이 한없이 부끄러워졌다. 하나님이 오늘 그들을 만나게 하신 이유가, 이런 불경스런 나의 생각을 뜯어 고치기 위함임을 문득 깨닫게 되었다.

'생명의 주님, 제가 전하는 이 복음이 사람을 살리는 생명의 복음임을 분명히 인식하게 하시고, 때를 얻든지 못 얻든지 사람들에게 생명의 복음을 담대히 전하게 하소서. 저를 사망에서 생명으로 옮겨 주신 놀라운 은혜에 무한 감사를 드립니다.'

'거울 소녀'의 회심 (2014년 2월 9일, 대구 구지교회)

이제는 내가 없고 오직 예수님만
내 안에 살아 계신 오직 예수님만
찬양하며 살리라 예배하며 살리라
내 안에 계신 오직 예수님만

주님은 나의 아바 아버지
내 상한 영혼 만지시고
주님은 나의 하늘 아버지
나의 모든 것 주님께 맡기리

이제는 내가 주님과 함께
십자가 위에 죽었으니
이제는 내가 산 것 아니요
내 안에 주님이 사신 것이라[39]

---

39 CCM 가수 유효림 씨의 2집 앨범(2013)에 실린 '이제는 내가 없고'라는 찬양곡이다.

이 찬양곡을 '거울 소녀'라고 불리는 중등부 친구가 단체 카톡방에 올렸다. 이 친구가 '거울 소녀'라고 불렸던 이유는, 교회에 오기만 하면 곧바로 화장실에 들어가 모임이 끝날 때까지 계속 거울만 쳐다보기 때문이다. 토요 기도회나 주일 예배 후에 극히 친한 한두 명을 제외하고는 다른 아이들과 어울리는 법이 없었다.

게다가 이 아이는 담당 교역자와 교사의 지도가 도무지 통하지 않는 대단한 말썽꾸러기였다. 작년 여름의 어느 토요일에는, 바쁘게 저녁 식사 중인 나한테 다짜고짜 전화를 하고는, 당장 빨리 교회 차를 가지고 자기 집으로 오라고 막무가내로 우겨 대기도 했다. 그래서 내가 식사를 마치고 가겠다고 하니까 나한테 성질을 부리며 "씨발!"이라는 말만 남기고 그냥 전화를 끊어 버렸다.

그런데 요즘 이 친구는 주일 오후 예배 전 찬양 시간에 싱어(singer)로 섬기고 있다. 특히 전달에 경북지방 SFC 수련회에 다녀온 후로 확연하게 달라졌다. 나만 그렇게 생각하는 줄 알았는데, 교사들과 다른 아이들도 이구동성으로 요즘 "우리 아이가 달라졌어요!"라고 말한다.

우리 중고등부 아이들은 아무도 시키지도 않은 오후 예배 전 찬양 사역을 감당하고 있다. 수련회 중에 받은 은혜를 성도들과 함께 찬양하며 나누고 싶어 했다. 특히 누구보다 위원장(회장)이 열심을 내며 아이들을 잘 이끌었다. 기존에 찬양 인도를 맡던 집사님들이 좀 당황하기도 했지만, 아이들의 순수한 마음을 보시고 그 시간을 기꺼이 양보해 주셨다. 물론 교역자와 교사의 눈으로 보면, 이 아이들이 인도하는 찬양 시간은 서툴기 짝이 없다. 복장이나 태도에서부터 찬양 인도 중에 내뱉는 말들까지 아직은 잔소리를 많이 들어야 할 수준이다.

그럼에도 불구하고 우리 하나님은 아이들의 찬양을 기뻐 받아 주셨을 것이라 확신했다. 물론 순수하지 못한 동기로 성도들 앞에서 찬양을 부르려고 했던 아이가 있을지도 모르겠다. 하지만 담당 교역자인 나로서는 매주일 오후에 아이들이 찬양 인도를 하는 것 자체가 기적처럼 느껴졌다. 2011년 초에 부임한 후로 토요 기도회를 시작하자고 1년 동안 아무리 말해도 꿈쩍도 안 하던 녀석들이 3년째 토요 기도회를 매주 가지는 중이었으니 말이다. 심지어 설 연휴의 어느 토요일이었는데도 어떤 친구는 기도회를 왜 안 하냐고 하며 담당 교역자를 당황하게 만들기도 했다.

내가 영적으로 아이들을 지도하는 일에 참 서툴렀던 것 같다. 담당 교역자가 제대로 사역하지 않아서 그런지, 하나님이 우리 아이들에게 강권적인 은혜를 허락하셔서 한 영혼씩 회심시키셨다. 특히 '거울 소녀'의 영적 행보는 그야말로 담당 교역자의 믿음 없음을 들추어내고 말았다. 솔직히 나는 그 아이를 거의 포기한 상태였다. 다만 그 아이의 영혼을 안타까워하며 가끔씩 기도만 했을 뿐이다. 그러나 성령님은 나의 모든 예상을 뛰어넘어 이미 역사하고 계셨다. 가장 바뀌지 않을 것 같은 그 아이가 가장 많이 변화되어 나를 부끄럽게 만들어 버린 것이다.

'거울 소녀'가 오늘 보내 준 그 찬양곡이 나의 영혼을 강하게 자극시켰다. 정말 "이제는 내가 없고 오직 예수님만" 내 안에 있기를 소망한다. "내 안에 계신 오직 예수님만" 내 평생 찬양하고 예배하며 살아가기를 간절히 기도한다. "이제는 내가 주님과 함께 십자가 위에 죽었으니" 더 이상 내가 사는 것이 아니라, 내 안에 주님께서 사시는 것임을 겸손히 고백한다. 그리고 이 찬양곡의 모든 내용이 '거울 소녀'의 평생에 걸친 고백이 되기를 간절히 소원한다. 그 아이 속에 계신 성령께서 그리스도의 사랑으로 이미 그 아이를 강권하고 계심을 확신한다.

사도 바울은 그리스도의 복음을 가리켜 "이 복음은 모든 믿는 자에게 구원을 주시는 하나님의 능력"(롬 1:16)이라고 역설했다. 따라서 복음은 생명력 없는 세상 학문이나 사상과는 본질적으로 구분된다. 한 죄인의 실존을 송두리째 뒤바꾸는 하나님의 전능하심 그 자체이다! 이렇게 위대하고 영광스러운 복음을 가장 가까이에서 수종 드는 말씀 사역자들은 항상 이 사실을 기억해야 한다. 특히 이제 곧 목사가 될 내가, 그리고 평생 명심해야 할 교훈이다. 사역자의 기쁨은 한 영혼이 변화되어 그리스도를 닮아 간다는 이 사실에 있음을 다시 마음에 새긴다.

'죄의 증상'을 생생히 지켜보며 (2014년 11월 11일, 대구동산병원 응급실)

지난달에 이어 또다시 동산병원 응급실에 와 있다. 친엄마가 갈수록 몸이 안 좋아지고 있다. 신부전증 말기로 혈액 투석을 10년 넘게 하시다 보니, 몸이 여기저기 망가지는 듯하다. 당뇨 수치가 800mg/dL[40]이 넘는데도 응급실까지 걸어오는 초인적인 힘을 발휘하는 60대 노인이다. 의사의 말에 따르면, 보통 사람이 이 수치라면 모두 구급차에 실려 온다고 한다.

지난달에는 게실염(diverticulitis)[41]으로, 이번에는 없던 당뇨병(diabetes)까지 생겨 응급실 신세를 톡톡히 치르게 되었다. 25년 전에 병든 남편과 두 아들을 남겨 두고 집을 나가야만 했던 어머니……. 당시 10대 소년인 나는 집 나간 엄마를 마냥 미워했지만, 시간이 지나서는 골치 아픈 집안에서 잘 탈출하셨다고 오히려 엄마를 응원한다. 엄마를 집요하게 괴롭히던 '시(媤) 월드' 회원들이 하나 둘씩 세상을 떠나고 있다.

응급실은 그야말로 전쟁터 의무대를 방불케 한다. 쉴 새 없이 뛰어다니

---

40   당뇨병의 진단 기준은, 공복 시 혈당 수치가 126mg/dL 이상, 식후에는 200mg/dL 이상이다.
41   대장의 벽에 생긴 게실 내에 장의 내용물이 고여 발생하는 염증을 말한다.

는 의사와 간호사들을 지켜보니, 의료직이 마냥 선망의 대상은 아닌 것 같다. 밤새도록 통증을 호소하며 살려 달라고 소리치는 어느 젊은이 ……, 코 안으로 줄을 넣는 것이 너무 고통스러워 사력을 다해 발버둥 치며 피 흘리는 어르신 ……, 구급차에 실려와 급하게 응급조치를 하다가 결국 세상을 뜬 위급 환자 ……, 새벽에 만취 상태로 계단을 오르다 팔이 부러져 구급차에 실려 온 어떤 아가씨 ……. 그런데 이 아가씨는 자기 엄마와 함께 아침을 맞도록 '말도 안 되는 소리'(술주정)로 의사와 실랑이를 벌이기도 했다.

11년 전인 2003년에 바로 이곳에서 아버지가 세상을 떠나셨다. 엄마는 심신이 약해져서인지, 죽은 전(前) 남편이 자기를 '저승'으로 데려간다고 자꾸 불신앙적인 말을 한다. 나는 초등학교 때부터 환자를 늘 목격하며 살아왔다. 그래서인지 죽음에 대해 일찍부터 생각하게 되었고, 어린 나이에 사고방식이나 외모에서도 아주 조숙해졌다.

사람이라면 누구나 나이가 들고 몸이 쇠약해지다가 결국 병에 걸려 죽음을 맞이한다. 그래서 인생 말년에 있는 사람은 종교와 상관없이, "헛되고 헛되며 헛되고 헛되니 모든 것이 헛되도다"(전 1:2)라는 전도자의 말씀에 고개를 숙이게 마련이다. 이 진리를 일찍 깨닫는 사람일수록 참으로 복된 인생을 살 수 있다.

인간은 질병과 죽음을 극복하기 위해 온갖 지혜와 의술을 동원해 보지만, 결국 허무한 몸부림이라는 사실을 깨닫는다. 지금까지 죽음을 경험하지 않은 인간은 단 한 명도 없다. 따라서 인간은 경험적으로 스스로가 유한성에 갇힌 존재임을 인식하게 되어 있다. 죽음의 증상이야말로 인간의 유한성을 나타내는 분명한 증거이다.

인간의 고통과 질병, 그리고 죽음을 초래한 제1 원인은 다름 아닌 우리 시조의 원죄(original sin)이다. 이 원죄로부터 파생되는 모든 실범죄(actual transgressions)는 죽음의 원인이라기보다 영적 죽음의 결과라고 할 수 있다. 세상은 이게 아니라고 부인해 보지만, 결국 죽음 앞에서 허무해질 수밖에 없는 스스로의 모습을 발견하게 된다. 비록 니체(Nietzsche)처럼 '능동적 허무주의'(Der aktive Nihilismus)로써 나름대로 허무함을 극복해 보려고 하지만, 종국적으로 모든 인간은 죄의 증상인 죽음 앞에 굴복할 뿐이다.

그러나 '죄의 증상인 죽음'을 극복한 유일한 존재가 있으니, 그분은 하나님의 아들로서 이 땅에 오신 예수 그리스도이시다! 그분은 원래 무한한 신성(divine nature)을 지니신 존재이기 때문에, 유한성의 증거인 죽음 안에 계속 갇혀 계실 수 없었다(행 2:24). 다만 죄의 증상에 사로잡힌 인간을 구원하시기 위해, 우리의 죄와 '하나님의 진노를 그분의 인성(human nature)에 짊어지심으로' 대속적 죽음을 잠시 경험하셨을 뿐이다. 놀라운 사실은 이 일을 위해 자신의 신적 능력을 동원하셨다는 것이다(하이델베르크 제17문).

성경의 가르침대로, 인간의 고통과 질병과 죽음은 궁극적으로 죄의 증상이다(창 2:17; 3:16 등). 그렇다고 자신이 경험하는 모든 고통과 질병의 원인을 자기 실범죄(자범죄)의 직접적인 결과로 생각해서는 곤란하다. 우리가 겪는 질병과 죽음의 제1 원인은 앞서 언급했듯이 아담의 원죄 때문이다.

나는 이 땅의 모든 환자들에게 '당신들의 유일한 희망은 오직 예수 그리스도!'라고 외치고 싶다. 의술을 통해 이 땅의 고통과 질병에서 일시적으로 벗어나는 것도 중요하지만, 그분을 통해 영원한 고통과 죽음에서 해방되는 것이 근본적으로 중요함을 알기 때문이다.

이렇게 말하면, 아마 많은 이들이 나에게 내세적 신앙관을 가졌다고 다그칠지도 모르겠다. 하지만 나는 하나님과의 불의한 관계를 그리스도의 복음을 통해 의로운 관계로 만드는 것이야말로, 오히려 이 세상에서의 질병과 고통을 경감시킬 수 있는 궁극적 방식이라고 확신한다! 왜냐하면 우리가 믿는 복음의 능력은 다만 내세를 위한 것만이 아니라, 또한 이 땅 가운데서 종말론적 회복을 미리 맛보게 하는 하나님의 능력이기 때문이다. 자신의 원죄(죄책)를 제거하고 그분과의 관계를 회복함으로써, 이 땅에서부터 자신의 질병과 고통을 상당한 수준으로 극복할 수 있다는 뜻이다.

나와 가장 가까운 친엄마에게 이 진리를 생생하게 전해 주지 못하는 나의 무능함을 두고 순간순간 애통해했다. 목사로서 복음의 능력을 엄마에게 제대로 드러내지 못했던 못난 아들을, 주님이 너그러이 용서해 주시기를 바랄 뿐이다. 이제 내가 담당하는 모든 영혼들을 응급실에 있는 위급환자처럼 인식하여, 그들의 영적 회복을 위해 사력을 다할 것이다.

캠퍼스 사역은 이제 그만 (2015년 1월 31일, 대구경북 SFC 사무실)

신대원을 졸업하고 쉴 새 없이 SFC 간사로 여러 캠퍼스를 섬겼다. 뭐든지 했다 하면 몰입하는 성격 때문에 가정도 돌보지 않고 사역에만 빠져 있었다. 나도 모르게 일중독 상태가 되었던 것이다. 이런 나에게 경각심을 일깨운 '사건'은 아내의 위암 수술이었다. 당시 전국 SFC 관계자들이 기도해 준 덕분에 수술이 잘되었고 지금까지 별 문제없이 건강하게 지내고 있다.

아내는 내가 캠퍼스 사역을 그만하길 원했다. 아무리 좋은 일이라고 해도 간사로 계속 사역하는 건 여러 모로 아닌 것 같다고 말했다. 재정적으로도 많이 힘들지만 가족들과 좀 더 가까이 있어 달라고 간곡히 부탁했다. 사실 간사 사역을 나처럼 무식하게 안 하고 지혜롭게 하면 이런 사태가 생기지 않았을 것이다. 모든 것이 그냥 내 책임이었다. 나 혼자만 생각하면 무슨 일이든지 도전하면 되지만 이제는 그렇게 해서는 안 된다는 걸 깨달았다.

결혼한 사역자가 사명을 따라가기 위해서는 반드시 가족들의 동의가 바탕이 되어야 한다. 왜냐하면 하나님 나라를 이루어 가는 일에 가족들도 함께해야 하는 동역자이기 때문이다. 사역을 두고 평소에 소통을 충분히 하고 가족이 함께하는 사역이라는 마인드를 가지게 해야 하는데, 이런 부분에서 나는 완전히 실패했다. 혼자 사역에 열심을 내고 아내는 그저 육아에 힘써 주기를 바랐던 것 같다. 아내가 그렇게 힘들다고 한 번씩 말했는데도, 사명자에게는 이런 고난이 필수적이라는 말로 아내의 고통을 외면해 버렸다.

그렇다고 3년 동안 캠퍼스 사역자로서 치열하게 살아온 걸 후회하지는 않는다. 학부 시절에 SFC와 기독학생연합회를 통해 받았던 은혜를 조금이라도 되갚을 수 있는 시간이었다. 이제는 아내를 위해서라도 캠퍼스 사역을 접고 교회 사역에 뛰어들어야겠다. 물론 전임 사역자로 교회를 섬기는 것도 보통 일이 아니라는 걸 잘 알고 있다. 그래도 여기저기 안 돌아다니고 외박을 하지 않기 때문에 가족들과 좀 더 함께할 수 있는 시간이 있을 것 같다. 전국 SFC에서 감사패를 만들어 주시는데 뿌듯한 마음보다는 부끄러운 마음이 더 크게 느껴졌다.

교회 사역자로서의 인생

본격적인 교회 사역 시작,

집중적으로 개발된 설교와 강의,

그리고 또 다른 부르심

아빠, 설교 준비하고 나랑 놀아야지! (2015년 8월 15일, 대구시 동구)

전교인 수양회를 마치고 집에 와서 기절한 상태로 한두 시간이 흘렀다. 정신을 차리고 샤워를 한 후 둘째와 간만의 대화를 나눴다. 아내가 첫째를 씻기고 있는 동안 둘째와 단둘이서 조금이라도 시간을 더 보내고 싶었다. 아내가 두 달 후 출산 예정이었는데 셋째도 아들이었다!

"주한아, 아빠가 같이 재밌게 놀아 줄게."
"근데 아빠, 교회에 일하러 안 가? 아빠, 설교 준비하고 나랑 놀아야지!"

그 순간 나는 마음이 찡했다. 둘째 녀석이 아빠가 목사라는 걸 알고 설교 준비를 걱정해 주는 것 같았다. 그러면서도 한편으로는 마음 한 구석에 씁쓸함이 밀려왔다. 평소에 못난 아빠가 설교 준비에 얼마나 미쳐 있으면, 아직 만 3세 밖에 안 된 아이가 저런 말을 할 수 있을까.

이건 모든 설교자들의 딜레마일 것이다. 자녀들과 시간을 충분히 보내고 싶은 마음이 있지만, 한없이 그렇게 할 수 없다는 현실이 안타까울 뿐이다. 그래도 SFC 간사로 사역할 때보다는 아이들과 많은 시간을 보내고 있다. 조만간 셋째가 태어나면 아빠 노릇을 제대로 하겠다고 마음먹었다.

내 죄 때문에 그렇잖아 (2015년 8월 18일, 대구 시온성교회)

두 아들이 내 집무실(부목사실)을 습격했다. 평소에 장난감을 못 사주니까 이 녀석들은 자기가 갖고 싶은 장난감 이미지를 컬러로 출력해 달라고 했다. 출력해 주면 가위로 오리면서 온 방을 어지럽히며 갖고 놀았다. 그러던 중에 나는 어제 첫째한테 소리친 것이 생각나서 좀 미안한 마음이 들었다.

"주성아, 아빠가 화날 때 왜 소리 지르는지 알아?"

"내가 말을 안 들어서 소리 지르는 거잖아."

"아빠가 주성이 미워서 소리 지르는 건 아니야."

"나도 알아. 내가 말을 잘 들어야 하는데 그게 잘 안 돼."

"근데 우리 주성이 왜 말을 잘 안 듣지?"

"내 죄 때문에 그렇잖아."

그 순간 나는 일곱 살 아이의 입에서 나오는 말이, 거룩하신 하나님 앞에 서 있는 모든 죄인의 고백처럼 들렸다. 내가 하나님의 말씀에 온전히 순종하지 않는 것이 내 죄 때문이라는 사실을 또다시 깨닫게 되었다.

나는 아들 녀석에게 종종 배운다. 주성이가 목사 아들답게 통찰력 있는 대답을 내뱉을 때마다 깜짝깜짝 놀라곤 한다. 엄마가 신앙 교육을 잘 시킨 탓인지, 자기 죄 때문에 예수님이 십자가에 못 박혀 죽으신 사실을 벌써 알고 있다. 심지어 세 살 때는 혀 짧은 소리로 "아빠, 교회의 주인은 예수님이잖아!"라고 말했다. 주성이의 신앙 고백이 일평생 지속되기를 간절히 기도한다.

> 예수께서 이르시되 그렇다 어린 아기와 젖먹이들의 입에서 나오는 찬미를 온전하게 하셨나이다 함을 너희가 읽어 본 일이 없느냐 _마 21:16

셋째까지 아들! (2015년 10월 31일, 대구시 동구)

셋째의 예정일이 다가왔다. 첫째와 둘째 때와는 달리 나는 아내와 함께 산부인과 병원에 동행했다. 셋째가 태어나기 전부터 아빠 노릇을 제대로 해 보고 싶었다. 사실 아내가 둘째를 출산하고 2년 후 위암 수술을 했을 때 의사가 더 이상 출산은 위험하다고 했는데 어쩌다 보니 또 셋째를 가지게 되었다.

그때 의사의 말이 괜히 신경 쓰이긴 했지만 주님의 은혜를 구하며 아내를 옆에서 혼신의 힘을 다해 보살폈다. 병실에 누워 있는 아내를 보면서 진통이 시작되기만을 기다렸다. 아내는 남편이 점심도 안 먹고 계속 기다리는 게 마음이 쓰였던 것 같다.

> "여보, 아직 진통이 거의 없으니까 나가서 밥 먹고 와요."
> "아냐, 난 그냥 계속 기다리고 있을래."
> "그럴 필요 없다니깐. 어차피 지금 보호자실로 가서 기다려야 하잖아. 급하면 바로 연락할 테니까 밑에 가서 점심 먹고 와요."

아내의 간곡한 부탁에 나는 하는 수 없이 밥을 먹으러 내려갔다. 혹시 몰라서 밥을 재빨리 먹고 얼른 다시 와서 보호자실에 대기하고 있었다.

갑자기 간호사가 "손미애 보호자 분, 얼른 와서 사진 찍으세요"라고 하길래 순간 무슨 말인가 싶어 갔더니, 이게 어찌된 일인지 벌써 셋째가 나와 있었다. 아빠가 밥 먹으러 간 사이를 참지 못하고 급하게 세상 구경을 하러 나온 것이다! 어찌나 귀엽고 깜찍한지 쳐다보고만 있어도 사랑스러웠다. 셋째는 처음에 딸이라고 확신하고 태명까지 '한나'로 지었건만 역시나 우리 집에는 아들만 태어났다. 만약 딸이 나오면 아빠가 '딸 바보'가 될 것 같아서 주님이 아들만 허락하시는 것 같았다.

다행히 아내의 건강에는 아무런 문제가 없었다. 이제 더 이상의 출산은 안 될 것 같다. 큰 수술을 겪은 아내의 몸부터 걱정해야겠다. 셋째까지 무사히 출산한 아내에게 위대한 경의를 표하며 셋째 주경이는 나도 최선을 다해 보살펴야겠다고 마음먹었다.

이거 참 너무하네! (2015년 11월 20일, 대구 시온성교회)

저녁에 난데없이 어떤 젊은이가 교회 사무실에 찾아왔다. 나는 옆방에 있었고 사무실에는 얼마 전 수능을 마친 고3 남학생이 있었다. 그는 '재수 없게도' 나 대신에 이 불청객과 몇 분간 대화를 주고받았다. 바로 옆 내 집무실에서 들어 보니, 직감적으로 이 불청객은 돈을 얻으러 온 노숙자임이 분명했다.

노숙자는 무대포로 내 집무실까지 불쑥 들어오려고 했다. 얼굴을 확인하는 순간, 요즘 노숙자들의 평균 연령대가 갈수록 낮아지고 있음을 실감했다. 나보다도 훨씬 젊어 보였다. 아무튼 이 젊은이는 막무가내로 나에게 좀 도와 달라고 떼를 쓰기 시작했다.

"(당당한 태도로) 목사님, 형편 되면 좀 도와주이소!"

"제가 뭘 어떻게 도와 드리면 될까요?"

"지금 제가 배도 고프고 집에 갈 차비도 없고, 내 꼴이 말이 아입니더. 뭐, 있는 대로 좀 도와주이소."

"네, 그러지요. 잠시만요."

평소에 구제금으로 비축해 둔 교회 재정이 있어, 집무실 서랍을 열어 그 사람에게 5천 원을 꺼내 주었다. 이런 사람들이 주중에 종종 찾아오기 때문에 나는 별로 당황스럽지 않았다. 그는 너무나 당연하다는 듯이 돈을 챙겨 주머니에 넣고는 한마디를 더 내뱉었다.

"(약간 신경질적으로) 만 원 더 주면 안 됩니까? 이거 참 너무하네!"

"(치밀어 오르는 화를 누르며) 저기요, 너무하다고 생각되면 돈 그냥 돌려주시죠?"

"아, 아입니더. 이거 와이캅니까?"

"돈을 받았으면 '감사합니다'라고 말해야지, 너무하다는 말이 할 소리예요?"

"가…감사합니다. 죄송합니데이."

나는 평소에 이런 사람들을 별말 없이 도와주는 편이다. 하지만 오늘은 화가 치밀어 올라서, 물론 극도의 자제력을 발휘하며 한 소리를 해 버렸다. 서둘러 그 젊은 노숙자를 내보내고 설교 준비를 계속하려고 했는데, 갑자기 뒤통수를 한 대 맞은 기분이 들었다. 돌아오는 주일 오후 설교의 주제가 '은혜'였는데, 이 뻔뻔한 노숙자의 모습에서, 주님의 은혜에 만족하지 못하고 더 달라고 무작정 떼를 쓰는 뻔뻔한 나의 모습을 발견한 것이다.

"주님, 나 좀 도와주이소!"

"그래, 내가 뭘 어떻게 도와줄까?"

"지금 제가 재정도 필요하고 사역적 능력도 필요합니다. 주님, 뭐 주실 수 있으면 좀 도와주이소."

"그러지, 잠시만 기다려 보거라. 그런데 이미 너에게 준 가장 큰 은혜에 감사부터 좀 하면 안 되겠니? 내가 널 위해 십자가에 못 박히고 피를 다 흘려 준 그 사랑에 말이다."

"가…감사합니다. 주님… 죄송합니다."

이번 주 설교는 좀 더 겸손하고 가난한 심령으로 할 수 있을 것 같다. 부족한 젊은 목사를 깨닫게 하시려고 여러 사람을 보내시는 주님의 섬세한 손길에 오늘도 감사를 드린다.

아들들과 함께하는 기도 시간 (2016년 5월 24일, 대구시 동구)

얼마 전부터 아내가 세 아들을 데리고 자기 전에 매일 기도를 한다. 목사의 아내로서 신앙 교육을 참 잘 시키고 있다는 생각이 들었다. 나는 보통 아이들을 씻기고 책 읽어 주는 걸 도와주고 방에 들여보내고 나서, 밤 9시쯤 되면 부리나케 서재실로 갔었다. 조금이라도 더 말씀을 연구하고 독서에 집중하기 위해서이다.

그런데 오늘따라 아들 녀석들과 함께 기도하고 싶었다. 앞으로도 매일 그렇게 해야겠다는 생각이 들었다. 이제 막 초등학교에 입학한 첫째와 두 살 어린 둘째와 함께 서로 손을 잡고 기도하자고 했다. 이제 6개월이 된 셋째 녀석(10kg 우량아)은 안방에서 엄마한테 안겨 젖을 먹고 있었다.

> 아빠: 얘들아, 오늘은 아빠랑 같이 기도하자.
>
> 둘째: 으잉? 매일 엄마랑 같이 기도했는데.
>
> 첫째: 그래, 오늘은 엄마 힘드니까 아빠랑 같이 해 보자.
>
> 아빠: 누구부터 할래? 아빠는 맨 나중에 할게.
>
> 첫째: 주한이부터 하면 좋겠다.
>
> 아빠: 왜? 형부터 모범을 보여야지.
>
> 첫째: 그럼 아빠는?
>
> 아빠: 그래, 그럼 아빠부터 할게. 그 다음에 주성이가 해.
>
> 첫째: 싫은데? 난 기도 잘 못해. 주한이부터!
>
> 둘째: 그래, 형아. 나부터 할게.
>
> 아빠: 하나님, 오늘도 우리 가족에게…….
>
> 둘째: 하나님, 아빠를 위해 기도합니다. 아빠가 사무실 가면 힘내서 설교 준비 잘할 수 있도록 도와주세요! 그리고 형아도…….

이제 여섯 살 된 둘째 녀석이 아빠를 위해 밤마다 그렇게 기도하고 있었다는 게 참 대견스러웠다. 엄마와 세 아들이 밤마다 자기 전에 이런 기도 시간을 가지고 있었다니. 목사인 가장으로서 참 부끄럽게 느껴졌다. 그동안 자기 혼자 급한 일 한답시고 서재실로 나와 버린 사실이 참 한심스러웠다. 나에게 믿음의 가정을 허락하신 하나님께 오늘도 감사할 따름이었다.

이젠 대구를 떠날 때 (2016년 10월 30일, 대구 시온성교회)

매주 월요일이면 기독교 상담학을 공부하러 고신대학교(부산 영도)에 간다. 자차로 가도 팔공산 입구 쪽에서는 2시간이 더 걸린다. 생각보다 가까운 거리는 아니다. 사역자들을 위해 월요일에만 하루 종일 공부할 수 있도록 석사 과정으로 개설된 학과인데 상담학의 특성상 여성들이 훨씬 더 많다. 고등학교 때 고신대 신학과에 그토록 입학하고 싶었는데 아버지의 극심한 반대로 포기했던 기억이 났다. 목사가 되어 이제 그 꿈을 비슷하게 이룬 셈이다.

일주일에 하루이긴 하지만 한 학기 동안 대구에서 부산까지 계속 왔다 갔다해 보니까 보통 일이 아니다. 월요일 아침 일찍 출발해서 저녁 늦게 들어오면 곧바로 화요일 새벽 기도회 설교를 준비해야 한다. 최대한 미리 준비해 두려고 하지만 교회 사역 일정상 그렇게 하지 못할 때가 많다. 아무튼 화요일부터 시작되는 교회 사역을 소화하다 보면 체력이 고갈되어 한 주 내내 피곤함에 찌들어 지낸다.

그래서인지 2학기에 들어서면서부터 서서히 사역지를 부산으로 옮겨야겠다는 마음이 생겼다. 작년 여름에 부곡중앙교회(부산 금정구)에서 교사 헌신 예배 설교를 했는데, 그때 나에게 기회 되면 사역지를 여기로 옮기라고 하신 말씀이 생각났다. 혹시나 싶어 알아보니까 때마침 청년부 사역자를 구하는 중이었다. 이때다 싶어 나는 얼른 이력서를 보냈고 일사천리로 부임이 확정되었다. 당연히 담임 목사님께도 상황을 말씀드렸다.

지난 2년 6개월 동안 담임 목사님을 통해 정말 많은 것을 배웠다. 무엇보다 설교 준비를 어떻게 해야 하는지 제대로 배울 수 있었다. 그리고 하나님의 말씀을 절대 진리로 확신하며 그 말씀을 담대하게 전하려는 목사님의 중심에 크게 도전 받았다. 부교역자들을 향한 애정 어린 조언도 지혜롭게 잘해 주셨다. 이제 곧 시작될 부산 생활을 기대하는 마음으로 10월 마지막 주일을 보낸다.

내게 맡기신 청년들을 어찌할꼬 (2016년 11월 29일, 부산시 금정구)

11월 첫 주일에 부임해서 대학 청년부와 소망부(지적 장애인)를 담당하고 있다. 부임 이후 청년들의 상황을 파악할 목적으로 매일 1-2명씩 만났는데, 만나면 만날수록 그들의 심신이 심각하게 병들어 있음을 느낀다.

조울증에 시달리던 어느 청년은 잔소리를 들었다고 주일날 권사님을 폭행했고, 어떤 청년은 탁월한 지성을 소유했음에도 심한 말더듬 증세와 정서 불안에 시달리고 있었고, 또 애정 결핍으로 보이는 어떤 청년은 환청과 환영에 시달리고 있었고, 심지어 어떤 청년은 분노 조절이 안 돼서 주보를 갈기갈기 찢어 그 위에 칼을 꽂아 놓고 사진을 찍어 올리기도 했다. 이 외에도 가정이 병들고 찢겨져 정서가 온전치 못한 상태로 나날을 보내는 청년도 있었다.

절반도 면담하지 못했음에도 이 정도라면 상담을 끝마쳤을 때는 어떨지 우려가 되었다.

'하나님이 무슨 이유로 나에게 이 청년들을 맡기셨을까? 그동안 열심히 공부하며 체득한 신학 지식이 어떻게 하면 이들의 영혼을 치유하고 회복하는 방식으로 활용될 수 있을까? 현재 공부 중인 기독교 상담학은 과연 이런 영혼들을 품어 주고 치유하게 하는 방편으로 작용될 수 있을까? 그리고 어릴 적 내가 경험한 극한의 상황들(가정 폭력, 부모 이혼 등)은 이들의 공감대를 끌어낼 수 있는 재료가 될 수 있을까?'

이전 교회에서 사임하기 직전에 어느 집사님이 권면해 주신 말이 생각났다.

"목사님은 어느 교회에 가시든지 영혼을 치유하고 회복하는 사역을 하게 될 것 같습니다."

그때 하나님이 그 집사님을 통해 나에게 사역의 방향을 미리 들려주신 것 같았다. 아무튼 이제껏 청년 사역을 하면서 터득한 노하우를 총동원해서라도 내가 맡은 청년들의 영적 치유와 회복에 심혈을 기울여야겠다고 다짐했다. 그러기 위해서는 나부터 십자가의 복음으로 날마다 회복되고 성령으로 충만해져야 했다! 왜냐하면 어설픈 방법론보다 하나님의 능력만이 그런 영혼들을 일으켜 세울 수 있기 때문이다.

특별한 세미나를 경험함 (2017년 2월 25일, 김해중앙교회)

부산에 와서 처음으로 외부 세미나에 참석하는 날이다. 각 교회 장애인 부서를 섬기는 교사들을 위해 다채로운 강의와 프로그램들이 진행되고 있다. 나도 교회에서 소망부를 담당하는 터라, 몇몇 교사들과 함께 아침 일찍부터 김해에 와 있다.

신대원 재학 때 세미나에 대한 부정적인 말을 하도 들어서 그런지, 약간의 선입견 같은 것이 나도 모르게 작용하고 있었다. '오직 말씀'으로 교인들을 잘 가르치면 다 된다는 식의 단순한 생각이 나를 지배했던 것이다.

그러나 강의가 시작되고 얼마 지나지 않아 그런 편견들은 사라져 버렸다. 하나님의 말씀, 십자가의 복음을 보다 효과적으로 증거할 수 있는 현장 이야기를 들을 수 있어 너무나 유익하고 좋았다. '오직 성경'(Sola

Scriptura)을 이상하게 오해하여 다른 방편들을 무시하는 태도야말로 종교
개혁자들이 경계한 것임을 몸소 깨달았다.

강사들은 한결같이 주님의 복음을 어떻게 하면 장애인들에게 잘 증거
할지를 끊임없이 고민하고 있었다. 장애인 사역에 성공해서 강사로 왔다
기보다, 여전히 실패를 경험하며 그들과 함께 아파하고 고민하는 내용을
청중에게 감동의 스토리로 쏟아냈다. 그중에서도 어떤 강사가 전했던 내
용이 아직도 내 마음을 잔잔하게 울린다.

"여기에 오신 여러분, 장애인으로 살고 있지 않다는 사실에 감사하십시오. 또
장애인 부모로 살고 있지 않다는 사실에도 감사하십시오. 하나님이 그들보다
여러분을 더 사랑해서가 아닙니다. 또 하나님이 여러분보다 그들을 덜 사랑해
서도 아닙니다. 하나님은 당신의 섭리 때문에 장애인들을 이 땅에 보내셨습니
다(출 4:11). 하나님께서 능력이 없어서 그들을 못 고쳐 주신다고 생각합니까?
절대 그렇지 않습니다! 저도 예전에 그런 기도를 미친 듯이 드린 적이 있습니다.
그러다가 제가 깨달은 바는, 우리 하나님은 고치실 수 있음에도 불구하고 그들
이 이 땅에서 그렇게 살도록 내버려 두신다는 사실입니다. 왜 그럴까요? 하나님
의 예정과 섭리상 누군가는 장애인으로 살아야 하는데, 바로 그들이 하나님의
섭리를 몸으로 나타내고 있기 때문입니다."

그러다가 강사가 1-2초 정도 침묵을 유지하더니, 갑자기 왼손을 치켜
들었다. 그 순간 나를 포함해서 모든 청중들은, 치켜든 그 손이 의수(義手)
라는 사실을 직감하게 되었다. 숭고한 침묵은 몇 초간 더 유지되었다.

강사로 오신 이 목사님은 어릴 때 사고로 한쪽 팔이 잘린 '절단 장애인'
이었다. 처음에는 자신의 그런 몸을 싫어하여 전능하신 하나님께 고쳐 달

라고 간절히 매달렸지만, 이제는 그런 기도를 더 이상 하지 않는다고 하셨다. 하나님이 못 고쳐 주셔서 그런 것이 아니라, 고쳐 주실 수 있음에도 그냥 바라만 보시며 안타까워하시는 하나님의 마음을 깨달았기 때문이라고 말씀하셨다. 자신이 그런 모습으로 살아가게 하심으로써 하나님께서 주변 사람들에게 당신의 뜻을 알려 주시고 복음을 깨닫게 하셔서 구원에 이르게 하신다는 것이다. 또 어떤 의미에서는 하나님의 섭리상 '장애'(선천적이든 후천적이든)라는 십자가를 그들 대신에 지는 존재로 자신이 특별하게 지음 받았다고까지 고백하셨다.

그렇다고 비장애인보다 장애인으로 사는 것이 더 좋다고는 생각하시지 않는다면서, 인간적인 솔직한 심정까지 털어놓으셨다. 장애인으로 사는 것이 하나님의 뜻이기 때문에 감사하게 생각하시는 것이지, 장애인이기 때문에 비장애인보다 더 감사하지는 않는다고 하셨다. 참으로 솔직하고 인간미 넘치는 말이었다. 강의 시간 내내 환하게 웃는 표정과 재치 있는 말투가, 이분의 몸과는 언밸런스한 것처럼 보였지만, 바로 이런 역설적인 상태가 하나님의 공의와 사랑을 동시에 말하는 십자가의 역설이 아닐까 생각했다.

장애인 부서 교사 세미나를 참석하는 내내, 신장 장애 2급을 가진 친엄마가 생각났다. 매주 3회의 고된 혈액 투석을 감당하느라 거동이 불편하여 제 한 몸도 못 가누는 당신의 모습이 오늘따라 굉장히 숭고하게 느껴졌다. 부끄럽지만 나에게도 불안 장애, 또 여기에서 비롯되는 유창성 장애가 있다. 설교할 때마다 심하게 불안해하고 두려워하는 상태임에도 불구하고, 그때마다 성령께서 나의 어설픈 스피치를 통해 청중에게 능력으로 역사하시는 체험을 하고 있다.

사지는 멀쩡해도 '성격 장애'(성품 결핍)를 가진 자들이 교회 안에 늘어나

는 것 같다. 겉으로는 경건한 척해도 실상은 '신앙 장애'(순종 결핍)를 가진
자들도 갈수록 많아지는 것 같다. 나는 과연 어떠한 상태이고, 이 글을 읽
는 그대의 상태는 또한 어떠한가? 하나님이 당신의 섭리에 따라 이 땅에
보내신 장애인들을 생각하며, 나의 신앙과 조국 교회의 영적 상태를 진단
해 보는 복된 하루였다.

"기도의 공덕" (2017년 2월 27일, 부산시 금정구 윤산)

월요일 오후에 동네를 내려다보는 윤산에 모처럼 올라갔다. 나는 목사
이지만 산을 오르다가 절이 보이면 호기심 때문에라도 한번 들어가 본다.
절간을 둘러보다가 "기도의 공덕"이라는 짧막한 글이 내 눈에 띄었다.

> 기도를 한다고 해서 금방 변하는 것이 아닙니다.
> 기도는 남에게 보이기 위한 것도 아닙니다.
> 기도는 세세생생 쉬지 않고 지속해야 하는 것입니다.
> 부처님과 자신만이 아는 수행의 길입니다.
> 때로는 고독할 때도 있고
> 어려운 능선을 넘어야 할 때도 있습니다.
> 그러나 기도의 공덕은 반드시
> 베풀어진다는 사실을 알아야 합니다.

어떤 승려가 작성한 글인데, 목사의 눈에도 참으로 인상적이었다. 모든
불자(佛子)들이 이 내용대로 기도하는 것은 아니겠지만, 적어도 이 승려는
기도의 삶을 저렇게 실천한다는 말일 게다. '부처님'이라는 말 대신에 '하
나님'이라는 말을 넣어도, 성도들에게 기도를 가르치는 글로서 거의 손색

이 없어 보인다.

우리는 그들과는 달리, 살아 계신 존재와 기도로 소통할 수 있는 놀라운 특권을 가지고 있다. 그런데 우리의 기도를 한번 점검해 봐야 한다. 비록 저들이 추구하는 신앙은 정면으로 거부해야 할지라도, 저들이 말하는 기도보다 나의 기도가 더 고상하다고 자신 있게 말할 수 있을까?

하나님께 기도한다고 해서 내 상황이 금방 변하는 것이 아님을 알고 있는가?

하나님께 기도할 때 남에게 보이기 위한 것이 아님을 인식하고 있는가?

기도는 평생 쉬지 않고 지속해야 하는 것임을 확신하고 있는가?

기도가 하나님과 나 자신만이 아는 신앙의 길임을 믿는가?

기도하면서 때로는 고독할 때도 있고,

어려운 순간을 넘어야 할 때도 있음을 알고 있는가?

그러나 기도의 은덕(유익)이 그분의 때가 되면,

반드시 베풀어진다는 사실을 믿음으로 확신하는가?

사역이 정말 행복한 밤 (2017년 3월 7일, 부산 부곡중앙교회)

요즘 들어 사역이 정말 재미있고 행복하다. 청년들이 매주 변화되는 모습을 목격하고 있다. 자기들끼리도 스스로 놀라워한다. "우리가 어느새 이런 모습으로 변한 거지"라고 말한다. 담당 교역자인 나는 이 말을 오늘도 듣고 있다.

숫자가 모든 걸 말해 주지는 않지만, 얄팍한 이벤트가 아닌 은혜의 방편(말씀과 기도)으로 사역하는 중에 나타나는 수적 증가는 어느 정도 의미가 있다. 참고로, 지금까지 했던 사역이라고는 주일 설교, 로마서 사경회(2주),

매주 독서/기도모임, 그리고 개별 상담밖에는 없었다. 더구나 내 기질상 이벤트를 할 줄 모른다. 4개월 전에 처음 부임했을 때 30명 정도였는데, 지난 주일에 거의 60명이 예배에 나온 걸 보면, 하나님이 조만간 우리 교회 청년들에게 거룩한 자존감을 회복시켜 주실 것 같다.

물론 대학 청년부 안에 여전히 문제가 있고 신앙적 아웃사이더도 존재한다. 그럴지라도 주님이 그런 문제에만 우리 눈이 매몰되지 않게 하셔서 감사드린다. 오히려 우리 청년들은 그런 연약한 지체들을 이제부터 챙기고 함께 신앙을 키워 가자는 거룩한 의식을 품고 있다.

올해 2017년은 종교 개혁 500주년이 되는 해이다. 교회가 새롭게 되는 복된 경험을 우리 청년들을 통해 조금씩 경험하고 있다. 참으로 하나님의 은혜에 감사드린다. 개혁자들이 추구한 교회 개혁을 향한 그 열정을 날마다 불태워야겠다고 다짐하는 행복한 밤이다.

한 자매의 놀라운 고백 (2017년 4월 7일, 부산 부곡중앙교회)

"목사님, 저 요즘 너무 좋아요! 지금 내가 누리는 이 복음의 자유를 다른 사람들도 똑같이 누렸으면 좋겠어요. 뭐라고 표현할 수 없는 은혜에 제가 사로잡힌 것 같은데, 이런 걸 처음 경험해 봐서 좀 당황스럽긴 하지만 …… 지금 정말 하나님께 집중하고 하나님을 사랑하고 있다는 확신이 들어요!"

한 자매와 상담 중에 흘러나온 대화 내용이다. 이 친구의 입에서 이런 고백이 나온 건 정말 '기적'에 가까웠다. 여자들은 흔히 감성이 발달되어 있다는데, 이 자매는 적어도 내가 보기에는 감성적일 때가 없었다. 거의 이성적 판단과 논리만이 이 자매의 반응 기제를 지배하고 있었다.

실례로, 기도회 시간에 양 옆에서 눈물을 흘리며 통곡하듯 기도하는데도, 이 자매는 그런 감성적 분위기에 전혀 아랑곳하지 않고 자기 정서를 반응시키지 않는 위대한 '철벽녀'이다. 대화를 해 봐도 화법 자체가 마치 수학 공식이나 법조문처럼 느껴진다. 그 화법이나 사고 구조에 언어적 요소만 있을 뿐, 비언어적 요소가 별로 느껴지지 않는 독특한 여성이다.

그런데 불과 얼마 전까지만 해도 그랬던 그녀가 저런 감성적인 고백을 하고 있으니, 자기가 보기에도 아주 당황스러웠던 모양이다. 최근에 뭔가 특별한 일이 이 자매에게 일어났음이 틀림없다. 나는 담당 교역자로서 그 특별한 일이 무엇인지 어렵지 않게 발견할 수 있었다. 하나님께서 이 자매에게 '거룩한 정서'를 경험하게 하신 것이다.

거룩한 정서는 죄인이 삼위 하나님의 임재에 사로잡힐 때 나타나는 복된 경험이다. 영광스러운 이 체험은 하나님의 사랑을 우리의 오감으로, 전 인격으로 하여금 생생하게 '느끼게 하는' 성령의 은혜이다. 특히 이성적 판단과 논리로 신앙을 추구하는 성도들에게 절실히 필요한 영적 체험이다. 하나님의 말씀과 교리를 이성과 논리로만 대하던 나에게도 2005년 초에 처음으로 그것을 맛보게 하셨다. 그 후로도 당신의 뜻에 따라 지금까지 자주 경험하게 하신다.

신앙의 지성적 측면에 치우쳤던 나를 깨우신 그 하나님께서 이번에도 또 다른 영혼을 일깨우셨다. 바른 신학을 추구하는 건 좋지만 그것이 지성에만 치우쳐, 거룩한 정서를 수반하는 경건이 결여되어 버리면 심각한 문제가 발생한다. 이 '경건'(piety)은 하나님을 향한 사랑과 경외심을 동시에 내포하기 때문에,[42] 하나님과의 관계성 속에서 그분의 말씀과 교리를 '주관적으로' 인식하게 만든다. 즉 하나님의 말씀, 특히 그리스도의 십자가와 부활 사건에 나의 정서가 반응된다는 뜻이다.

오늘 상담한 이 자매는 하나님이 부어 주시는 '거룩한 정서'에 사로잡혀, 그간 지성으로만 이해했던 말씀과 교리를 자신의 오감으로, 전인격적으로, 또 정서적인 차원에서 생생히 체험하고 있다. 물밀 듯 밀려오는 주님의 감미로운 사랑이 자매의 전인격을 압도하는 중이다. 그 어떤 이성과의 사랑도 아마 현재 경험하는 하나님의 사랑보다 더 강렬할 수 없음을 느꼈을 것이다.

하나님이 앞으로 이 자매를 어떻게 빚어 가실지 정말 기대가 된다. 날마다 단체 카톡방에 올리는 묵상 글이나 다른 청년들을 대하는 태도를 보면서 이전과는 확연히 다른 분위기를 느낄 수 있다. 무엇보다 자매의 표정에서 하나님의 영광을 목격한 듯한 정서가 묻어난다. 일평생 어여쁜 주의 여종으로 살아가기를 간절히 소망한다.

가슴으로 영혼을 낳는 교사 (2017년 6월 19일, 부산 사직동교회)

여름 성경 학교 교사 강습회에 참석하려고 사직동교회당에 갔다. 첫 번째 강의 시간에 '가정, 학교와 함께하는 교회 교육'을 주제로 현직 교사의 열강이 진행되었다. 강의 중에 자신이 교사로서 힘들 때마다 큰 통찰력을 얻은 영상이라며 참석자들에게 잠시 보여 주었다.

"맞아요. 그게 가슴 아프다구요! 내가 부모가 아니니까 애들을 끝까지 책임

---

42 John Calvin, *Institutes of the Christian Religion*, I.ii.1.

질 수 없잖아요."

PD가 던진 질문에 영상 속의 교사가 울면서 소리친 대답이다. 자기가 가르치던 아이들만 생각하면 가슴이 먹먹해진다는 현직 교사의 뼈아픈 고백이다. 아이들을 가슴에 품고 사랑으로 가르쳤더니, 학교를 졸업한 후 정신 나간 부모 밑에서 또다시 병폐적인 일상에 빠진다는 것이다. 추정컨대 역기능적 가정에서 자라는 제자들을 추억하며 던지는 말인 것 같았다.

영상 속의 교사는 놀라운 고백을 계속해서 쏟아 냈다. 아이들을 적당히 가르치며 남는 시간에 자기 계발에 몰두할 수도 있었지만, 교사로서 그런 삶을 의도적으로 거부하며 아이들을 가슴에 품고 가르친다고 했다. 남다른 교사 일을 감당하는 터라 때로는 힘들고 지쳐 후회될 때도 간혹 있지만, 이미 가슴으로 낳은 아이들을 생각하면 교사 직을 결코 포기할 수 없다고 했다.

이 교사의 눈물 어린 외침이 아직도 내 가슴을 먹먹하게 만든다. 자신이 부모가 아니어서 애들을 끝까지 책임질 수 없어 가슴이 아프다는 그의 고백이, 쉴 새 없이 일로 분주한 사역자들의 마음에 경종을 울리게 한다. 아이들의 부모가 부모답지 못하니까 그 역할을 대신하고 싶어 하는 현직 교사의 영혼 어린 열정이, 양 떼를 돌보는 나 같은 목사들을 부끄럽게 하는 것 같아 마음이 숙연해졌다.

'내가 부모가 아니니까 아이(또는 청년)를 맡은 기간 동안에만 최선을 다하면 된다'는 이 생각을 뛰어넘는 통찰력을 얻은 시간이었다. 나의 품을 떠난 상태여도 여전히 그 영혼을 생각하면 울컥하는 그런 사역자가 되고 싶다. 나에게 가슴으로 낳은 영혼이 누구였던가?

그리스도 안에서 일만 스승이 있으되 아버지는 많지 아니하니 그리스도 예수 안에서 내가 복음으로써 너희를 낳았음이라 _고전 4:15

왕을 높이는 영광스런 예배자들 (2017년 7월 2일, 몽골 델힝히즈가르)

청년들을 데리고 몽골 단기 선교를 진행했다. 주일 예배를 섬기려고 수도의 중심에서 멀리 떨어진 어느 교회로 갔다. 창고 같은 예배당에서 현지인들과 함께 예배했다. 예배가 시작되고 입례송을 부르기 시작했다.

예수 우리 왕이여 이곳에 오소서
보좌로 주여 임하사 찬양을 받아 주소서
주님을 찬양하오니 주님을 경배하오니
왕이신 예수여 오셔서 좌정하사 다스리소서

이 찬양곡이 몽골어로 들리는데도 왜 이리도 내 심금을 울리는지, 흘러내리는 눈물 때문에 마음을 주체할 수가 없었다. 안경을 벗고 아무도 모르게 눈물을 훔치느라 아주 혼이 났다.

눈물이 앞을 가린 이유는 단 하나. 영적 불모지 같은 그곳에서 20명 남짓한 성도들이 조그마한 예배당에 모여 예수님을 왕으로 예배하고 있었기 때문이다. 오늘은 우리 인원들과 도우미 스태프들까지 합쳐 40명 정도가 모여 주일 예배를 드렸다.

이곳은 영적 전쟁이 치열한 동네이다. 불과 수십 미터 떨어진 곳에 이단 교회가 아주 화려한 건물과 함께 들어서 있다. 마을 전체가 단층 게

르[43]로 이루어진 것에 비하면, 3층 현대 스타일로 치장한 이 건물은 사람들의 시선을 단번에 사로잡는다. 신앙이 없는 주민과 아이들은 돈이 많은 이 '교회'로 몰려간다고 한다. 엄청난 재력으로 농장도 매입하고 유치원까지 무료로 운영하던 교묘한 이단이다. 가난한 주민들의 환심을 사기에 최적의 조건을 갖추고 있다.

그럼에도 이 척박한 땅에 예수님을 '우리 왕'으로 높이는 예배자들이 존재한다는 사실 자체가 너무나도 감격스러웠다. 예수님 믿는다고 그들의 형편이 나아진 것도 없고 여전히 질병과 고통 속에서 허덕이는데도, 매주 모여 "예수 우리 왕이여"라고 예배한다는 사실이 젊은 목사의 영을 극도로 자극시켰다. 바로 근처의 화려한 이단 교회의 물질 공세에도 미혹되지 않는 그들의 신앙이 참으로 위대하게 보였다.

나는 이러한 감격에 사로잡혀 하나님의 말씀을 선포했다. '나의 믿음 없는 것을 도와주소서!'라는 제목으로 몽골인 통역사와 함께 혼신의 힘을 다해 말씀(막 9:14-29)을 수종 들었다. 귀신 들린 아들을 둔 아비의 상태가 이곳 주민들의 영적 상태일지도 모른다는 생각이 들었다. 영적 무지와 질병의 고통 속에서 인생을 포기한 영혼들이 예수님을 만나 소망을 가지길 바라는 마음으로 설교했다. 영적 분위기를 보아 하니, 청중 가운데도 그런 교인이 있는 듯했다.

예배를 마치고 중보 기도 시간을 가졌다. 지역 특성상 병자들이 많아서 치유 기도를 특별히 요청하였다. 그중 어떤 할머니의 사연이 참으로 딱했다. 열 살짜리 손녀가 뇌종양 진단을 받았는데, 더 이상 현대 의학으로 치료가 안 된다는 것이다. 일상 중에 쓰러지는 경우가 빈번하다고 했다.

---

43 이동식 천막집 같은 몽골의 전통 가옥이다.

더군다나 이 할머니는 설교 중에 은혜를 받았다고 했다. 예수님께 절규하듯 부르짖는 그 믿음을 가지고 그 어떠한 경우에도 삶의 소망을 포기하지 말아야겠다고 생각했다는 것이다. 그래서 주님이 원하시면 자기 손녀도 회복될 수 있다고 확신하게 되었다.

눈물을 흘리며 기도를 요청하는데 차마 거절할 수가 없었다. 주님이 은혜를 주셨으니, 그 결과를 당신이 책임지신다는 믿음을 가지고 기도하기로 마음먹었다. 그래서 나는 청년들과 함께 이분을 위해 간절히 기도하기 시작했다.

"치료자 되시는 하나님, 손녀의 병을 고치고자 하는 이분의 마음을 받아 주시고, 무엇보다 주님을 향한 갈망을 놓치지 않게 하소서. 귀신 들린 아들을 둔 아비의 믿음을 먼저 고쳐 주셨듯이, 이 할머니에게 더욱 온전한 믿음을 더하여 주소서. 주님이 원하신다면 손녀의 뇌종양 세포를 속히 소멸시켜 주옵소서!"

이처럼 말씀에 순수하게 반응하는 델힝히즈가르 성도들의 모습에 큰 도전을 받았다. 하지만 이들은 하나님의 섭리 때문에 일평생 처참한 모습으로 살아갈지도 모른다. 세상으로부터 너희가 믿는 신이 무능하다고 조롱당하는 채로 말이다.

그럼에도 불구하고 예수님을 '우리 왕'으로 높여야 하는 예배자로서의 위대한 사명이 그들에게 주어졌을지도 모른다. 천국에 잇대어 이 땅을 살아가는 고난의 순례자로서 말이다.

초신자가 체험 중인 복음의 능력 (2017년 7월 23일, 부산 금정구)

"원죄가 있는 인간은 예수님의 사랑으로 용서받기 전까지는 결코 자존감 넘치게 살아갈 수 없다고 믿게 되었습니다. 예수님을 만나기 전에는 저를 박하게 대하는 세상이 원망스러웠지만, 교회에 와서 예수님과 그분을 사랑하는 친구들을 만나니 세상에도 저를 좋아해 주는 사람이 있다는 사실에 감격스러웠습니다. 저도 목사님처럼 하나님께 쓰임 받고 싶습니다. 그러기 위해서는 예수님이 서른 살까지 목수로 일하셨던 것처럼, 성령님의 인도하심이 있기 전까지 저 스스로도 열심히 수련하겠습니다."

올해 4월에 등록했던 새가족 형제의 진심 어린 고백이다. 얼마 전까지 교회에 한 번도 가 본 적이 없는 초신자의 말이라고 누가 감히 상상하겠는가? 이제껏 이 청년은 부모의 권유로 성당에 열심히 출석하고 있었다. 그런데 친구 초청 주일에 지인을 따라서 한번 출석했다가 이후로 한 주도 빠지지 않고 열심히 나왔다.

이 친구를 처음 대면했을 때 조금 당혹스러웠다. 사람의 눈을 마주치지도 않고 고개를 숙인 채 뭔가 특이한 기운을 느끼게 했기 때문이다. 누가 봐도 한눈에 정서적으로 심히 불안해 보였다. 데려온 누나의 말로는 동생이 조현병(정신 분열증) 진단을 받아 약물 치료를 병행하며 전문 상담사가 집중적으로 상담하는 중이라고 했다. 억압적인 집안 분위기와 유약한 자기 기질이 맞물려 오랜 세월 지속된 결과로 나타난 것이다.

그런데 우리 교회에 와서 말씀을 들으며 놀라운 변화를 경험하고 있다. 이제는 누가 봐도 이 형제의 상태가 처음과는 완전히 달라져 있으며, 특히 가족들이 믿기 힘들 정도로 날마다 호전되고 있다. 그래서인지 이 친구의 어머니가 어느 날 불쑥 찾아와서, 자기 아들이 다른 청년들과 웃으며 대화하는 모습을 생전처음 봤다면서 눈물을 흘리며 감격하기도 했다.

이뿐만이 아니다. 이 친구의 심상치 않은 영적 행보는 계속되었다. 혼자서 강원도 태백에 있는 예수원(Jesus Abbey)에 다녀오는가 하면, 또 얼마 전에 자생적으로 생겨난 성경 읽기 모임에도 매주 참석하고 있고, 심지어 교육 부서의 여름 성경 학교 행사에 도우미로 자원하여 섬기는 중이다. 이전에는 집에서 하루 종일 게임만 하던 친구가, 이제는 도서관에서 하루 종일 성경책을 읽으며 십자가의 복음을 깊이 깨달아 가고 있다.

나는 청년 사역자로서 하나님의 일하심을 생생히 느낄 수 있었다. 리더십과 사교성이 부족한 나 같은 사역자에게 이런 일이 일어났던 것을 보면, 전적으로 하나님이 은혜를 부어 주신 결과라고 말할 수밖에 없다. 특별히 하나님이 나의 부족함을 채울 수 있는 청년들을 세우셔서 그들을 통해 일하고 계심을 분명히 느꼈다. 평소 말이 어눌한 나 같은 설교자의 설교를 듣고 회심의 반응을 보인다는 것 자체가 기적이었다.

우리 청년 공동체에 성화[44]의 실제 샘플이 계속해서 나타났다. 한때 어둠에 묶여 있던 이 친구는 청년들에게 가장 큰 '성화의 붐(boom)'을 일으켰다. 죄인의 실존에 변화를 일으키는 복음의 능력을 온몸으로 증거했다. 죄인 안에 '구원하는 믿음'을 일으켜 주시는 성령의 일하심을 앞으로도 기대하면서 거룩한 주일을 마무리했다.

---

[44] 예수님을 믿고 나서 실제 생활이 점점 거룩하게 되어 가는 과정을 가리킨다.

가족들과 함께한 첫 선교지 (2017년 9월 19일, 몽골 울란바토르)

두 달 전 청년들과 몽골에 단기 선교를 갔을 때 현지 신학교로부터 강의 요청을 받았다. 어떻게 할까 고민하다가 여름휴가를 가족들과 함께 몽골에서 보내기로 했다. 나는 신학교 강의를 하고 가족들은 따로 현지에서 휴가를 보내자는 계획이었다. 그런데 생각보다 쉽지 않았다. 하루 종일 신학교에서 강의하고 저녁에 숙소로 돌아오면 그때부터 가족들과 잠들 때까지 함께해야 했는데 체력이 이미 바닥나서 제대로 시간을 보낼 수 없었다. 더구나 이제 23개월 된 셋째 녀석이 한국에서 갈 때부터 열이 나기 시작했는데 오늘따라 고열에 시달리며 침대 위에 축 처져 누워 있다.

아직 강의 일정이 3일 더 남았기에 어떻게 해야 할지 정말 고민이 된다. 밤마다 고열로 힘들어하는 아들을 지켜보며 사역을 끝까지 마무리해야 할지, 아니면 아내랑 먼저 한국으로 떠나보낼지 그저 막막하기만 하다. 오늘 저녁에 선교사님과 함께 셋째를 데리고 현지 병원에 다녀왔지만 전혀 차도가 없다. 약을 먹이라고 알약을 주는데 아이가 너무 어려 못 삼키니까 갈아 달라고 했더니, 그건 부모가 알아서 갈아 먹여야 한다고 했다. 심지어 현지인들은 많은 경우에 주사도 직접 부모가 아이들에게 놓는다고 한다. 숙소에 들어와서 컵에 알약을 넣고 티스푼으로 으깨면서 갈아보는데 정말 쉽지가 않았다. 알약 덩어리가 이리저리 마구 튀었다. 아무튼 선교지에서 살아간다는 건 보통 일이 아닌 것 같다.

이러다가 가족들과 함께한 첫 선교지의 추억이 정말 안 좋게 끝날 것 같았다. 선교에 대한 마인드를 가족들에게 심어 주려고 1년에 한 번뿐인 여름휴가를 몽골로 정했는데 상황이 이렇게 될 줄이야. 아직 9월인데도 몽골에는 폭설이 내렸다. 가뜩이나 추위에 취약한 아내가 더더욱 힘들어했다. 결국 이틀 뒤 가까스로 비행기 표를 구해 하루 일찍 한국으로 귀국

시켰다. 신기하게도 부산에 도착하자마자 셋째의 고열이 떨어져 건강이
회복되었다.

아빠, 뭐 필요한 거 없어? (2017년 10월 18일, 부산 금정구)

수요 기도회 설교 때문에 급한 마음으로 화장실에서 양치질을 하고 있
었다. 그런데 둘째 녀석이 난데없이 화장실 문을 열더니 말을 걸었다.

"아빠, 뭐 필요한 거 없어?"

"없어."

문 닫고 간 줄 알았는데 또 문
을 열고는 한 번 더 말을 걸었다.

"아빠, 필요한 거 진짜 없어?"

그 순간 아들의 말이 평소와는 다르게 들렸다. 그래서 입에서 치약이
흘러내리는데도 나는 답변을 해 줬다.

"아빠가 필요한 건 우리 주한이야!"

하던 양치질을 계속하다가 갑자기 숙연해졌다. 둘째가 하는 말이 나의
기도 언어가 되어야겠다는 생각이 문득 들었다.

"하나님 아버지, 뭐 필요한 거 없으세요?"

"아이고, 이 녀석. 이제 신앙의 철이 조금 들었구나."

"하나님, 정말 필요한 거 없으세요?"

"난 율이 너만 있으면 돼!"

우리는 하나님께 나의 필요를 구하는 데만 익숙해져 있다. 물론 기도의 본질은 우리의 영적이고 육적인 필요를 하나님께 구하는 것이다. 하지만 때로는 하나님 아버지의 마음을 헤아리는 기도를 해야 한다. 우리가 하나님의 필요에 반응하는 기도가 바로 그것이다.

예수님께서 우리에게 기도를 가르쳐 주실 때(마 6:9-13), 하나님이 마치 당신의 필요를 우리의 기도로 채우시는 것처럼 말씀하셨다. 우리가 기도하지 않아도 하나님의 이름은 이미 거룩하며, 우리의 기도가 없더라도 당신의 능력으로 하나님 나라가 임하게 하실 수 있는데도, 우리에게 하나님의 이름과 나라와 뜻을 두고 기도하라고 가르쳐 주셨다.

이것은 우리의 어설픈 기도가 마치 하나님의 일을 가능하게 하는 동력인 것처럼 '여겨 주시려는' 아버지의 마음이다. 아버지의 전능하심을 우리의 어설픈 순종을 통해 나타내시려는 자상한 배려이다. 이제 우리의 기도 언어를 좀 바꿀 필요가 있다.

"하나님 아버지, 뭐 필요한 거 없으세요? 아버지의 이름과 나라와 뜻을 위한 나의 기도가 필요하지 않으세요?"

예수님과 보내고 싶어요 (2017년 10월 29일, 소망부 주일 예배)

우리 교회에는 하나님의 특별한 섭리를 몸으로 나타내는 친구들이 있다. 매주일 소망부 예배에 나오는 지적 장애 친구들로 대부분 20대 초중반의 청년 형제자매들이다. 몸집에 비해 사고 능력이 무척 언밸런스하지만, 예수님을 향한 믿음과 신앙 고백만큼은 비장애인 못지않다. 그래서 이들을 섬기는 교사들과 담당 교역자인 내가 오히려 신앙적인 도전을 받곤 한다.

오늘도 대표 기도를 하는 친구가 잔잔한 감동을 선사해 주었다. 감기 걸렸다고 매일 몇 번씩 전화하는 친구인데도 기도할 때만큼은 사뭇 진지한 목소리로 예배의 진중함을 느끼게 했다. 무엇보다 예수님을 닮아 가는 소망부가 되도록 기도하는 것이 참으로 인상적이었다.

그런데 잔잔한 감동은 여기서 그치지 않았다. 설교를 마치고 2부 순서가 되어 부장 선생님이 소망부 친구들에게 질문 하나를 던졌다.

> "벌써 10월의 마지막 주일이네요. 옛날 노래 중에 '10월의 마지막 밤'이라는 노래가 있어요. 나이 많은 선생님들은 아마 알고 있을 거예요. 그런데 우리 소망부 친구들은 10월의 마지막 밤을 누구랑 보내고 싶어요?"

질문이 끝나자마자 장난기 많은 친구들은 엉뚱한 대답을 내뱉기 시작했다. 그런데 어눌하고 수줍은 목소리로 내 앞자리에서 놀라운 대답이 흘러나왔다. 그 목소리의 주인공은 소망부 친구들 중에 최고령자로서 유일하게 50대 초반의 형제였다.

> "저는… 예수님과 보내고 싶어요…."

목소리가 어눌하고 수줍었지만 '존재의 울림'이 담겨 있는 신앙 고백처럼 들렸다. 미혼의 몸으로 혼자 지내고 있는데도 10월의 마지막 밤을 예수님과 함께 보내고 싶다는 이분의 대답이 뭔가 모를 감동을 선사해 주었다.

따로 사는 이분 누님의 증언에 따르면, 이전에 비해 자기 동생이 정말 많이 달라졌다고 한다. 사람들 사이에서 전혀 말도 하지 않고 고개만 푹 숙인 채 시간만 보내던 동생이, 어느 날부터 말도 이전보다 훨씬 자연스럽게 하고 심지어 사람들 앞에서 소신 있게 자기 마음을 표현한다는 것이다. 가장 가까운 가족이 그렇게 느낄 정도라면 확실한 변화가 틀림없다.

나는 설교자로서 복음의 능력을 절대적으로 믿는다. 비록 비장애인들처럼 똑똑하지 못해도 그들도 십자가의 복음을 생생히 체험할 수 있음을 목회자의 양심을 걸고 분명하게 외친다! 우리 눈에는 그렇게 안 보이는 것 같아도, 전능하신 하나님은 그 친구들을, 어쩌면 비장애인들보다 더욱 실제적으로 예수님의 형상을 닮아 가게 하실지도 모른다. 하나님의 특별한 섭리를 자기 몸으로 나타내야 하는 위대한 사명을 위해, 당신의 은혜가 갑절로 임하게 하실지도 모른다. 우리가 할 일은 더욱 그리스도의 마음을 품고 겸손히 그들을 섬기는 것이다.

악한 영들을 제압하는 기도의 능력 (2018년 3월 23일, 부산시 금정구)

"여보세요? 소망부 담당 목사님이시죠?"

"네, 맞습니다. 누구신지요?"

"저는 소망부 은정이 도우미 교사입니다. 지금 안 바쁘시면 은정이 집으로 와 주실 수 있는지요?"

"혹시 무슨 일이신가요?"

"은정이가 이전에 없던 증세를 갑자기 보여 걱정돼서 연락드렸습니다. 환청이 자꾸 들리고, 불안하다고 소리치기도 하고, 자기 집이 무섭다고 자꾸 소란을 피우네요. 참고로, 저도 교인입니다. 사실 은정이 엄마가 주일에 산신제(山神祭) 지내고 온 후로 그런 증상이 나타났다고 합니다."

그 순간 나는 악한 영들이 기승을 부리고 있음을 직감했다. 지적 장애 친구이기는 하나, 도우미가 말하는 그런 증상은 그때까지 한 번도 본 적이 없었다. 정황상 단순한 조현병이나 정신 질환으로 치부할 수가 없었다. 주일에 엉뚱한 데 가서 우상 숭배를 일삼는 엄마(비신자)의 미신적 열정이 딸아이의 영적 상태에 영향을 미친 것 같았다.

나는 즉시 하던 일을 멈추고 부랴부랴 준비를 해서 은정이 집으로 갔다. 소망부 교사로 섬겼던 교인 한 명을 대동(帶同)하였다. 집 안으로 들어가는 순간부터 분위기가 심상치 않았다. 군데군데 부적이 붙어 있고 달마도 그림이 보란 듯이 걸려 있었다.

은정이 부모님과 잠시 인사를 나눈 후 심방 물품으로 사간 음료수 한 박스를 건넸다. 엄마가 자기 딸 걱정을 엄청 하고 있었다. 내가 방문하기전에 딸을 데리고 교회로 달려오려고 했단다. 우상을 섬기면서도 자기 딸이 이상 증세를 보이니까 교회 목사를 찾는 아이러니한 그 마음은 도대체어떻게 설명해야 할지.

아무튼 나는 필사적으로 기도하기 시작했다. 함께 방문한 교인과 도우미 교사도 손을 얹고 같이 기도했다. 기도하는 중에 은정이가 약간 저항하는 듯했지만, 우리는 아랑곳하지 않고 주님의 은혜를 간절히 구하기 시작했다.

"사람의 영혼을 주관하시는 하나님, 은정이의 마음을 불안하게 만들고 괴롭게 하는 악한 영들을 제압하여 주옵소서! 주의 성령께서 이 가정을 사로잡으셔서 악한 영들을 물리쳐 주시고, 은정이 부모님에게도 십자가의 복음을 받을 수 있는 믿음을 허락하여 주옵소서! 주여, 간절히 소원하오니 이 시간에 은정이의 영혼을 붙잡아 주옵소서! 예수님의 십자가를 굳게 붙잡고 속히 마음의 평안을 찾을 수 있도록 은혜를 허락하여 주옵소서!"

한참을 기도하고 나서 우리는 눈을 떴다. 비록 비신자 부모이지만 은정이 엄마도 딸아이를 위해서 교인들의 기도 소리를 인내하며 두 눈을 지그시 감고 있었다. 눈을 떴는데 은정이의 얼굴에 화색이 돌기 시작했고, 은정이는 곧바로 한마디를 내뱉었다.

"목사님, 이제 괜찮아졌어요!"

그 순간 은정이 엄마도 안도의 한숨을 내쉬는 듯했다. 하지만 목사의 눈으로 볼 때는 무조건 안심할 수도 없었다. 혹시 모르니까 일단 딸아이를 푹 재우고 병원에도 데려가 보라고 했다. 사역 경험상 조현병과 귀신 들림은 중첩되어 있는 경우가 많았다. 그래서 '축귀 사역'을 할 때는 어느 한쪽이라고 무작정 단정하는 것은 지혜롭지 못하다.

나는 우리 목사들이 탄탄한 신학적 토대 위에서 은사 사역을 분별력 있게 할 수 있다고 확신한다. 신자가 경험하는 다양한 영적 현상들에 대해서도 지대한 관심을 가지고 신학적 분별력을 심어 주면서, 오히려 건전한 성령 체험을 장려해야 한다고 생각한다. 성령의 충만한 능력이 신자의 일상을 다스리도록 신학적으로, 교리적으로 잘 지도해야 할 책임이 우리에게 있다.

내가 아는 십자가의 복음은 처음 구원(청의)받을 때만 필요한 것이 아니라, 구원의 진행 과정(성화)에서도 신자의 실존에 절대적으로 영향을 미치는 하나님의 능력이다! 특히 성도의 일상에 기도의 능력으로 충만히 나타나야 한다. 우상 숭배자들처럼 기도하는 행위 자체에 특별한 의미를 부여하면 안 되고, 성도의 기도를 통해 일하시는 하나님의 능력을 믿어야 한다.

이제부터 은정이의 일상에 더욱 관심을 가져야겠다. 단순한 정신 질환인지 일시적 귀신 들림인지도 계속 분별해 가면서, 이 친구를 통해 한 가정에 십자가의 복음이 어떻게 심겨지는지를 살펴야겠다. "기도 외에 다른 것으로는 이런 종류가 나갈 수 없느니라"(막 9:29)는 주님의 말씀을, 액면 그대로 믿는 단순한 목사가 되겠다고 다짐하면서.

아들에게 한 수 배운 십자가 묵상 (2018년 3월 25일, 부산시 금정구)

고난 주간이 시작되는 종려 주일이다. 아침에 교회 가려고 부랴부랴 준비하는 중에, 갑자기 아들 녀석의 영적 상태가 궁금해졌다. 그래서 큰아들 (초3)에게 질문을 불쑥 던졌다.

"주성아, 고난 주간이 무슨 날인 줄 알아?"
"음, 예수님이 십자가에 죽으신 거 생각하는 날이잖아."
"와우! 역시 우리 주성이네. 그럼 예수님이 십자가에 왜 죽으셨지?"

그 순간 나는 당연히 "우리 죄 때문에 죽으셨다"는 말을 기대하고 있었다. 우리가 십자가 얘기만 나오면 자동 반사적으로 내뱉는 말이기도 하다.

그런데 아들의 대답이 전혀 예상 밖이었다.

"우리를 사랑하니까 십자가에 죽으셨잖아."

아들의 즉각적인 대답은 아비 목사의 마음을 번뜩이게 했다. 예수님께서 나의 죄 때문에 십자가에 죽으신 것이 맞지만, 그렇게 하신 이유부터 묵상하라는 주님의 음성처럼 들렸다. 어린아이라서 그런지 십자가 사건을 교리적인 차원보다는 관계적인 차원으로 이해하고 있었다. 어린 아들에게 믿음이 제대로 심긴 것 같아서 마음이 정말 흐뭇했다.

그런데 교회 가는 길에 주님이 복습시키는 차원에서 자꾸 질문하시는 것 같았다.

"율아, 내가 왜 십자가에 못 박혀 죽었지?"
"내 죄 때문에 죽으신 거잖아요."
"자동 반사적인, 교리적인 대답 말고 다르게 말해 볼래?"
"아, 주님이 저를 사랑하시니까 십자가에 죽으신 거네요."

15년 만의 응급실 재회 (2018년 7월 9일, 대구동산병원 응급실)

공교롭게도 15년 전 부친이 사망 판정을 받은 동일한 자리에 친모가 누워 있다. 굉장히 위독한 상태이다. 대학 병원 응급실은 언제나 전쟁터를 방불케 한다. 꺼져 가는 생명을 살리려는 숭고한 전쟁터이다. 원죄의 끔찍한 증상인 죽음을 극복하려고 의료인들의 처절한 몸부림이 24시간 지속되는 곳이다.

피를 부르는 가정 폭력으로 30년 전에 이별한 두 분이, 15년 간격을 두고 같은 자리에 누워 있다. 그걸 지켜봐야 하는 큰아들의 심정은 참으로 복잡 미묘했다. 15년 전 응급실 현장이 생생히 떠올랐다.

당신의 새 인생을 찾아 집을 나갔으면 정말 새로운 인생을 사셔야지, 그전이나 별다를 바 없이 고생의 연속 가운데 허덕이고 있다. 심장병을 안고 가출한 것도 모자라 평생 동안 혈액 투석을 하며 당신의 온몸을 망가뜨리다가 이제 숭고한 순간을 기다리고 있다. 동거하는 영감은 얼마 전까지 알코올 중독자로 살아온 사람이다. 나랑 대화할 때마다 언성을 높이며 심하게 싸운다.

엄마가 계단에서 넘어져 머리가 터지고 목뼈가 부러져 병원에 입원한 지도 벌써 두 달이 넘었다. 이제는 폐렴까지 심해져서 의식이 없이 산소 호흡기에 의존할 뿐이다. 병원에서는 나에게 선택을 하라고 한다.

'과연 무엇이 엄마를 위하는 길일까. 회생 가능성도 보증할 수 없는데, 한 달에 3,000만 원 이상의 중환자실 치료를 시도하는 것이 옳은 일일까?'

이제는 목사가 된 아들로서 엄마 안에 구원하는 믿음(saving faith)이 뿌리 내렸기를 소망할 뿐이다. 육신적인 죽음보다 영적인 죽음(하나님과의 단절)이 근본적으로 끔찍하기 때문이다. 아들로서 마지막 바람은 당신의 영혼이 주님 품에 안길 수 있기를 기도할 뿐이다.

어머니의 죽음을 애도하며 (2018년 7월 19일, 대구시 중구)

싸늘한 시신 앞에서 주님의 말씀이 내 마음을 울리고 있었다. 성경 구절을 통해 들려오는 강력한 내적인 음성이었다.

> 예수께서 이르시되 나는 부활이요 생명이니 나를 믿는 자는 죽어도 살겠고, 무릇 살아
> 서 나를 믿는 자는 영원히 죽지 아니하리니 이것을 네가 믿느냐 _요 11:25-26

사랑하는 어머니의 차가운 얼굴과 몸을 만지는 동안 더 크게 들려왔다. "나를 믿는 자는 죽어도 살겠고!" 입관이 진행되는 내내 이 말씀이 내 마음을 요동치게 만들었다. "나를 믿는 자는 죽어도 살겠고!" 부활을 대하는 내 믿음을 마치 테스트라도 하듯이, 계속해서 내 영혼의 폐부를 찌르고 있었다. "나를 믿는 자는 죽어도 살겠고!"

그런데 내 마음 한 구석에서는 순간순간 마르다의 반응이 올라오고 있었다.

> 주여, 죽은 지가 나흘이 되었으매 벌써 냄새가 나나이다 _요 11:39

과연 이 싸늘한 시체가 다시 살아날 수 있을까 하는 생각이 나도 모르게 순간 올라왔다. 참으로 이상했다. 이제껏 성도의 죽음을 수없이 봐 왔고, 특히 15년 전부터 아버지, 할머니, 할아버지의 입관을 지켜봤음에도 부활을 향한 내 믿음이 또다시 도전 받고 있었다.

강한 확신으로 주님의 십자가와 부활을 이제껏 선포했건만, 일평생 인생의 질고와 병마의 고통으로 시달리다 소천하신 엄마의 시신 앞에서는 한없이 무너졌다. 물론 부활에 대한 불신이라기보다는 사랑하는 가

족을 여읜 슬픔이 육신의 부활을 대망하는 내 마음을 잠시 요동치게 만든 것이다.

여하튼 나는 평소 외치고 다니는 부활의 복음을 좀 더 실제적으로 묵상하게 되었다.

그들이 기다리는 바 하나님께 향한 소망을 나도 가졌으니 곧 의인과 악인의 부활이 있으리라 함이니이다 _행 24:15

또 매주 공예배 때 암송하는 사도신경의 마지막 부분을 다시 한 번 되새기게 되었다.

몸의 부활과 영생을 믿습니다. 아멘.

우리가 세상을 향해 외치는 십자가의 복음은 그야말로 미련한 것이다. 세상의 이치와 논리로는 도저히 납득이 되지 않는다. 그들이 보기에 우리는 미친 사람들이다. 한번 생각해 보라! 얼음장같이 차가운 시체가 영광스러운 몸으로 다시 살아난다고 말하는 것이 우리의 복음이다. 화장(火葬)을 해서 땅 속에 묻고 그 위에 비석을 세워 놓아도, 우리 눈에 거의 사라진 그 흔적이 주님의 재림 때 단번에 새 생명으로 살아난다고 말하는 것이 우리의 복음이다! 그것도 가장 영광스러운 부활의 몸으로, 더 이상 썩지 않는 아름다운 육체로 되살아난다고 말이다.

그래서 나의 신학함을 다시 점검하게 되었다. 나의 설교와 강의를 다시 한 번 돌아보게 되었다. 과연 날카로운 지성과 함께 죽은 자를 살리는 부활의 생명이 제대로 전해지고 있는지 진지하게 되짚어 보았다. 사도 바울이 당대 최고의 지성인에 속한 자로서 부활을 외쳤던 그 마음이 나에게도 있는지 되돌아보았다.

　부활을 일으키는 하나님의 능력은 어머니의 인생에 그대로 재현되었다. 절대로 예수님을 안 믿을 것 같은 당신이 소천하신 후에 온 교회 성도들을 불러 모아 당신의 아들을 위로하며 보란 듯이 그 능력을 입증하고 있었다. 정말이지 나는 어머니가 겨우 세례를 받은 형식적인 교인인 줄 알았다. 하지만 그것은 철없는 아들 목사의 착각이었다. 생전에 출석하던 교회에서 정성을 다해 한 영혼을 낙원으로 보내는 모습을 통해 어머니의 구원을 확신할 수 있었다.

> 골 때리는 집안에 속고 시집 와서 온갖 수모를 당하다가 30년 전에 두 아들을 두고 떠나간 당신……. 새 인생을 찾아 집을 떠났지만 더 심한 인생의 질고와 병마로 평생 괴로워했던 당신……. 이제는 주님의 품에서 고이 안식을 누리소서. 소자도 이 땅에서 사명을 다 마치고 당신 뒤를 따라가리이다. 그리고 더 이상 아픔도 고통도 없는 영광스러운 부활의 몸으로 다시 만납시다. 아들에게 상처를 줬지만 그래도 어머니를 사랑한다는 이 말 한 마디를 귀에 못 들려준 것이 눈물겹도록 후회스럽소이다. 불효자를 부디 용서하소서.

예수님 때문에 울었어요! (2018년 8월 14일, 부산 부곡중앙교회)

　소망부 수련회 저녁 집회를 시작했다. 혼신의 힘을 다해 메시지를 증거하고 기도회 시간을 가졌다. 한참 기도를 인도하는데 맨 앞쪽의 몇몇 친구들이 흐느껴 울기 시작했다. 성령께서 이들의 마음을 만지고 계신다는 확신이 들었다.

그중 한 녀석에게 왜 우는지 물어봤다. 단지 분위기에 휩싸여 우는 건지, 정말 울어야 할 이유를 아는 건지 궁금했기 때문이다. 지적 장애 친구들의 특성에 맞춰, 기도회 시간인데도 약간 자유분방하게 진행했다.

"예수님 때문에 울었어요!"

이 친구의 대답은 참으로 놀라웠다. 평소에 쓸데없는 농담으로 설교 분위기를 흐리던 녀석이었는데, 주의 은혜로 '감성남 기질'이 발동되어 아름다운 신앙 고백을 내뱉는 것이 아닌가! 물론 기도회 중에 감성적인 은혜를 한번 체험했다고 해서 소망부 친구들이 단번에 바뀔 거라고 생각하지는 않는다.

그럼에도 기도 중에 임하는 성령의 은혜를 자주 체험할수록, 이들에게도 성화의 과정이 더 크게 진행됨을 알 수 있다. 무엇보다 거룩에 대한 감각이 이전보다 강화되고, 십자가의 복음과 천국을 향한 갈망이 훨씬 더 커지게 된다. 지적 장애인들에게 내재된 특유한 영적 감각이 작동되는 것 같다.

나는 소망부 저녁 집회를 할 때마다 나의 능력을 철저히 내려놓는 연습을 한다. 평소 지성에 무게를 두는 나의 설교 능력은 거의 무용지물이 된다. '지적 장애'라는 이 친구들의 특성상 지성에 호소하기란 거의 불가능하기 때문이다. 오히려 이 친구들에게는 비언어적인 요소가 은혜의 방편으로 크게 작용한다. 즉, 복음에 대한 설교자의 감격과 기쁨에 찬 표정 등 그 자체가 설교라고 해도 과언이 아니다.

그래서인지 어느 때보다 성령의 능력을 간절히 사모한다. 위로부터 임하는 능력이 주어져야 이 친구들의 심령에 복음이 심기게 할 수 있다. 무엇보다 복음에 대한 감격을 회복하여 천국의 기쁨에 찬 표정으로 메시지를 전하게 해 달라고 사력을 다해 간구한다.

비장애인 저녁 집회 때도 마찬가지이지만, 이들(소망부)에게도 메시지만큼이나 기도회 시간이 중요하다. 왜냐하면 기도 중에 역사하시는 성령의 능력을 통해 복음의 내용이 이들의 실존에 이식되어야 하기 때문이다. 그래서 지성을 초월하는 '기도의 영'[45]이 반드시 부어져야 한다.

이번 수련회 주제가 '십자가를 자랑하는 소망부'인데, 담당 교역자로서 나는 이 친구들이 정말로 주님의 십자가를 자랑하며 살아가길 바란다. 그리고 더 나아가 자기 몸에 지닌 '십자가'마저 자랑할 수 있기를 간절히 기도한다. 몸에 지닌 그 '십자가'를 '예수의 흔적'(갈 6:17)으로 인식할 수 있도록 성령의 은혜를 간절히 구한다.

중독의 집요함 (2018년 11월 21일, 부산 부곡중앙교회)

오랜만에 알코올 중독자가 또 찾아왔다. 교회 쉼터에서 어떤 권사님과 대화 중이었다. 평소에 권사님을 엄마(?)처럼 집요하게 귀찮게 했다. 한동안 뜸하다가 집착 증세가 또 발동한 것 같았다.

오전부터 술 냄새를 풍기는 건 여전했다. 24시간 알코올에 절어 있는 상태로 주(酒)님을 자기 중심에 모시고 살았다. 문자 그대로 밥보다 술을 더 사랑했다. 내가 식사하셨냐고 물어보면, 술에 취하려면 빈속을 유지해야 한다고 맞받아쳤다. 20대 초반에 나도 같은 생각으로 한동안 술에 찌들어 산 적이 있어 그 대답이 새삼스럽지는 않았다.

반강제로 데리고 나와서 국밥집으로 무작정 향했다. 며칠 동안 굶

---

45 '기도하게 하시는 성령'을 가리키는 표현이다.

은 게 뻔하기 때문에 일단 먹이고 봐야 한다는 생각에서였다. 이전에도 나랑 같이 국밥을 먹었기 때문에 별다른 저항은 없었다. 그런데 사건은 국밥집 안에서 일어나고 말았다.

"목사님, 소주 한 병만 시킵시다."

"무슨 소리합니까?"

"에이, 목사님, 딱 한 병만 시킬게. 오늘 한 번만 봐 주셔."

"술 시키면 국밥 취소하고 그냥 나갑니다."

"참나, 그렇게 하든지."

"국밥 취소하고 그냥 갑시다!"

내 안에 숨겨진 옛 본성이 튀어나오고 말았다. 중독자를 내버려 둔 채 뒤도 안 돌아보고 나와 버렸다. 나는 알코올 중독자와 절대 타협하지 않는

다. 나도 20여년 전에 비슷한 경험이 있기 때문이다. 물론 중독까지는 아니었지만 나도 한동안 주(酒)님을 내 중심에 모시고 살았다. 그래서 그들의 심리 상태를 잘 알고 있다.

되돌아가다가 다시 국밥집으로 발걸음을 돌렸다. 주문해 놓고 취소한 국밥이 계속 생각났다. 나 혼자 국밥을 먹으면서 알코올 중독의 집요함을 곰곰이 묵상해 보았다.

> 술을 마시지 않고는 도저히 견딜 수 없는 상태……. 절대적으로 술에 의지하는 일상……. 매 끼니에 밥보다 술을 먹어야 편안해지는 상태……. 망가지는 몸을 약으로 회복시켜 또다시 술을 마셔야 하는 악순환……. 사람을 만나는 목적이 오로지 술을 마시기 위함이라는 것……. 마침내 술이 사람을 지배하지만 오히려 그것 때문에 안정감을 누리는 상태…….

그런데 우리 신자들은 무엇에 중독되어 살아가고 있을까? 일상 용어로서 '중독'(addiction)이란, 어떤 자극에 지속적으로 노출되지 않으면 견딜 수 없는 상태이다. 그렇다면 모든 사람에게 중독 증세가 있다. 긍정적인 의미에서 우리는 주(主)의 은혜에 중독된 상태로 살아가는 존재이다. 은혜에 지속적으로 노출되지 않으면 견딜 수 없어야 한다. 그런데도 거룩한 중독을 갈망하지 않고 마치 제정신으로 살아갈 수 있는 것처럼 착각하는 경우가 얼마나 많은지.

> 은혜의 방편인 말씀과 기도에 힘쓰지 않고는 도저히 견딜 수 없는 상태……. 절대적으로 주(主)의 은혜에 의지하는 일상……. 일정한 음식보다 그 입의 말씀을 귀히 여겨야 편안해지는 마음……. 쇠약해지는 육체를 회복시켜 또다시 은혜를

갈망해야 하는 선순환…… 사람을 만나는 목적이 오로지 십자가의 복음을 말하기 위함이라는 것…… 마침내 은혜가 나를 지배하는데, 정말이지 그것 때문에 절대 안정감을 누리는 상태…….

날마다 거룩한 중독을 갈망하는 목사가 되고 싶다. 적당히 갈망하는 게 아니라 집요하게 그분의 은혜를 갈망하고 싶다. 그리고 오늘 찾아온 그 중독자뿐만 아니라 모든 중독자들이 하루 속히 돌이켜, 우리와 같이 거룩한 중독에 빠져 살아가길 기도한다. 마침내 이 땅의 모든 성도들이 주(主)의 은혜에 지속적으로 노출되지 않으면 견딜 수 없는 상태가 되기를 소망한다.

집회 기간에 일어난 치유 (2019년 1월 11일, 천안 고려신학대학원)

천안에서 중고생 저녁 집회를 섬기고 있다. 집회 마지막 날이 되었다. 점심 먹으러 가기 전에 잠시 섭외실에 들렀다. 그런데 자매 간사님들이 어떤 여학생을 바닥에 눕혀 놓고 온몸을 주무르고 있었다. 심각한 상황임을 직감적으로 느꼈다. 심히 걱정돼서 무슨 일이냐고 물어봤다.

"조금 전에 주집회장에서 쓰러졌는데 둘러업고 왔어요. 평소에 몸이 안 좋은 아이라고 하네요. 지금 호흡은 있는데 의식도 없고 온몸이 굳어 있어요. 119 구급차가 이제 곧 도착할 겁니다."

목사의 본능이 발동되어 다 같이 기도하자고 했다. 발목을 잡아 보니 온몸이 차갑고 뻣뻣하게 굳어 있음을 느낄 수 있었다. 심히 절박한 심정으로 소리를 내서 기도하기 시작했다.

"생명을 주관하시는 하나님, 사랑하는 귀한 딸이 여기에 누워 있습니다. 성령으로 안수하셔서 딸아이의 건강을 회복시켜 주옵소서! 치유의 광선을 발하여 주옵소서! 몸이 얼른 회복되어 다른 친구들과 함께 전심으로 말씀을 듣고 남은 일정에 잘 참여하도록 도와주소서! 성령의 도우심을 힘입어 예수님의 이름으로 기도합니다. 아멘!"

그러고 나서 점심 식사를 하러 식당으로 내려갔다. 식사하는 중에도 걱정되긴 했지만, 구급차가 도착했음을 확인하고 안심이 되었다. 식사를 마치고 다시 섭외실로 갔는데 놀라운 일이 벌어졌다. 자매 간사님들이 나를 보고 소리치며 반겼다.

"목사님, 아까 그 친구가 갑자기 일어나더니 그냥 괜찮다고 하면서 갔어요! 우리가 그래도 걱정돼서 구급차 타고 병원에 가 보자고 그렇게 말했는데도, 정말 괜찮아졌다고 자꾸 말해서 할 수 없이 그냥 보냈습니다. 기도해 주셔서 감사합니다."

그 순간 두려운 마음이 올라왔다. 정황상 내가 기도한 후에 갑자기 괜찮아져서 마치 내 기도에 무슨 능력이 있는 것처럼 보였기 때문이다. 평소에 목사로서 환우들을 위해 종종 기도해 준다. 그 경우 즉각적인 회복이 일어날 때도 있지만, 그렇지 않을 때도 정말 많다. 치유의 능력은 철저하게 하나님의 주권에 속하기 때문에, 절대로 치유 사역자들이 마음대로 그 능력을 통제할 수 없다.

따라서 믿음이 연약한 나로서는 그냥 약속의 말씀(약 5:15)을 액면 그대로 붙들고 기도만 할 뿐이다. '내가' 기도하기 때문에 병이 나을 거라는 생각은 아예 하지 않는다! 다만 나의 기도를 방편으로 삼아 하나님의 주권에 따라 낮게 하실 자를 낮게 해 주시라는 마음뿐이다. 그 여학생을 회복시키신 하나님께 모든 영광을 돌려 드릴 뿐이다.

거절당하는 영광 (2019년 3월 23일, 부곡중앙교회 대학청년부)

청년들과 함께 상반기 전도 모임을 가졌다. 출발 전에 말씀을 나누고 기도를 하며 영적 전의를 다졌다. "하나님께서 전도의 미련한 것으로 믿는 자들을 구원하시기를 기뻐하셨도다"(고전 1:21)는 말씀이 우리를 사로잡아 달라고 간구했다.

어떤 사람은 이렇게 말한다. 구원받기로 예정된 자들을 하나님이 결국 구원하실 건데 구태여 전도를 왜 하냐고 말이다. 사실 3년 전까지 우리 청년들이 그랬다. 하지만 그런 발상 자체가 하나님의 절대 주권이 실현되는 방식을 전혀 모른다는 뜻이고, 교리에 대해 얼마나 무지한지를 단적으로 드러내는 것이다.

하나님이 예정하신 자들을 구원으로 이르게 하는 방편이 바로 우리의 전도이다! 누가 봐도 미련해 보이는 전도를 통해 하나님이 그들을 구원하기를 기뻐하신다는 사도의 말씀을 기억해야 한다. 사실 하나님의 예정이 우리의 어설픈 열정과 순종을 통해 실현된다는 자체가 우리에게는 큰 특권이자 영광이다.

그런데 전도가 영광스러운 특권이라는 사실은 우리가 잘 인지하지 못하고 있다. 나의 전도가 거절당한다는 사실에만 집중한 나머지, 나의 전도 행위 자체가 얼마나 하나님의 마음을 기쁘시게 하는지를 인식하지 못한다. 이것 또한 내 중심적인 사고이다. 나의 정서와 기분을 최우선적으로 고려하는 것이기 때문이다.

하지만 우리는 '거절당하는 영광'을 누릴 수 있어야 한다. 십자가의 복음에 관심조차 없는 그들에게 오히려 긍휼의 마음을 품고 계속해서 온유한 태도로 접근해야 한다. 거절당할 때마다 그들이 나를 거절하는 것이 아니라, 그들에게 문을 두드리시는 주님을 거절하고 있다는 사실을 떠올려야 한다.

오늘 나는 청년들의 표정이 더욱 가벼워지고 있음을 지켜봤다. 처음에는 전도 모임 자체를 힘들어하더니, 시간이 지나면서 꽤 능숙하게 행인들에게 다가가서 말을 붙이기도 했다. 어떤 청년은 스님에게도 전도 물품을 나눠 주며 메시지를 전하기도 했다. 하늘에서 '아버지'가 우리 청년들의 모습을 지켜보며 얼마나 뿌듯해하실지 곰곰이 상상해 봤다.

세례받는 자는 '고백자' (2019년 4월 7일, 부산 부곡중앙교회)

오전 예배 때 세례식이 있었다. 모두가 그렇겠지만 세례식 때마다 나는 온몸에 전율이 밀려온다. 정말 문자 그대로 물리적인 전율이다. 한 영혼이 회심하여 온 교회 앞에서 성부와 성자와 성령의 이름으로 세례를 받는 순간이 참으로 감격스럽다!

오늘 세례받은 교인 중에 특별히 내 마음을 울리는 청년이 있다. 그 청년은 2년 전 친구 초청 주일에 청년 예배에 참석했다가 극적인 회심과 급격한 성화를 온몸으로 보여 주었다. 이전에는 8년 동안 사탄 숭배 음악과 사상에 빠져 귀신 들림과 조현병 증세로 심히 괴로워 했었다. 그런데 주께서 은혜를 베푸셔서 귀신 들림은 단번에 소멸되었고, 아직 임상적인 조현병 증상이 남아 있긴 했지만 거의 극복해 가고 있다.

이런 상태에 있던 한 영혼이 온 교회 앞에서 세례를 받는데 어찌 담당 교역자가 아무렇지 않을 수 있겠는가. "내가 복음으로써 너희를 낳았음이라"(고전 4:15)는 바울의 고백이 어느덧 나의 심령을 사로잡고 있었다. 이 친구가 예수님을 영접하는 순간부터 세례받는 날까지 전 과정을 지켜보며, 한 영혼을 실제적으로 변화시키는 복음의 능력을 맛볼 수 있었다.

이 친구는 이제 장애인 부서 교사로 섬기고 있다. 더욱이 부친을 제외한 모든 가족(모친, 누나)이 주일마다 교회에 함께 출석하고 있다. 온 가족의 첫 번째 기도 제목이 아버지도 예수님을 영접하고 교회에 나오도록 주께서 은혜를 베풀어 주시는 것이다. 오후 청년 예배 시간에 발표한 그의 소감이 아직도 귓전을 울린다.

> "오늘 세례를 받을 때 저는 모든 것을 주님께 드리기로 결심했습니다. 이 결심
> 과 저의 고백이 죽는 날까지 변하지 않도록 노력하겠습니다."

최근에 들어 본 신앙 고백 중에 가장 감동적인 고백이다. 정말 그렇다! 세례받는 자는 '고백자'이다. 이전의 삶을 청산하고 이제부터 주님을 위해 살겠노라고, 또 주님께 모든 것을 드리겠노라고 외치는 신앙 고백자이다.

의료인들과 나눈 십자가 사랑 (2019년 5월 7일, 부산 세계로병원)

세계로병원 부흥 사경회를 섬기는 중이다. 오늘 저녁에는 직원들에게 '하늘에 계신 우리 아버지'의 마음을 나누었다. 주기도문 강해이긴 하지만 단순한 설명으로 그치지 않고, 죄인을 향한 하나님 아버지의 마음을 생생하게 전하려고 애썼다. 그래서 주기도문 부흥 사경회이다.

초월자이신 하나님이 우리에게 친근한 아버지가 '되시려고' 당신의 독생자를 이 땅에 보내셨다. 죄와 허물로 죽은 우리를 살려 내는 유일한 방법이 당신의 아들을 십자가에 못 박는 것이었다. 당신께서 자기 아들을 친

히 화목 제물로 세우시고(롬 3:25), 우리를 기어코 당신의 자녀로 삼으시는 그 놀라운 사랑! 죄인의 강퍅한 심령에 생기를 불어넣어 당신을 정말로 사랑하도록 이끄는 십자가의 그 사랑!

말씀을 증거하는 나도 울고 말씀을 듣는 청중도 울고 있었다. 하나님 아버지의 마음이 성령을 통해 청중 가운데 생생하게 부어지고 있었다. 아마 기도 동역자들의 중보 기도 덕분일 것이다. 저녁 집회를 인도하다가 눈물과 콧물이 흘러내려 잠시 멈추고 휴지로 코를 푼 적은 생전처음이었다.

아직 이틀의 아침 경건회가 남아 있다. 일상 중에 우리가 어떤 마음가짐으로 기도해야 하는지 남은 시간 동안 세계로병원 직원들과 나누겠다고 마음먹었다. 젊은 목사가 인도하는 부흥 사경회에 이렇게 반응할 정도이면, 이분들은 필시 의료 선교를 위해 준비된 자들이다. 돈 버는 병원이라기보다 자비량 의료 선교회에 가까운 이 공동체에 하나님의 은혜가 더욱 부어지기를 간절히 기도한다.

선교 지원 연구소를 꿈꾸며 (2019년 6월 26일, 사택에서 기도하다가)

한국 교회와 선교지를 품는 사역을 해 보고 싶어졌다. 구체적인 그림은 없지만 왠지 모르게 그렇게 할 거라는 확신이 들었다. 나의 고유 사역은 없고 교회와 선교지 사역을 지원하는 허브(hub) 같은 역할이다. 노련미를 요하는 사역 특성상 아마도 먼 훗날의 일이 될 것 같다.

우선은 요즘 솟구쳐 오르는 선교 마인드를 키워야겠다. 2017년 몽골 단기 선교가 계기가 되어 선교지 신학교에 관심이 커졌는데, 앞으로도 선교지 신학교 강의 지원에 힘쓰고 싶다. 이번 여름에는 필리핀 보홀신학교의 강의 요청이 있다.

나는 현장과 관련된 학문적 연구도 하지만, 무엇보다 하나님을 경외하는 마음을 최고의 가치로 두는 선교 지원 연구소를 꿈꾼다. 그래서 '경건'이라는 라틴어 명사 피에타스(pietas)를 연구소 이름으로 삼고 싶다. 연구소의 성격치고 뭔가 애매한 느낌이지만 한번 시도해 보고 싶다.

처음에는 재정 후원을 좀 받겠지만 점점 자비량으로 확대할 계획이다. 5인 가족의 가장으로서 정말 무모한 짓이지만 주께서 채워 주심을 믿고 도전하려고 한다. 어느 교회나 기관에 소속되어 부담을 주지 않으려면 이 방법이 최선인 것 같다. 또한 나의 은사대로 소신껏 사역하기 위해서라도 그게 나은 것 같다.

향후 언제가 될지 모르지만 계속해서 선교 지원 사역에 대한 확신이 생긴다. 일시적이고 충동적인 생각인지 아니면 주께서 주시는 확신인지 계속 분별해야겠다.

가족들과 또다시 선교지로 (2019년 8월 26일, 필리핀 보홀)

2년 전에 가족들과 몽골에서 정말 힘든 시간을 보냈다. 그 후로 선교지 얘기는 꺼내지도 말라는 아내의 눈치를 보다가 이번에는 필리핀에 가자고 겨우 설득했다. 나는 가서 신학교 강의 사역을 하고 가족들은 휴가를 보내는 계획을 세웠다. 필리핀은 나도 처음이라 조금 긴장됐지만 다행히 영어권이어서 몽골보다는 부담이 적었다.

화요일에 출발해서 8박 9일 일정이었는데 월요일이 가장 인상적이었다. 생전 처음으로 한국어보다 영어를 더 많이 사용한 날이었다. 하루 종일 영어로 강의하고, 또 저녁에는 영어로 집회를 인도했다. 영어권 거주자들이 대화할 때 혀가 꼬인다는 말이 무엇인지 드디어 실감하게 되었다. 한국어로 대화할 때 나도 모르게 내 혀가 영어 발음 모드로 전환되어 있었다.

이른 저녁을 먹고 아이들은 숙소에 남겨 둔 채 선교사님 부부와 시내에 위치한 집회 장소로 향했다. 월요일마다 보홀 SFC 큰모임으로 모이는 현장이었다. 나도 SFC 간사 출신이어서 그런지 굉장히 설레기 시작했다.

집회 장소에 들어가는 순간부터 정말 신선한 충격 그 자체였다. 오늘은 필리핀 공휴일인데도 수많은 20대 청년들이 한자리에 모여 열정을 다해 찬양하며 기도하고 있었다. 한국의 SFC 큰모임과는 사뭇 다른 분위기였다. 찬양과 기도의 열기가 무슨 수련회 분위기처럼 느껴졌다.

성령의 도우심을 간절히 바라면서 비장의 각오로 메시지를 전하기 시작했다. 내가 영어로 설교하면 한 자매가 현지 언어(비사이어)로 한 문장씩 통역했다. 설교하는 나보다 통역하는 자매의 열정이 더욱 뜨겁게 느껴졌다. 성령께서 오늘 저녁에도 일하고 계심을 분명히 느낄 수 있었다.

가톨릭 신자들과 새가족들도 온다는 말을 듣고 회심을 주제로 메시지를 전했다(눅 23:39-43). 주님과 함께 십자가에 달린 한편 강도가 회심한 것처럼, 오늘 저녁에 우리도 진정으로 회심하여 하나님께 돌아가야 한다고 열변을 토했다. 세상의 모든 자들은 회심자에 속하든지, 비회심자에 속하든지 둘 중의 하나라고 역설했다. 아무리 큰 죄를 저지르고 자기 욕심대로 사는 죄인이라도, 진심으로 돌이켜 십자가 앞으로 나아오면 여전히 소망이 있음을 알려 주었다.

놀랍게도 메시지에 대한 반응이 찬양의 열기만큼이나 뜨거웠다. 한국에서 집회를 인도할 때에도 이 정도의 반응은 거의 기대하기 힘들다. 십자가에 못 박힌 그리스도를 말하는 순간, 박수를 치며 큰 소리로 '아멘'을 외치는가 하면, 종종 계속되는 박수 소리 때문에 메시지를 연이어 전하기 힘들 때도 있었다. 성령께서 전적으로 일하셨다고 확신했다.

오늘이 여름 휴가 기간 중에 최고로 보람을 느낀 날이 될 것 같다. 다시 힘을 얻고 안식을 누리는 것이 휴가라면, 오늘이야말로 나에게는 진정한 영적 휴가이다. 육신은 다소 피곤했지만 나의 영은 최고의 각성 상태로 깨어 있다. 성령의 임재에 사로잡혀 새 힘을 얻고 말할 수 없는 영적 안식을 누리고 있다. 마치 낙원에 들어와 있는 듯한 기분이 든다. 에드워즈가 말한 '거룩한 정서'를 너무나 생생하게 체험한 복된 하루였다.

부르심을 다시 생각하다! (2019년 9월 9일, 부산시 금정구)

선교지를 다녀와서 그런지 한 주간 진탕 아프고 나서야 좀 정신이 들었다. 누구나 그렇겠지만 몸이 안 좋으면 온갖 부정적인 생각에 사로잡혀 자신의 밑바닥을 보는 것 같다. 나 역시 예외가 아니다. 나의 무능함과 연약함을 또다시 절감하게 되었다.

아직 젊은 나이였기에 한 교회의 담임을 맡으려는 생각을 당분간 내려놓기로 했다. 아직 젊기 때문에 열정을 다하여 해 볼 수 있는 사역에 헌신하고 싶다. 지금 내게 주어진 은사를 최대한 활용하여 하나님 나라와 교회를 섬길 수 있는 그곳으로 발걸음을 옮기고 싶다.

선교지마다 강의 요청이 들어오는 중이다. 3년 전 몽골의 어느 신학교를 시작으로 이제는 필리핀 보홀까지 다녀왔다. 그 사이에 여러 선교지에 소문이 났는지 아프리카 쪽에서도 강의 요청이 들어왔다. 물론 그렇게 먼 지역까지 갈 수 있을지는 미지수이다.

'말이 어눌해서 여전히 사람들과 대화하기를 두려워하는데도 주께서 계속 나를 세우시는 이유가 어디에 있을까? 할 수만 있으면 요나처럼 도망치고 싶은 심정인데도 그와는 정반대로 자꾸 인도하시는 까닭이 무엇일까? 국내도 모자라서 어느덧 각국의 선교지로 몰아내시는 그분의 섭리가 과연 무엇일까?'

나의 심장을 가장 뛰게 하는 그 일에 헌신하고 싶다! 사랑하는 아내와 한마음으로 바라보는 거기에 열정을 쏟고 싶다. 편안해지는 상황을 의도적으로 거부하고 끊임없이 내 자신을 채찍질하는 곳으로 발걸음을 옮기고 싶다. 주님이 강권하시는 바로 그곳으로.

선교의 시작, 정보에 대한 반응! (2019년 9월 28일, 부산의료선교교육훈련원)

아내가 필리핀 선교에 드디어 동의했다. 필리핀 보홀에서 보낸 '선교 휴가'가 한 몫을 한 것 같았다. 그래서 선교 훈련이 필요하여 가족들과 함께 MMF 훈련 과정[46]에 동참했다. '한국 선교 역사'에 관한 강의를 듣는 중에 가장 기억에 남는 문장이 있다.

> 선교의 시작은 정보에 대한 반응이다!

곱씹을수록 무릎을 탁 치게 하는 말이다. 선교 역사를 들어봐도 사람들이 선교지에 대한 정보를 듣고 거기에 대해 반응하는 것으로부터 선교 사역이 시작된다. 기도로 반응하고, 선교 헌금으로 반응하고, 실제 선교사로 나가겠다고 반응하는 것이 선교의 시작이다.

선교학자들에 따르면, 현재 13-15억의 인구가 복음을 듣지 못한 채 죽어 간다. 반경 5km 내에 복음 전도자가 한 명도 없다고 한다. 복음이 전해진 곳에도 바른 신학과 교리를 지속적으로 공급해 줄 사역자가 턱없이 부족하다.

이런 사실을 접하고도 우리가 아무런 반응을 하지 않는다면 과연 복음

---

46 부산의료선교회(Medical Mission Fellowship)에서 주관하는 선교 훈련 과정이다.

에 빚진 자라고 할 수 있겠는가? 모두가 선교사로 나갈 수는 없지만, 어떤 형태로든지 선교적인 반응을 구체적으로 해야 한다! 기도로 반응하든지 선교 헌금으로 반응하든지.

매년 선교지 신학교 강의 사역에 동참하면서 내 안에 늘 빚진 마음이 있었다. 몇몇 선교 현장을 보면서 우리나라의 초기 선교 역사가 떠올랐다. 철벽같은 조선에 십자가의 복음이 뿌리내리도록 수천 명의 선교사들이 희생한 것을 생각하노라면 가슴이 저미어 온다. 죄로 관영(貫盈)한 이 세상에 하나님 나라를 실현하기 위해 당신의 독생자를 희생하신 아버지의 마음이 그들에게 이식된 것이다.

나도 반응할 차례이다. 필리핀 보홀에 대한 정보를 듣고 온 가족이 반응하는 중이다. 언제까지가 될지 모르겠지만 주께서 허락하시는 때까지 그곳에서 바른 신학과 바른 교리를 이식시키는 일에 가족들과 열정을 쏟아야겠다고 마음먹었다. 성령의 능력에 사로잡혀 하나님 나라와 교회를 건설하는 일에 적극적으로 반응해야겠다고 마음먹었다. 선교는 정보에 대한 반응에서 시작된다!

순회 사역자로서의 첫 걸음

선교지로 떠나려고 준비했지만

유례없는 코로나 사태로 좌절,

그러나 새롭게 시작한 선교 지원 사역

새해부터 새롭게 섬기는 공동체 (2020년 1월 6일, 부산 세계로병원)

새해부터 주중에는 세계로병원을 섬기게 되었다. 정확하게는 화요일 하루 출근이다. 선교지로 떠나기 전까지 협동 목사로 섬겨 달라는 요청을 받았다. 세계로병원은 주님 오실 때까지 하나님 나라의 확장을 꿈꾸는 의료인 선교 공동체인데, 모든 직원들이 참으로 도전적인 일상을 살아간다.

사역 포지션이 참 흥미로워졌다. 2019년부터 교회 사역은 파트로 전환했고 이제는 주중에 병원에도 협력하는 파트 사역자가 되었다. 점점 '멀티'가 되어 가는 것 같아 살짝 걱정된다. 이러다 한 가지에 집중하지 못하고 여러 가지 일을 피상적으로 하지는 않겠지.

9월에 필리핀으로 떠날

예정인데 그때까지 젊은 목사가 귀한 공동체를 잘 섬길 수 있을지 모르겠다. 그래서 설교와 강의와 기도회를 통해 하나님 나라의 현존을 함께 누릴 수 있도록 주의 도우심을 구해야겠다. 또한 직원들의 영적 각성과 성장을 위해 내가 섬길 수 있는 부분은 혼신의 힘을 다해야겠다고 다짐했다.

부산에 온 지 4년째로 접어들면서 주께서 나의 사역 범위를 계속 확장해 주신다. 나의 역량을 볼 때 갈수록 역부족이지만, 하나님이 친히 이루어 가실 줄 믿고 새해 첫 월요일 밤을 보낸다. 내일 병원 아침 예배와 저녁 집회에 성령의 은혜가 부어지기를 간절히 기도한다.

달려 나오는 아이들 (2020년 1월 21일, 창녕 전국여전도회관)

창녕에서 겨울 중고생 저녁 집회를 섬기고 있다. 스태프까지 치면 300명 정도 참석했다. 둘째 날 저녁 설교를 마치고 기도 제목을 나누려는데 놀라운 일이 벌어졌다. 갑자기 수십 명의 아이들이 앞으로 달려 나오는 것 아닌가! 그 순간 내가 당황해서 기도 제목을 나누다 말고 물었다.

"너희 지금 앞으로 왜 뛰어나오는 거지?"

아이들은 천사처럼 환한 미소로 그저 반응할 뿐이었다. 그 순간 나는 성령께서 아이들의 심령을 강하게 만지셨다는 확신이 들었다. 누가 시켜서 강압적으로 나온 게 아니라면, 누구라도 마음껏 나와서 기도하며 찬양하자고 말했다.

그랬더니 더욱 많은 아이들이 앞으로 달려 나오기 시작했다. 설교자의 직감으로는 아이들이 은혜를 받아 가만히 앉아 있을 수가 없어서 몸으로 반응하고 싶은 것 같았다. 참으로 감격스러웠다.

한편으로는 기분이 묘했다. 사실 오늘 누적된 피로가 몰려왔는지 설교하는 게 조금 힘들었다. 설교 전에 비염 약까지 먹어서 정신도 약간 몽롱한 상태였다. 그래서 나의 주관적인 느낌으로는 오히려 어제 분위기가 좋은 것 같았다.

하지만 나의 주관적인 느낌과 성령의 역사가 항상 비례하지는 않음을 다시 한 번 경험했다. 설교자가 누릴 수 있는 은혜의 묘미가 바로 그런 데에 있는 것 같다. 설교자의 어설픈 상태에도 불구하고 강력하게 역사하시는 성령의 은혜가 오늘 저녁에도 부어졌다.

중고생 아이들이 이토록 복음에 반응하는 것도 내 경우에는 처음이었다. 특히 기도회가 시작되자 아이들이 '미친 듯이' 기도하기 시작했다. 청중 가운데 기도의 영이 부어지고 있음을 생생하게 느낄 수 있었다. 나도 울먹이며 감격에 사로잡혀 아이들을 품고 열심히 중보 기도를 했다. 내 양심상 주강사라면 반드시 기도회 시간까지 남아서 집회 현장을 위해 힘써 기도해야 한다.

갈수록 나는 확신하고 있다. 십자가의 복음만이 중고생 아이들을 변화시킬 수 있다고 말이다. 아이들에게도 복음의 능력 외에는 인생의 소망이 없다. 이들에게 진정한 만족과 행복을 안겨 줄 수 있는 것은 십자가의 복음뿐이다! 오늘 계속 강조한 것처럼, 바른 교리적 지식을 바탕으로 일상과 맞물린 복음 체험이 앞으로도 계속되기를 기도한다.

기도회 중에 임한 성령 체험 (2020년 2월 14일, 대학청년부 수련회 중)

"목사님, 오늘 기도회 시간에 온몸에 전율이 느껴지고 소름이 돋아서 정말 견디기 힘들었어요. 뭔가 설명할 수 없는 경험이었습니다. 집회실은 더운데 이상하게 추운 것처럼 온몸이 떨리는 것 같았고, 하나님이 저를 자꾸 만지시는 것 같았어요. 이전에는 기도가 나오지 않았는데, 오늘은 제가 진심으로 울면서 하나님께 기도하게 되었습니다. 하나님이 어떤 분이신지 정말 알고 싶어졌고, 성경을 읽으며 기도하고 싶은 마음이 진짜로 생기게 되었습니다."

저녁 집회를 마치고 다 같이 야식을 먹다가 어떤 청년이 들려준 말이다. 이 친구는 자신의 경험이 낯설고 신기해서인지 말하는 내내 흥분을 감추지 못했다. 이제껏 한 번도 맛보지 못한 체험이라서 스스로도 어색해했다. 뭔지 잘 몰라서 꼭 물어보고 싶었다고 했다.

청년들이 담당 교역자의 체험적인 기질을 닮아 가는 것 같다. 저녁 집회 설교를 마치고 기도회를 인도하는데, 성령께서 당신의 임재를 청년들에게 약간 보여 주신 것 같다. 특히 이 친구에게는 온몸에 전율이 흐르고 소름이 돋게 하는 방식으로 보여 주셨다.

사실 오늘은 집회 분위기가 조금 들뜬 것 같아서 설교와 기도회를 의도적으로 차분하게 진행했다. 격한 어조를 삼가고 비교적 잔잔한 가운데 기도회를 인도했다. 그럼에도 성령님은 십자가와 하나님 나라의 복음을 '실체적으로'(substantially) 청중의 존재 내면에 각인시켜 주셨다.

정말이지 성령님은 진공 상태에서 역사하시지 않는 것 같다. 오늘 기도회 시간에 인도자가 내뱉은 복음적 멘트를 통해 당신의 임재를 드러내셨다. 바로 그 청년이 그렇게 증언했다. 내가 내뱉는 말씀(복음)이 들릴 때마다 계속해서 온몸에 소름이 돋아서 정말 견디기 힘들었다고 했다.

이처럼 하나님 말씀은 우리의 실존에 변화를 일으키는 초자연적인 능력이다! 물론 각 사람에 따라 다양한 방식으로 성령 체험이 일어난다. 체험 현상은 다양하더라도 하나님을 사랑하고 그분의 말씀을 사모하려는 마음이 강화되는 것은 모두 똑같다. 기도하고 싶은 거룩한 욕구가 솟구치는 것도 똑같이 일어난다.

여하튼 성령께서 어설픈 설교자를 통해 청년들에게 은혜를 부어 주셨다. 갈수록 청년 자발성이 극대화되는 것 같아서 참 기뻤다. 내가 설교 외에는 일절 간섭하는 것이 없었다. 앞으로도 더욱 성령께서 친히 이끄시는 청년 공동체가 되기를 간절히 사모할 뿐이다.

처음으로 내뱉은 말, '십자가!' (2020년 2월 16일, 부산 부곡중앙교회)

소망부에는 다양한 친구들(20-30대 미혼)이 있다. 매주 휠체어에 온몸이 묶여 오는 친구도 있고, 같은 질문을 죽어라고 무한 반복하는 친구도 있다. 또 내 설교에 최고로 리액션을 해야 직성이 풀리는 친구도 있고, 끊임없이 교사들의 연락처를 캐묻는 집요한 친구도 있다.

그중에서도 좀 특이한 친구가 있다. 4년 전 내가 부임한 이후로 한 번도 목소리를 들어 보지 못한 자매이다. 아무리 말을 걸고 질문을 해도 대답을 하지 않는, 아니 어쩌면 대답을 못하는 친구이다. 지적 장애인의 여러 유형 중 하나로 보인다.

그런데 놀라운 일이 벌어졌다. 1부 설교(사도신경 강해)가 끝나고 2부 순서를 진행하는 교사가 설교 퀴즈를 내고 있었다. 그때 이 친구는 뭔가 대답을 하고 싶어 했고, 교사는 그녀를 앞으로 불렀다. 진행하는 교사가 한 번 더 질문을 들려줬다.

"예수님이 본디오 빌라도에게 고난을 받으시고 어디에 못 박히셨을까요? 오늘은 우리 지수가 과연 말을 할지 지켜보겠습니다."

우리 친구들과 교사들은 웃음이 '빵' 터졌다. 이번에도 선생님이 대신 대답해 줄 거라고 다들 예상하고 있었다. 지금까지 한 번도 말을 내뱉은 적이 없기 때문이다. 진행하는 교사도 지수가 말을 내뱉도록 힘써 돕고 있었다. 그 순간 지수의 입술이 움직이기 시작했다.

"십자가!"

모두들 숨을 죽이고 또다시 귀를 기울였다.

"십자가!"

역시 이 친구가 직접 말을 내뱉고 있었다. 나도 내 귀를 의심했다. 지수의 입에서 또렷한 발음으로 '십자가!'라는 말이 들렸다. 진행하는 교사 말로는 10년 만에 지수 목소리를 들었다고 했다. 그 순간 나는 우리 소망부의 구호가 떠올랐다.

십자가를 자랑하는 소망부!

부임한 후로 한 번도 바꾸지 않은 소망부 구호였다. 우리 주님의 십자가를 자랑하는 소망부 친구들이 되자는 간절한 외침이다. 더 나아가 우리 친구들의 몸에 지닌 그 '십자가'도 자랑스러워하자는 이중적인 의미를 담고 있다.

처음으로 내뱉은 지수의 말, "십자가!"가 하루 종일 나의 뇌리를 스쳤다.

'과연 내가 말을 처음으로 다시 하게 된다면, 가장 먼저 외치고 싶은 그 한마디는 무엇일까? 나중에 주님을 직접 대면했을 때 "율아 네가 가장 자랑스러워하는 그 한마디를 들려줄래?"라고 물으신다면, 과연 나는 "십자가!"를 외칠 마음의 준비가 되어 있을까?'

나는 소망부 친구들과 매주 예배를 드리면서 참 많은 것을 배운다. 주께서 이들의 마음속에 십자가를 살아 있는 신앙 고백으로 새겨 두신 사실을 자주 깨닫는다. 성경과 교리 지식은 비장애인보다 턱없이 부족하지만, 이 친구들의 존재 내면에 심겨 있는 '신 지식'(cognitio Dei)이 참으로 심오하다.

모든 계획을 흔들어 버린 코로나19 (2020년 2월 25일, 부산 세계로병원)

연초 몽골에 갔다가 인천 공항으로 들어오는데 분위기가 심상치 않았다. 중국 우한에서 시작된 코로나19가 무섭게 확산되고 있어 입국자들마다 열을 체크하고 있었다. 그때에는 공항에서만 그런가 보다 했는데 한 달이 지나니까 국내에서도 방역 때문에 난리가 났다.

무엇보다 병원들마다 비상이 걸렸다. 나는 의료인은 아니지만 공교롭게도 병원에 매주 출근해야 하는 '준직원'이기 때문에 각별한 주의가 필요했다. 벌써부터 병원 측에서는 나에게 외부 집회를 자제해 줄 것을 요청했다. 그래서 예정된 모든 집회 일정을 취소하거나 무기한 연기했다. 상황을 지켜보니 나뿐만 아니라 모든 강사들이 코로나19 탓에 더 이상 청중 앞에 서는 건 불가능해졌다.

무서운 전파력 때문에 많은 사람들이 모이면 감염되기가 쉽고 이제껏 보기 힘든 유형의 바이러스여서 예방하는 게 최우선이었다. 교회들도 주일마다 대규모로 회집하는 것이 힘들어져서 예배 참석 인원을 줄이거나 다른 방법으로 예배를 시도해야 했다. 지금까지 경험해 보지 않은 새로운 상황이 한국 교회에 들이닥친 것이다. 코로나 바이러스 때문에 그야말로 혼돈 그 자체였다.

그래서 필리핀 출국 계획도 불투명해졌다. 교수 선교사로 섬기려고 온 가족이 준비하던 중이었는데, 9월에 출국하려던 계획도 이제 장담할 수 없게 되었다. 현지의 선교사님도 일단 상황을 지켜보며 판단하자고 했다. 지난 여름에 필리핀 보홀에 다녀와서 주님이 부르신다는 확신을 갖고 지금까지 준비해 오고 있다. 교회에도 이미 사임 의사를 밝힌 상황이다. 이러다 진짜 출국하지 못하면 모든 계획이 원점으로 돌아갈 상황이다. 그러면 어떻게 해야 할지 우리 부부는 생각해 본 적이 없다.

> '하필 이 시점에 하나님이 코로나19라는 '비상사태'를 맞게 하신 까닭이 무엇일까? 향후 몇 년이 될지 모르겠지만 코로나가 잠잠해질 때까지 선교 준비를 더 하라는 뜻일까? 교회 상황을 볼 때 이건 현실적으로 불가능하다. 그러면 또 다른 길을 가라고 주님이 상황을 몰아가시는 걸까?'

아직은 선교에 대한 확신이 커서인지 다른 길에 대해서는 생각해 본 적이 없다. 이제 와서 다른 걸 준비하기에는 너무나 막막했고 앞이 보이지 않는다. 답답하지만 한동안 안개 속을 걸어야 할 것 같다.

이건 내 거 아니야! (2020년 7월 2일, 부산시 금정구)

선교를 준비하는 동안에 후원자들이 계속 생겨나고 있다. 코로나19 때문에 어떻게 될지 모르지만 그분들은 젊은 목사가 준비하는 선교 사역을 위해 후원하는 중이다. 특히 정기 후원자들은 정말 대단하신 분들이다. 작년까지 나도 몇몇 분을 후원했지만, 이제는 피후원자로서 그분들의 은혜를 크게 입고 있다.

그중에서도 매월 엄청난 금액을 보내 주시는 분이 있다. 개인 후원인지 기관 후원인지 분간이 안 될 정도였다. 그분께 감사 인사를 메시지로 드렸더니 그분은 도리어 전화로 안부를 물으셨다.

> "목사님, 어떻게 지내는지 궁금하고 목소리 듣고 싶어서 안부차 전화했어요. 코로나 중에 선교 준비는 잘되고 있나요?"
> "아직 필리핀 상황이 심각해서 계획한 9월에 들어갈 수 있을지 모르겠습니다. 그나저나 코로나 중에 어려우실 텐데 매월 제가 참 송구스럽습니다."
> "무슨 말씀을요! 저는 수입이 들어오면 선교비로 나가는 건 따로 뗍니다. '이건 내 거 아니야!'라고 늘 생각하지요. 아무리 어려워져도 하나님이 신기하게도 채워 주십니다. 그니까 그런 부담 갖지 마시고 주의 일에 힘써 주세요."

정말 피후원자가 할 말을 없게 만드셨다. 분명히 코로나 때문에 재정 상황이 여의치 않으실 텐데도 어떻게 저런 마음을 품고 계시는지 젊은 목사는 그저 숙연해졌다.

그래서 나도 이분처럼 똑같은 마음을 품기로 했다. 선교비가 들어오면 '이건 내 거 아니야!'라고 분명히 되새기며, 하나님 나라와 교회를 위해 사용하겠다고 말이다. 이런 마음을 지키기 위해 사실 처음부터 '선교비 사용 내역'을 매월 공개하고 있다.

이분뿐만 아니라 매월 당신의 피 같은 수입을 선교비로 보내 주시는 모든 후원자들에게 진심으로 감사를 드린다. 한 푼이라도 허투루 사용하지 않겠다고 하나님 앞과 그분들 앞에서 오늘도 다짐해 본다. 주께서 그분들의 사업과 수입을 그 순수한 마음을 봐서라도 책임져 주시기를 기도한다.

『연애 신학』이 출간되다 (2020년 7월 23일, 부산시 금정구)

폭우를 뚫고 굉장히 신기한 책이 도착했다. 결혼 전부터 강의해 오던 '연애 신학'이 한 권의 책으로 출간되었다. 지금까지 책을 여러 권 출간했지만[47] 『연애 신학』은 출간 전부터 에피소드가 많았다.

2019년, 내 블로그에 올려 둔 간략한 강의안을 보고 어느 출판사로부터 연락이 왔다. 강의 내용을 정리해서 책으로 출간하는 건 어떻겠냐는 것이다. 나는 별로 고민하지도 않고 다시 생각해 보시라고 했다. 우선 청년들이 이 책을 안 좋아할 것 같다고 말했다. 요즘 청년들의 연애관을 정면으로 부정하고 그들이 보기에 '고리타분한' 연애 방식을 소개하기 때문에, 특이한 독자가 아니고서는 찾지 않을 거라는 게 나의 판단이었다.

더구나 강의 제목에서 보듯이 연애를 신학적으로 다룬다. 물론 상담학이나 심리학 등을 인용하지만 강의 구조 자체가 하나님 나라 신학에 기초한다. 학부 시절의 독특한 연애 경험을 바탕으로 신학과 교리에 기초해서 성경적이라고 자부하는 연애관을 소개한다. 그런데 과연 이런 방식의 접근이 요즘 청년들에게 어필이 되겠느냐고 내가 오히려 출판사 대표에게 말했다.

하지만 출판사 대표는 그런 걱정은 자신들이 할 테니 강의 내용을 원고로 써 달라고 했다. 괜히 걱정되는 마음이 있었지만 대표님의 진심을 확인하고 열심히 원고를 쓰기 시작했다. 처음 2주 동안 완전히 몰입해서 절반

---

47 2024년 7월 현재, 저서 8권, 공저 1권, 역서 5권으로 총 14권이 출간되었다.

을 썼고, 몇 주 동안 사역 일정을 소화하다가 그다음 2주 동안 원고를 완전히 마무리했다. 학부 때부터 15년 이상 강의한 내용이라서 그런지 한 달 만에 원고를 완성했다. 탈고 직전에 결혼 전 아내에게 썼던 연애편지를 발견했는데, 글의 흥미를 더해 보려고 시작 부분에 일부 내용을 덧붙였다. 편지 내용이 워낙 특이해서 도리어 책을 지루하게 만들지 않을까 염려되기도 했다.

책이 인쇄되기 한 주 전에는 새벽 기도회 시간에 간절히 기도했다. 『연애 신학』 때문에 출판사가 손해 보지 않게 해 주시고 1쇄라도 다 팔리게 해 달라고 주님께 간절히 아뢰었다. 그리고 진심을 담아서 한 가지 기도를 더 드렸다.

'만일 이 책이 하나님의 섭리 가운데 출간되는 것이라면 한국 교회에 연애관의 회심을 불러일으키는 도구로 사용해 주옵소서.'

임종 직전의 흐느낌 (2020년 8월 11일, 부산 세계로병원)

화요일이 되어 세계로병원에 출근했다. 오후에 외과에서 급한 연락이 왔다. 예상대로 임종 직전의 환자가 병상 세례를 원했다. 오후라서 약간 흐트러진 마음을 가다듬고, 한 영혼을 낙원으로 보낼 준비를 하고 6층으로 향했다.

병실로 들어서는 순간 환자는 겨우 몸을 가눈 채 흐느끼고 있었다. 이 제껏 주님을 모르고 살다가 마지막 순간에 복음을 깨닫고 흘리는 실존적 눈물일까? 임종을 앞둔 환자가 몸을 벌벌 떨면서 세례를 받겠다고 흐느끼는 모습은 젊은 목사의 마음을 찡하게 만들었다.

이번에도 세례를 베풀기 전에 신앙 고백을 확인하는 질문을 드렸다.

"손○○ 씨는 주 예수 그리스도께서 하나님의 아들이심과 죄인의 구주이심을 믿으며, 그 어떠한 상황에서도 나의 유일한 소망이심을 믿습니까?"

임종을 앞두고 대답할 기운조차 없어 그 내면의 확신을 가족들이 함께 대변했다. 환자도 가냘픈 음성으로 "예"라고 대답했다. 목사로서 새 생명이 탄생했다는 확신을 가지고 세례 베풀기를 주저하지 않았다.

"주 예수를 믿는 손○○ 씨에게 내가 성부와 성자와 성령의 이름으로 세례를 주노라!"

그런데 이 과정에서 환자보다 가족의 사연이 더욱 각인되었다. 오직 믿음 하나로 시각 장애인 남편과 결혼해서 어머니까지 천국 복음을 듣게 한 여인의 위대한 인생 스토리……. 조건 따지며 연애하고 결혼하는 요즘 청년들에게 큰 경종을 울린다. 복음적 삶이 무엇인지 새롭게 깨달은 '병상 세례 사건'이었다.

여인에게 임한 하늘의 위로 (2020년 8월 25일, 부산 세계로병원)

병상 세례를 원하는 환자들이 늘었다. 사연을 들어 보면 거의 한결같았다. 평생 완고한 심령이 복음 앞에 어느 한순간에 무너졌다는 내용이다. 그 순간이 오기까지 가족들의 끊임없는 중보 기도가 있었다.

오늘도 오전에 급한 연락을 받고 6층으로 향했다. 담당 과장님에게 상황을 알아보니, 며느리가 시아버지를 위해 정말 헌신적으로 노력했다. 식도암 말기로 언제 마지막을 맞이할지 모르는 상황에서 극적으로 당신이 복음을 받아들이셨다고 한다.

직원들과 함께 병실로 향했다. 이번에는 이사장님도 동석했다. 성경 구절을 한 군데 찾아서 읽고 간단하게 메시지를 들려 드렸다.

"이 세상을 살다가 목숨이 다하면 결코 그것으로 끝나지 않습니다. 예수님께서 이 세상에 다시 오셔서 의인과 악인의 부활을 일으키실 것입니다. 예수님께서 우리를 위해 십자가에 죽으시고 부활하신 것을 마음에 믿으면, 우리가 의인으로 거듭나고 마지막 그날에 의인의 부활을 경험하게 될 것입니다."

다음으로 환자의 신앙 고백을 확인하기 위해 물었다.

"김○○ 씨는 주 예수 그리스도께서 하나님의 아들이심과 죄인의 구주이심을 믿으며, 그 어떠한 상황에서도 나의 유일한 소망이심을 믿습니까?"

환자는 숨이 가쁘지만 분명한 어조로 "예"라고 대답했다. 가족들과 직원들이 그동안 복음 전도에 얼마나 힘을 쏟았는지 단번에 알 수 있었다. 새 생명이 탄생했음을 확신하고, 나는 목사로서 세례 베풀기를 주저하지 않았다.

"주 예수를 믿는 김○○ 씨에게 내가 성부와 성자와 성령의 이름으로 세례를 주노라!"

참으로 감격스러웠다. 그리고 병상을 지키고 있는 며느리의 말이 자꾸

여운으로 남는다.

"목사님, 이 집안에서 저 혼자 예수님을 믿고 있어서 그동안 정말 힘들었습니다. 핍박을 많이 받았습니다. 그런데 한순간에 하나님께서 아버님의 마음을 돌이켜 주셨습니다."

주께서 이 집안에 여인을 선교사로 파송하셨음을 알게 되었다. 수십 년간 홀로 버티면서 한 영혼을 언약 백성으로 만들기까지 여인의 고충이 얼마나 극심했을까. 마스크 위로 드러난 여인의 눈빛에 이제 하늘의 위로가 임했다는 것을 발견할 수 있었다.

벼랑 끝에 서 있는 믿음 (2020년 12월 27일, 부산시 금정구)

정말 벼랑 끝에 서 있는 것 같다. 아무것도 확신할 수 없고 아무것도 계획할 수가 없다. 계속되는 코로나 상황으로 모든 것이 불투명의 연속이다. 9월 출국으로 계획했던 필리핀 선교마저 자욱한 안개 속에 갇혀 버렸다. 문득 히브리서 11장 1절이 떠올랐다.

믿음은 바라는 것들의 실상이요 보이지 않는 것들의 증거니

믿음은 보이지 않는 것들의 증거라고 하지 않았는가. 믿음의 능동적 기능을 이제 작동시킬 때가 왔다는 생각이 든다. 구원론 집필 중에 비중 있게 다루고 있는 이 믿음! 저자의 믿음을 주께서 실제적으로 요구하시는 것 같다.

그런데 마음 한편에서는 이상하리 만큼 평안과 기쁨이 몰려온다. 정신

이 나간 건지 성령께서 주시는 신적 평안인지는 모르겠지만, 지난주부터 하늘의 위로와 기쁨이 내 안에 솟구치고 있다. 밤마다 잠을 제대로 잘 수 없을 정도이다. 내년에 쓰나미 같은 일이 몰려올 징조인 걸까.

분명한 건 지금 나는 벼랑 끝에 서 있다는 것이다. 교회 상황도 그렇고 선교 준비도 그렇고 외부 사역도 그렇고, 그 어느 것 하나 계획할 수 있는 게 없다. 그야말로 벼랑 끝에 서서 주님만 바라봐야 하는 상황이다. 가족의 생계를 책임져야 하는 가장이라 더더욱 그런 마음이 든다.

기도가 실시간으로 나왔다. 모든 걸 주님께 맡기고 조심스럽게 한 걸음씩 내딛겠다고 다짐했다. 내년에 어떠한 상황이 와도 그것이 주께서 이끄시는 가장 선한 길이라고 확신했다. 하나님 나라와 교회를 위해 오늘도 한 발짝 내밀었다는 데 기쁨을 느꼈다.

사택이 생기게 된 기적 (2021년 3월 16일, 부산 세계로병원)

병원 예배실에서 아침 설교를 마치고 나오는 길이었다. 갑자기 직원 한 분이 따라 나오더니 급하게 말을 걸어왔다.

"목사님, 교회를 사임하면 사택을 구해야 한다는 소식을 들었습니다. 저한테 창원에 빈 집이 있는데 세입자가 아직 없거든요. 목사님 5인 가족이 지내시기에는 괜찮을 듯한데 한번 생각해 보시겠어요? 그냥 들어가서 사시면 됩니다."
"어떻게 제 상황을 아시고……. 그럼 집에 가서 아내와 상의해 보겠습니다. 신경 써 주셔서 정말 감사드립니다."

퇴근하고 집에 와서 아내에게 말했는데 생각보다 반응이 시큰둥했다. 부산을 떠난다는 생각을 한 번도 하지 않았다는 것이다. 그래도 나는 하나님의 인도하심일지도 모르니까 진지하게 한번 생각해 보자고 말했다.

어느 날 아내와 시간을 내서 창원에 다녀왔는데 생각보다 집이 괜찮았다. 창원 시내와도 가깝고 부산에서도 1시간이 채 안 되는 거리이다. 어차피 병원 출근도 매일 하는 게 아니기 때문에 크게 부담이 없었다. 아내의 표정을 보니 마음에 들어 하는 것 같았다. 역시 직접 봐야지 마음이 움직이나 보다.

무엇보다 창원 사택이 산 밑에 위치해 있고 동네를 가로질러 맑은 천이 흐르고 있다. 동네가 아주 작지만 양곡초등학교와 양곡중학교가 바로 근처에 있다. 우리 집 삼 형제가 학교 다니기에도 '딱'이었다! 게다가 큰길 건너편에 교회도 보였다. 부담스럽게 크긴 하지만 가족들이 다니기에는 괜찮을 것 같았다. 나는 매주 힘든 교회를 섬기러 아마 따로 다닐 것 같았지만.

사택을 두고 그렇게 기도했는데 주께서 그 기도에 응답하셨다. 이제 개인 사무실을 구해야 했다. 사택에는 나만의 단독 공간이 나올 여유가 없고 또 아들 셋이 조용히 있을 리가 없기 때문에 반드시 개인 사무실이 있어야 했다. 이 또한 주께서 예비해 주시리라 믿었다. 그래서 교회에 마음 편하게 사임 일정을 말씀드릴 수 있었다.

2층 침대 사 주세요! (2021년 6월 1일, 부산시 금정구)

요즘 일곱 살 막내가 눈만 뜨면 내뱉는 말이 있다.

"아빠, 2층 침대 사 주세요!"

그럴 때마다 아빠는 막내의 애교에 넘어가 꼭 사 주겠다고 매번 약속한다. 참으로 희한하지 않은가? 막내는 아빠의 약속을 듣고도 계속 사 달라고 하고, 아빠는 계속되는 막내의 간청에 매번 흐뭇해하며 또 약속해 준다. 이건 논리로는 도저히 설명이 안 되는 상황이다. 약속이 파기되지 않는 한, 간청하고 약속했으면 그냥 기다리면 된다. 막내가 아빠를 못 믿어 그런 것도 아니고, 아빠가 막내한테 사기 칠 사람도 아니다.

이건 논리 언어가 아니라 관계 언어이다. 관계는 논리를 포함하지만 논리를 초월하기도 한다. 우리의 반복되는 기도를 하늘 아버지께서도 그렇게 듣고 계시지 않을까? 분명히 아버지를 신뢰하는데도 매번 간구하고, 아버지는 계속되는 그 간구를 기뻐하시며 당신의 때에 응답해 주시려고 간절히 기다리시고…….

자녀는 아버지의 약속을 신뢰하기 때문에 그 약속에 근거하여 계속 기도하면서 더욱 기다리게 되고, 아버지는 그런 자녀의 모습을 흐뭇해하시며 가장 좋은 것으로 응답해 주시려고 한다. 오늘 아침에도 아들에게 말했다.

> "아빠가 2층 침대 꼭 사 줄 거야. 근데 아직은 아니고 창원으로 이사 가면 사 줄게!"

결코 익숙해지지 않는 이것 (2021년 6월 27일, 부산 부곡중앙교회)

드디어 사임하는 날이다. 아무리 연습해도 익숙해지지 않는 것이 헤어짐이다. 부교역자들은 때가 되면 교회를 이동하기 때문에, 헤어짐에 능숙할 법도 한데 실상은 그렇지 않다. 하나님께서 결코 허락하시지 않는 두 가지를 꼽으라면, 당신을 영원히 떠나는 것과 헤어짐에 대한 익숙함인 것 같다.

사실 이 두 가지는 같다. 당신을 떠나 헤어지는 것이 익숙해지지 않도록 사람들과의 모든 관계에 이미 그것을 심어 두셨다. 정든 사람들과 헤어질 때마다 하나님께서 당신을 떠나려는 그들을 향해 어떤 마음을 품으시는지 느껴보라고 말이다. 그리스도의 한 몸 된 교회이기 때문에 떠남과 헤어짐이 결코 익숙해지지 않는 법이다.

4년 7개월 동안 주님의 몸 된 부곡중앙교회에서 좋은 추억을 많이 쌓았다. 무엇보다 청년들이 복음으로 변화되는 과정을 실제로 목격할 수 있었고 서로가 사랑하고 배려하는 모습이 갈수록 뚜렷해짐을 지켜보았다. 그리고 지적 장애인 친구들과 학부모 및 교사들과 복음 안에서 큰 기쁨을 누릴 수 있었다. 이 모든 것이 내 사역에 큰 밑거름이 되고 있다. 소신껏 사역할 수 있도록 배려해 주신 담임 목사님과 시무 장로님들께 감사를 드리고, 모든 영광을 우리 주 하나님께 돌려 드린다.

선교 부흥회 후기〈1〉: 복음과 성령 (2021년 7월 4일, 김해중국선교교회)

김해에서 중국인들과 함께 첫 번째 천국 잔치를 나누었다. 오전에는 십자가의 복음이 무엇인지, 또 복음의 능력이 어떠한 것인지를 가감 없이 증거했다. 복음의 능력을 경험하려면 성도의 고난이 필수적임을 역설했다! 복음을 믿어 고난을 면제받는 것이 아니라, 복음을 믿기 때문에 오히려 고난이 수반된다고 강조했다.

설교는 좀 어설펐지만 통역하는 자매를 통해 성령의 은혜가 청중 가운데 부어지고 있었다. 고된 노동으로 가뜩이나 힘든 중국인들에게 고난을 역설하는 게 사실 마음이 편하지 않았다. 그럼에도 성령께서 강권하시는 내적 음성에 그냥 순종했다. 십자가의 고난이 그들에게 복음의 능력으로 재현되기를 바라면서.

오후에는 성령 충만에 대해 설교했다. 성령으로 충만하여 베드로처럼 수많은 죄인들을 회심시키기도 하지만, 똑같이 성령 충만하여 스데반처럼 돌에 맞아 죽는 경우도 있다고 말했다. 그래서 성령 충만은 우리가 이루는 결과물에 있는 것이 아니라, 십자가의 복음을 말하는 열정 자체에 있다고 강조했다. 복음 전하다가 대적자들이 이를 갈며 분노해도, 주께서 부으시는 성령 충만은 변함없는 것이라고 했다.

심지어 큰 박해가 일어나 성도들이 흩어져도 성령 충만할 수 있음을 말했다. 스데반의 순교로 예루살렘 성도들이 유대와 사마리아 온 땅으로 흩어지듯이, 중국 성도들도 박해를 피해 흩어짐으로 성령 충만하여 복음 증거에 헌신할 수 있음을 강조했다. 어떠한 어려움이 오더라도 절대 주눅 들지 말라고 도전했다. 성령께서 그대들을 이 시대의 마지막 증인들로 세우셨음을 분명히 믿으라고 권면했다.

오후 설교도 통역사의 열정 때문에 빛을 발했다. 형제의 유창한 통역을 통해 중국인들에게 하늘의 은혜가 임하고 있었다. 통역사들이 모두 중국인이었는데 한국어를 정말 유창하게 알아듣고 말했다. 성령께서 통역사들의 전인격을 주장하고 계심을 생생히 느낄 수 있었다.

무엇보다 기도회 시간이 압권이었다. 성령님이 온 청중 가운데 운행하고 계셨다. 누구보다 이 교회의 담임 목사님이 정말 열정적으로 기도하셨다. 특히 오후에 기도회를 인도하실 때에는 누가 부흥 강사인지 모를 정도로 엄청 뜨거웠다. 평소에 주께서 이 교회에 은혜를 부어 주시는 이유를 금방 알 수 있었다.

첫날 선교 부흥회가 끝났다. 사실 어제는 앉아 있기 힘들 정도로 허리가 아프고 몸살이 심했다. 하지만 정말 신기하게도 첫날 집회를 마치고 나서 거의 다 회복됐다. 복음의 능력이 오늘은 강사에게 치유의 은혜로 임했나 보다. 모든 감사와 영광을 우리 주 하나님께 돌려 드리며 7월 첫 주일을 마무리했다.

선교 부흥회 후기〈2〉: 천국과 소망 (2021년 7월 11일, 김해중국선교교회)

한 주가 지나 두 번째로 중국인들과 함께 천국 잔치를 나누었다. 수도권 코로나 급증으로 좀 걱정했지만, 다행히도 김해 지역 중국인들의 열정을 가로막지는 못했다. 지난주와 거의 동일한 인원이 오늘도 함께하여 위로부터 임하는 성령의 은혜를 맛보았다.

오전에는 천국 복음이 어떠한 것인지 본문에 근거해서 신학적으로 설교했다. 이미 임한 천국과 장차 완성될 천국을 혼신의 힘을 다해 증거했다. 신학과 교리가 '불타는 논리'가 될 수 있음을 생생하게 목격했다. 천국이 어떠한지를 진심으로 말할 때 중국인들의 가슴에 불이 붙고 있음을 느꼈다.

아마도 그들의 고달픈 일상에 정말 큰 위로가 되었기 때문이리라! 계속되는 노동으로 몸이 지치고 중국으로 돌아가더라도 신앙생활이 힘겨운데, 이 모든 것이 극복되는 그 나라가 온다는 사실이 정말 감격스러웠을 것이다. 2천 년 전에 그리스도 안에 임한 천국의 실체를, 이제는 성령 안에서 교회 공동체를 통해 맛보고 있음을 역설했다.

천국 복음을 생생하게 느낀 탓인지 설교가 끝나기 무섭게 박수 소리가 터져 나왔다. 그 순간 심히 당황스러웠지만 하나님께 영광을 돌리는 박수로 받아들였다. 주께서 중국인들의 마음속에 천국의 실체를 심어 주셨음을 확신할 수 있었다.

오후에는 우리의 궁극적인 소망에 대해 설교했다. 신앙을 지킬수록 때로는 우리의 상황이 힘들어지고 그런 우리를 세상이 집요하게 조롱할 수 있음을 말했다. 가뜩이나 신앙 지키기도 힘든데, 그런 나를 비웃으며 "네 하나님이 어느 있느냐?"고 말할 때도 절대 주눅 들지 말라고 도전했다. 대적자들 때문에 뼈를 찌르는 고통이 임해도 나의 소망은 여전히 살아 계신 하나님이어야 한다고 역설했다!

세상이 볼 때 가장 처참하게 살아도 우리는 부활의 소망 때문에 여전히 기뻐할 수 있다고 강조했다. 주께서 재림하실 때 경험하게 될 영광스러운 부활을 진짜로 사모하라고 권면했다. 나의 상황이 고달플 때마다 주님의 십자가를 자랑하며 그 십자가만이 나의 소망임을 굳게 믿으라고 했다! 나의 연약함을 극복해야 하나님의 살아 계심이 증거 되는 것이 아니라, 여전히 내가 연약하고 실패해도 그 가운데서 하나님께 소망을 두고 있다면, 바로 그것이 하나님께서 살아 계시는 증거라고 말했다.

드디어 2주간에 걸친 선교 부흥회를 모두 마쳤다. 네 번의 집회를 통해 주께서 정말 큰 은혜를 우리 모두에게 부어 주셨다. 설교자가 어설펐어도 탁월한 통역사들과, 특히 기도로 중보(도고)하는 동역자들 덕분에 큰 은혜가 임했다. 마지막 집회가 끝나고 회심자들이 울면서 간증하는 그 모습은 아마 평생토록 가슴에 남을 것 같다. 모든 영광을 우리 주 하나님께 돌려드린다.

창원에서의 첫걸음 (2021년 7월 14일, 창원 신촌동)

여기는 경남 창원시 성산구 신촌동. 아직 사택 이사는 못 했지만 사무실부터 세팅하는 중이다. 사택 바로 근처에 거의 40년 된 아파트를 월세로 구했다. 아파트가 오래되고 엘리베이터도 없는 5층이라서 오랫동안 세입자가 없었던 모양이다. 그래서 생각보다 괜찮은 조건으로 임대인과 일단

2년 계약을 했다.

엄청난 폭염 속에서 부산에서 짐을 싸 들고 나 혼자 며칠 일찍 왔다. 여름 사역 일정상 사무실 세팅이 더 급했다. 5층까지 계단으로 하루 종일 짐을 옮기며 왔다 갔다 해 보니 한여름에 정말 할 짓이 아니었다. 다행히 탈진하지는 않았다. 낮에는 찜통 같더니 밤이 되니까 조금 살 만했다.

3일 동안 사무실을 완전히 세팅했다. 마무리하고 나니까 천둥을 동반한 폭우가 내렸다. 수고했다고 하늘에서 내리는 선물이었을까. 창밖에 쏟아져 내리는 폭우를 영상으로 담았다. 에어컨 없이 3일간 불가마 더위를 견디느라 죽는 줄 알았는데 겨우 살 만해졌다. 우산을 쓰고 옥상에 올라가 둘러보니 동네가 정말 예쁘고 마음에 들었다. 뭔가 설레기까지 하고. 갑자기 기도하고 싶어져서 주님께 기도를 올렸다.

'주여,
이곳이 천국을 살아 내는 공간이 되게 하소서.
찾아오는 모두에게 주님의 평안을 주시고
돌아가는 모두에게 거룩한 사명을 안기소서.
하나님 나라를 꿈꾸는 동역자들의 쉼터로,
교회의 영광스러움이 드러나는 오아시스로,
세상을 향해 사랑을 실천하는 처소로 사용하소서.'

기도하고 나니까 갑자기 2년 전에 꿈꾸고 있었던 연구소 사역이 떠올랐다. 생각해 보니 먼 훗날에 가능할 것 같았던 그 일이 코로나 사태로 엄청 앞당겨진 것이다! 아마 처음부터 하나님의 시간표에는 내가 필리핀에 가서 한 곳에서만 교수 선교사로 사역하는 게 없었던 것처럼 느껴졌다. 코로나19가 필리핀 출국을 막아 버린 걸 보면 그게 맞는 것 같다. 이제 하나님의 원래 계획대로 상황이 돌아가고 있는 게 아닐까.

사택 이사 감사 예배 (2021년 7월 23일, 신촌동 삼성빌라)

지난주 사무실 세팅에 이어 사택 이사를 했다. 저녁을 먹고 온 가족이 식탁에 둘러앉았다. 이사를 마무리해 놓고 하나님께 감사 예배를 드렸다.

그런즉 너희는 먼저 그의 나라와 그의 의를 구하라 그리하면 이 모든 것을 너희에게 더하시리라.

온 가족이 마태복음 6장 33절을 크게 읽었다. 아빠의 설교가 시작되자 삼 형제 반응이 제각각이었다. 큰아이는 대답을 잘하는데, 둘째는 동문서답이고, 셋째는 형들 대답을 구경하기에도 바빴다. 아빠가 경건의 모범을 집에서 잘 안 보여 준 티가 팍팍 났다.

7월부터 고정 생활비가 없어도 하나님의 나라와 의를 구하면, 우리 가족의 모든 필요를 주께서 채워 주신다고 굳게 믿으라 했다. 이미 사택과 사무실을 예비해 주셨음을 보라고 했다. 국내에 있지만 해외 선교지에 있는 마음가짐으로 하루하루를 살자고 도전했다. 장차 임할 천국의 소망을 품고 하나님과 이웃을 더욱 사랑하자고 말했다.

별난 가장 때문에 괜히 가족들만 고생하는 것 같아서 자주 미안해진다. 하지만 언젠가는 자녀들이 아빠의 마음을 이해하고 똑같이 천국 복음에 인생을 걸어 줄 거라고 믿는다. 사랑하는 아내에게 늘 감사하고, 어려운 시기마다 함께해 주시는 장모님께도 정말 감사드린다. 그리고 모든 영광과 감사를 우리 주 하나님께 돌려 드린다.

주일 협동 사역 시작 (2021년 8월 1일, 김해 푸른숲교회)

가족들에게 공언한 대로 주일마다 나는 교회를 따로 다니기로 했다. 원래 필리핀에 가서 현지 교회를 섬기려고 한 것 대신에 선교하는 마음으로 국내 어려운 교회를 섬긴다고 했다. 그래서 몇 교회를 추천받았고, 김해에 있는 푸른숲교회를 섬기기로 했다. 50명 남짓한 규모였는데[48] 청년들을 지도할 부교역자가 필요한 상황이었다. 당연히 사례를 안 받고 섬기려고 했는데 교회 측에서 미안한 마음이 든다며 매달 선교 후원금을 보내 주셨다.

주일에 부임 인사를 했는데 성도들이 정말 반갑게 맞이해 주셨다. 무엇보다 담임 목사님의 말씀이 참 좋았고 성도들이 그 말씀 때문에 행복해하는 것 같았다. 청년들은 거의 20대였는데 한 명이 30대 지적 장애 형제였다. 직전 교회에서 5년 가까이 장애인 부서 사역을 해서 그런지 전혀 부담이 없었다. 그동안 청년부 담당 목사가 없어서인지 청년들에게 신앙 훈련이 절실해 보였다. 매주 모임을 하는 것부터 습관이 안 되어 있었고 서로 간의 친밀한 교제가 특히 필요했다.

솔직히 걱정이 앞섰다. 이제껏 풀타임 부목사로 부서 사역을 해 온 것과는 전혀 다른 환경이었다. 그때에는 주중에도 청년들을 만나서 계속 교제를 이어 갔는데, 상황이 달라져 이제는 주일에만 1시간 정도 볼 수 있었다. 물론 주중에도 시간을 내면 되지만, 사택과 교회가 너무 멀고 더구나 주중에 다른 사역 일정이 많아 사실상 여유가 없었다.

그래도 주어진 상황에서 최선을 다해 섬기려 애썼다. 교회가 좀 더 부흥해서 전임 사역자가 청년부를 맡을 때까지 내 역할을 다하려고 애썼다. 내 사역의 특성상 주일에 집회를 인도하러 가느라 빠질 때도 있었는데, 이

---

48 2023년에는 70-80명 규모로 성장했다. 그동안 없었던 주일학교도 어느 전도사님의 헌신으로 세워졌다.

상황을 교회에서도 전적으로 이해하고 배려해 주셨다. 그럼에도 내 기질상 어정쩡하게 섬기는 것이 싫었기에 그 부분도 보완하려 노력했다.

간만에 해 보는 복음 간증 집회 (2021년 11월 9일, 김해동부교회)

정말 오래간만에 복음 간증 집회를 인도했다. 그냥 간증이 아니라 '복음 간증'이다. 내가 알기로 진짜 간증은 인생 대박 사건을 떠벌리는 게 아니라, 복음에 대하여 자신의 회심 사건을 가감 없이 말하는 것이다.

오늘 저녁에 바로 그것을 말했다. 비신자 가정에서 태어난 내게는 신기한 에피소드가 많다. 그중에서도 복음(십자가와 부활) 이해와 관련된 눈물겨운 에피소드도 있고, 하나님의 부르심을 계속 거절하다가 결국 저항할 수 없는 은혜에 굴복한 에피소드도 있다. 소위 열심히 신앙생활했더니 이러저러한 복을 주시더라는 식의 간증(?)은 하나도 없다. 오히려 반대이다. 나의 모난 기질에도 불구하고, 나의 어설픈 순종에도 불구하고, 주께서는 넘치는 은혜와 사랑을 부어 주셨다. 나는 그 간증을 소상하게 들려주었다.

결과는 놀라웠다! 모든 청중이 폭발적으로 반응하는데 사전에 목사님들이 연습을 시킨 줄 알았다. 집회 전에 담임 목사님이 반응이 별로 없을 수도 있다고 겁을 주셨는데 혹시 일부러 거짓말을 하신 건 아닐까?

아무튼 성령께서 청중의 심령을 압도하고 계심을 강단에서도 생생하게 느낄 수 있었다. 복음에 대한 설명이 아니라, 복음에 대하여 실제로 반응하고 행동하는 사건에 청중이 목말라하고 있음을 깨달았다. 복음은 사상이나 철학 따위가 아니다. 한 인생을 실제로 변화시키는 하나님의 초자연적인 능력이다! 죄인을 의인으로 개혁시키는 전능자의 사랑이다.

이러한 복음 간증을 앞으로도 계속 해 보고 싶다. 오늘 같은 열광적인 분위기는 당분간 다른 집회에서는 보기 힘들 것 같았다. 아마 담임 목사님이 평소에 교인들을 잘 훈련시킨 결과 때문이지 싶다.

잠들기 전에 아내랑 (2022년 2월 8일, 창원 신촌동)

잠들기 전에 흥분된 말투로 아내에게 하나님 나라에 대해 말했다. 장차 도래할 새 하늘과 새 땅, 즉 완성된 천국(하나님 나라)에서의 삶이 기대되지 않느냐며 호들갑을 떨었다.

죽어서 우리 영혼이 들어가는 낙원(중간 상태)도 정말 영광스럽지만, 이 땅에 도래할 영원한 천국에 비하면 그 영광의 정도가 덜하다. 그리스도의 재림 때 우리의 영혼과 육체가 결합하여 영광스러운 부활체로 삼위일체 하나님과 영원토록 살아가는 이 세상이 곧 천국이다. 지금 상태와는 비교할 수 없을 정도로 영광스럽게 변화될 것이다.

그래서 우리 성도들은 이 땅에 지대한 관심을 가져야 한다고 아내에게 말했다. 우리가 밟고 있는 이곳에 천국이 임하기 때문이다! 온 세상을 완전한 천국으로 만들어 우리에게 상속시켜 주시겠다고 하셨기에(롬 4:13), 우리의 보상은 가장 실제적이고 최고로 풍성하다. 십자가를 통과한 우리는 최고의 보상을 기대하며 살아야 한다.

예전부터 나는 천국 이야기만 하면 정말 가슴이 벅차고 설렌다. 주님이 얼른 오셔서 하나님 나라(천국)를 생생하게 펼쳐 주시면 좋겠다. 그날이 심히 그립고 기대가 된다. 지금 하는 모든 일들이 그날을 위한 것임을 확신하며 오늘도 하나님 나라를 꿈꾸다가 잠든다.

원목으로 임명되다! (2022년 5월 17일, 부산 세계로병원)

부산 세계로병원 원목으로 임명되었다. 2019년에 부흥 사경회를 두 차례 인도한 것이 인연이 되어 이듬해 1월부터 협동 목사로 섬기다가 이제

공식적으로 원목이 되었다. 물론 선교 지원 사역도 창원에서 계속 병행한다. 원목 사역은 화요일과 주일 오후에 집중될 예정이다. 주일 오후 3시 30분부터 환우들을 위한 예배를 인도하는데, 나에게는 이 예배가 매주 '공예배'가 될 것 같다. 지역 교회의 담임 목사와 같은 심정으로 매주 환우 예배 때 환우들과 직원들을 말씀으로 섬겨야겠다.

가끔 했던 직원 상담과 병실 심방 및 병상 세례도 이제 본격적으로 시작해야겠다. 협동 목사일 때는 뭔가 애매한 포지션이었는데, 공식적으로 원목이 되고 '정직원'이 된 후로는 소신껏 직원들을 만나고 병실도 방문해야겠다. 병원 원목이라는 특수 사역이 처음이지만 나의 기질과 잘 맞아서 그런지 전혀 어색하지가 않다.

이제 나의 제1 프로필은 '부산 세계로병원 원목'이다. 큰 병원처럼 매일 상주하는 원목은 아니고 선교에 특화된 원목이다. 특히 선교지 신학교 교수 사역을 병행하는 '선교 원목'이라고 해야 할까. 코로나 이후로 혼란스러웠던 나의 정체성을 조금씩 찾아가며 점점 안정감을 느낀다. 아무튼 하나님 나라와 교회 건설을 위해 더욱 힘쓸 것이다! 주님이 오시는 그날까지.

율이 형, 저 교회 다녀요 (2022년 8월 13일, 진주 망경동)

진주에서 청년 집회를 섬기고 있다. 둘째 날 저녁 집회를 마치고 한숨 돌리려고 산책하는 중이었다. 늦은 밤인데 갑자기 모르는 번호로 전화가 왔다. 그냥 무시하려다가 혹시나 싶어 통화 버튼을 눌렀다.

"율이 형, 저 병창이에요! 잘 지내시죠?"

"오, 그래? 병창이도 잘 지내지? 안 그래도 안부 궁금했었어."

"율이 형, 저 교회 다녀요!"

"정말이야?"

순간 두 귀를 의심했다. 병창이는 어릴 때 형편이 힘들어서 내가 매일 점심 값을 주고 성경 말씀을 들려주던 학교 후배였다. 그때 나는 고등학생, 병창이는 중학생이었다. 그 당시 병창이가 잠시 교회 다니다가 그 후로는 교회를 떠났었다.

그러다가 페이스북을 통해 간간이 소식을 접했지만, 최근 몇 년 동안에는 아예 연락이 없었다. 나는 병창이가 신앙생활하기를 간절히 바라고 있었다.

놀랍게도 26년 만에 나의 기도가 응답되었다. 청주 옥산에 있는 교회에 출석하는 중이라는데 정말 정말 하나님께 감사하며 기뻐했다. 어릴 때 내 친동생처럼 아끼고 도와주던 병창이가 여전히 나를 기억하고 교회 다닌다고 연락을 할 줄이야!

더구나 이 친구가 다음 주에 식당을 오픈하는데 개업식에 나를 꼭 초대하고 싶다고 했다. 청주에 와서 하룻밤을 묵으며 그동안 못다한 이야기를 하자고 했다. 또 자기를 전도한 친구도 소개해 주고 싶다며, 나중에 자기가 다니는 교회에 설교하러 와 달라고 간곡히 부탁을 했다.

정말로 나는 환호성을 지를 뻔했다! 오래전에 한 영혼에게 뿌린 말씀의 씨앗이 26년이 지나서 마침내 열매를 맺는 순간을 경험했다. 역시 하나님은 당신이 정하신 때에 당신의 자녀들을 정확히 부르시나 보다.

26년 만의 심방 (2022년 8월 17일, 충북 청주시)

창원에서 오전 10시 버스를 탔다. 왕복 8시간 거리이지만 26년 만에 한 영혼을 만나러 가는 기쁨 때문인지 마냥 설레기만 했다. 아직 내 머릿속에는 까까머리 중학생 이미지가 선명한데 지금은 어떻게 변해 있을지 참 궁금했다. 버스 의자에 몸을 맡겨도 좀처럼 잠이 오지 않았다.

청주 터미널에 도착해 급한 마음에 택시를 탔다. 도착해서 병창이를 만나자마자 서로를 얼싸안고 반가워했다. 신기하게도 둘 다 외모가 한결같다며 마치 26년 전으로 돌아간 기분이라고 했다. 한참 개업 준비 중인 식당에 들어가 보니 일곱 살 된 아들이 있었다. 다행히도(?) 아빠를 안 닮고 엄마를 닮았다. 제수씨는 오늘 처음 만났지만 평소에 병창이가 내 얘기를 많이 해서 그런지 별로 어색하지가 않았다.

사실 식당 개업은 며칠 후에 하는데 그날 내가 집회 일정 때문에 갈 수가 없어 급하게 방문한 것이다. 살인적인 스케줄에 몸은 지쳐 있었지만 26년 만의 극적인 만남을 가로막을 순 없었다. 착한 심성을 가진 병창이가 이제는 사장님이 되어 권율 형에게 고기를 배 터지게 대접했다. 26년 전에 내가 한동안 밥값을 건네준 걸 한꺼번에 대접받는 기분이었다.

병창이가 가족들과 함께 교회에 등록한 건, 하나님이 붙여 주신 믿음의 사람이 있었기 때문이다. 사업체를 여러 개 가지고 있으면서도 겸손하고 무엇보다 선교적 마인드가 강한 성도였다. 병창이랑 나이가 같아서 친구로 지낸다고 했다. 부디 친구 사업이 잘되도록 계속 지켜보며 도와주시길 기도했다.

하룻밤 자고 가라는데 일정상 도저히 불가능해서 저녁에 다시 내려왔다. 내려오는 버스 안에서 병창이에게 카톡 메시지를 보냈다.

사랑하는 동생 병창이에게

26년 전부터 형은 이미 병창이를 친동생처럼 마음에 품고 있었어. 개업 축하금을 많이 못 줘서 참 미안하네. 이제는 교회에 잘 정착해서 열심히 신앙생활하고 믿음의 가정 꼭 꾸려 나가길 바랄게. 제수씨 정말 좋은 사람 같으니까 잘해 주고, 아들 민준이가 기도를 잘한다던데 나중에 큰 인물로 주님이 키워 주실 거야! 하나님이 보내신 좋은 친구가 옆에 있어서 식당 사업도 잘 풀릴 거라고 믿어. 형도 틈틈이 기도할게! 나중에 성공하면 형이 하는 선교 지원 사역도 좀 도와줘. 그럼 다음에 또 청주에 놀러갈게!

_병창이에게 아낌없이 주고 싶은 율이형

환우들의 심금을 울린 설교 (2022년 10월 9일, 부산 세계로병원)

얼마 전 몽골 선교를 다녀와서 체력은 바닥이었지만 영적으로는 충만해진 느낌이 들었다. 그래서인지 오늘 환우 예배 설교 때 성령께서 강하게 역사하셨다. 늘 그랬지만 설교 중에는 한 번도 나 자신에게 만족한 적이 없다. 오늘도 여전히 버벅거리고 말이 꼬이고 스스로에게 실망하고 있었다. 이러다 주님이 뭐라고 하실까 봐 걱정하는 마음까지 들었다.

그런데도 주님은 어설픈 설교를 통해 환우들에게 은혜를 부어 주셨다. 예배를 마치고 분명히 엘리베이터를 타고 다들 내려가셨는데, 조금 이따가 두 분이 다시 예배실로 찾아오셨다.

"목사님, 정말 죄송한데 기도 좀 부탁드려도 되겠습니까?"
"죄송하긴요. 당연히 제가 할 일입니다. 어디가 제일 불편하신가요?"

두 분 중에 주 권사님은 그동안 힘든 교회 일을 도맡아 하시며 거의 탈진 상태에 계셨다. 당신에게 은사가 있어 귀신 들리고 병든 성도들이 계속 찾아오는데, 정작 당신은 심신이 약해져 안식할 수 없었다. 본인도 암으로 고생하시는데 계속 암 환자들이 기도 받으러 찾아온다고 하셨다.

축귀나 치유 은사가 있는 성도에게는 나도 은사 사역을 한다고 밝힌다. 그러면 그 즉시 마음을 열고 더욱 자신의 사역을 소개하기 시작한다. 이런 분들의 특징이 있는데, 대화 중에 영적 권위가 느껴지면 목사의 모든 말을 '아멘'으로 받아들인다. 이때 목사들이 정말 조심해야 한다. 하나님 말씀의 권위만 서도록 언행을 극도로 삼가야 한다. 목사에게 마치 영권(?)이 있

는 것처럼 경거망동하는 것은 참으로 곤란하다.

나는 주님의 마음으로 주 권사님의 이야기를 경청하며 함께 울었다. 그간 얼마나 힘드셨던지 대화하는 내내 울먹이셨다. 기도를 부탁하셔서 나는 필사적으로 기도했다. 성령께서 권사님의 마음에 위로와 평안을 부어 주시도록.

옆에 있던 옥 집사님은 설교 중에 큰 위로를 받았다고 하셨다. 이제껏 자신이 뭔가 잘못해서 병이 생기고 아픈 줄 알았는데 그게 아니라는 설교 말씀에 충격을 받으셨다. 설교 중에도 강조했지만, 죄의 형벌로서의 고난은 주님의 십자가에서 완전히 끝이 났다! 우리의 죄 때문에 우리는 더 이상 질병과 고난 같은 형벌을 당하지 않는다. 간혹 징계의 차원에서 사랑하는 마음으로 질병과 고난을 허락하실 때 말고는.

옥 집사님을 위해서도 간절히 기도했다. 현재의 질병 때문에 마음의 불안함에 빠지지 않도록 은혜를 부어 달라고 간구했다. 혹여나 불안해지더라도 그 즉시 주님의 십자가를 붙들고 부활의 능력으로 다시 일어서게 해 달라고 간절히 기도했다. 옆에 계신 주 권사님도 기도 소리에 덩달아 "아멘, 아멘" 하셨다.

환우들이 신앙 상담과 기도 요청을 할 때 원목은 최고로 기쁘다. 아버지 하나님의 마음도 그와 같지 않을까. 연약한 당신의 자녀들이 찾아와 도움을 청할 때 기쁘게 반응하는 당신의 그 마음을 잠시 묵상해 본다.

두 분이 엘리베이터를 타시면서 남긴 말이 계속 여운으로 남는다.

"목사님, 퇴원하고도 목사님 보고 싶을 때 찾아와도 되지요? 매주 이 시간에 오면 목사님 볼 수 있는 거지요?"

"그럼요! 본 교회 잘 섬기시다가 안식이 필요하면 언제든지 오셔도 됩니다. 얼른 회복해서 퇴원부터 하시고요."

성찬 씨와의 짧은 추억 (2022년 12월 4일, 창원 상복동)

우리 동네에 간암 말기로 고통 받는 주민이 있었다. 지인의 소개로 알게 되었는데 정말 마음씨 착한 30대 중반의 성찬 씨였다. 교회는 다니지 않았다. 성찬 씨는 얼마 전 간암 말기 판정을 받았지만, 병원비 때문에 치료를 포기했다. 병원에서는 더 이상 손쓸 수 없다고 했다.

성찬 씨의 사연이 참 기구했다. 부친의 알코올 중독으로 어릴 때부터 이혼 가정이 되어 버렸고, 가정을 떠나 할머니 밑에서 자랐다. 성인이 된 후로는 성찬 씨가 할머니를 부양했고, 작년에 할머니까지 소천하셨다. 그 후로 건강이 안 좋아져 병원에 가 보니 암세포가 이미 온몸에 퍼져 있었다. 이제는 낡은 오피스텔에 가만히 누워 마지막을 기다리고 있었다. 여자 친구가 24시간 내내 옆에서 간병했다. 그녀의 인생도 참 기구했다. 폭력을 휘두르는 전남편과 자식을 뒤로하고 새 인생을 시작하려고 성찬 씨를 만난 건데 이런 상황이 생길 줄이야.

나는 원목의 본능이 발동되어 아내와 함께 성찬 씨를 살피러 갔다. 살이 극심하게 빠지고 복수가 가득 차 있었다. 정말 안타까운 심정으로 잠시 복음을 나누고 간절히 기도했다. 무엇보다 살려고 하는 의지를 회복시켜 달라고 기도했다. 다윗의 자손 예수님을 바디매오처럼 부르짖게 해 달라고 기도했다.

"다윗의 자손 예수여, 나를 불쌍히 여기소서!"

성찬 씨는 호흡이 힘겨웠지만 다윗의 자손 예수님을 부르기 시작했다.

"다…윗…의 자손… 예…수님… 저를 불…쌍…히… 여…기…소…서…"

잠시 후에 살고 싶다는 의지가 생겼는지 이렇게 말했다.

"목사님, 저도 수술이 가능한가요?"

성찬 씨의 말을 외면할 수가 없었다. 그래서 내가 속해 있는 세계로병원에 어렵게 부탁해서 입원을 시켰는데 역시나 결과는 동일했다. 이제 곧 생을 마감하게 되니까 마음의 준비를 하시라고……. 나는 성찬 씨를 위해 모금을 시작했는데 348만 원이 들어왔다. 마지막을 준비할 때 조금이라도 도움이 되고 싶었다. 그는 2주 만에 세상을 떠났다. 그의 여자 친구를 데리고 장례식장에 가서 사랑의 손길(모금액)을 전달했다. 과연 성찬 씨의 내면에 복음의 씨앗이 심겼을까.

CTS 방송국에서 연락 옴 (2022년 12월 15일, 부산 세계로병원)

병원 총무팀에서 연락이 왔다. CTS 방송국에서 출연 요청이 들어왔는데 얼른 답변을 달라는 것이다. 순간 뭐지 싶었다. 방송국마다 나를 지켜보고 있던 걸까. 정확히 2년 전에는 C채널 방송국에서 연락이 와서 '힐링 토크 회복 플러스'에 출연했었다. 얼마 전에는 SBS 방송국에서 다른 일로 연락이 오기도 했다. 상황이 안 맞아서 촬영은 불발됐지만.

오늘은 CTS 방송 '내가 매일 기쁘게' 작가님이 낭랑한 목소리로 전화를 주셨다. 간증 토크쇼로 진행할 건데 녹화에 응해 주실 수 있냐고 물으셨다. 진행은 최선규 아나운서와 김지선 개그우먼이 하실 거니까 그냥 편하게 간증 스토리를 들려주면 된다고 하셨다. 대화를 마칠 때쯤 갑자기 궁금해졌다.

"작가님, 근데 어떻게 저를 알게 되셨어요?"
"제가 『연애 신학』에 관심이 많아서 목사님 관련 기사를 살펴봤거든요. 간증 스토리를 본 게 있어서 그걸 저희 제작진들에게 보고했더니 목사님 모시자고 한 거예요."

역시 이번에도 『연애 신학』이 한 건 한 거였다. 2년 전 방송 출연 경험이 있어서 그런지 긴장보다는 설렘이 밀려왔다. 그 주간에 무슨 일이 생길 것 같은 예감이 들었는데 그게 이거였구나!

CTS 방송 녹화를 마치고 (2022년 12월 27일, 서울 노량진)

CTS 방송 '내가 매일 기쁘게' 녹화를 마쳤다. 아내와 같이 출연할 뻔했지만, 아내가 극구 거부하는 바람에 나 혼자 출연하게 되었다.

평소에 유창성 장애가 있는데도 정말 신기한 건, 방송이나 설교 또는 강의 중에는 아무렇지도 않다는 것이다. 2년 전 C채널 방송 때에도 그랬고, 오늘 CTS 방송 녹화에서도 동일했다. 하나님께서 내가 사역 때만큼은 당신을 의지하게 하시려고 이렇게 만드셨나 보다.

TV로만 보던 최선규 아나운서와 김지선 개그우먼을 실제로 만난 것도 참 신기한 경험이었다. 이분들의 신앙이 정말 진지하고 뜨겁다는 걸 오늘 대화 중에 확인할 수 있었다.

그런데 원래대로라면 간증 토크로 진행되는 거였는데, 갑자기 진행자

두 분이 『연애 신학』 이야기를 너무 많이 하셔서 내가 오히려 당황스러웠다. 『연애 신학』에 관한 내용은 2년 전 C채널에서 이미 집중적으로 다룬 적이 있어 개인적으로는 간증 스토리를 더 많이 들려주고 싶었다. 사실 많이 아쉬웠다.

그럼에도 이렇게 된 데에는 하나님의 섭리가 있음을 믿는다. 간증 스토리는 언젠가 CBS 방송 '새롭게 하소서'에 출연해서 집중적으로 들려주고 싶다. 이러다 정말 출연 요청이 들어오는 건 아니겠지.

완전 신기한 신년 에피소드 (2023년 1월 1일, 창원 양곡교회)

우리 집 앞 큰길 건너에 큰 교회가 있다. 사실 매주 가족들이 출석하는 교회이다. 신년 첫날, 첫 주일에 아리따운 사모님들이 화기애애하게 대화를 나누고 있었다. 그중에 막 부임한 어느 부목사님의 사모님이 느닷없이 책 이야기를 꺼냈다.

> "제가 『연애 신학』을 읽고 결혼하게 되었어요. 결혼 전부터 남편이랑 이 책으로 스터디를 하면서 결혼 준비를 했답니다. 책 내용이 정말 좋더라구요."
> "그래요? 이 책 저자가 남편인 사모님이 여기 있어요!"
> "네? 정말요? 세상에 어떻게 이런 일이……."

아내도 주일마다 출석하는 교회라서 마침 그 현장에 있었다. 아내는 자기가 무슨 연예인이라도 된 기분이었다고 한다. 아내가 집에 와서 오늘의 에피소드를 들려주는데 어찌나 내 마음이 뿌듯해지는지. 그동안 아내를 무지하게 고생시킨 안 좋은 추억들이 하나씩 묻히는 기분이다. 사실 『연애 신학』의 절반은 아내 덕분에 쓸 수 있었다.

과도한 선교비는 거절하기 (2023년 2월 21일, 창원 신촌동)

1월에 출연했던 CTS 방송을 보고 선교 후원자가 되신 분이 있다. 방송 당시에는 필리핀 선교 중이라 연락을 못했는데 한국에 돌아와서 서로 통화를 하게 되었다. 첫 통화 때부터 굉장히 특이한 분으로 느껴졌다.

이것저것 물어보시면서 당신이 그동안 선교사들을 돕다가 고충을 당하신 경험을 장시간 토로하셨다. 순수한 마음으로 시작했다가 이용당하신 적이 자주 있었다고 한다. 혹시나 나도 그런 사람인가 싶어 염려하시는 마음에 계속 질문하시는 것 같았다. 질문의 의도는 알겠지만 솔직히 기분이 나빴다.

당연히 나는 그런 사람이 아니다. 재정 문제는 하나님 앞에서 투명해야 한다는 생각에 매월 초에 선교비 사용 내역을 정확하게 공개한다. 또 모든 후원자들에게도 매월 동일하게 보고를 드린다. 그리고 필요 이상의 후원 요청은 절대 하지 않는다.

아무튼 1월부터 몇 차례 선교비를 보내 주신 그분이 오늘도 연락을 주셨다. 한 달간 나를 어떻게 지켜보셨는지 모르겠지만, 갑자기 존경스럽다고 '고백'하시며 주님이 감동을 주셨다고 하면서 이번 달 말에 또 거금을 보내 주고 싶다고 하셨다.

나는 조금도 고민하지 않고 정중하게 거절했다. 말씀만으로도 감사하니까 다른 분에게 양보하고 싶다고. 그래도 그분은 물러서지 않으셨다. 나도 물러서지 않았다. 이런 '실랑이'는 기분 나쁘지 않게 잘 거절해야 한다.

"정 그러시다면 제가 다음에 선교지에 나갈 때 정중하게 부탁드리겠습니다."

이런 일들 덕분에 선교 지원 사역을 계속할 수 있다. 주께서 여러 동역자들을 붙여 주셔서 깊은 감사를 드릴 뿐이다.

갑자기 뜨거워진 기도 손, 그러나… (2023년 5월 21일, 부산 세계로병원)

4월에 있었던 일이다. 환우 예배를 마치고 나가려는데 어느 분이 기도를 요청하셨다. 상황을 들어 보니, 얼마 전부터 온몸에 부기(swelling)가 심해지고 이제는 걸음걸이가 불편할 정도가 되셨다고 했다. 다음 날부터 초정밀 검사가 시작되는데 원목의 기도를 받고 싶으셨나 보다. 마스크 위로 드러난 어르신의 눈빛에서 기도의 능력을 바라는 마음을 느낄 수 있었다. 나는 주님의 심정으로 무릎에 살짝 손을 얹고는 간절히 기도하기 시작했다.

> "살아 계신 하나님, 박○○ 님의 회복을 위해 기도합니다. 성령으로 안수하셔서 치유의 광선을 발하여 주시고, 하늘의 위로와 평안을 충만히 내려 주옵소서!"

그런데 신기한 현상이 일어났다. 갑자기 내 손이 뜨거워지기 시작했다. 마치 손난로를 쥐고 있는 듯한 느낌이었다. 사람 살이 맞닿아 서서히 따뜻해지는 느낌이 아니라, 갑자기 어떤 뜨거운 기운이 내 손을 관통하는 것 같았다.

기도를 마치고 환우 분을 병실까지 모셔다 드렸다. 마침 같은 병실의 다른 환우를 위해 기도하러 가려던 참이었다. 나는 박○○ 님과 대화를 좀 더 나누면서 아까 보여 주신 하나님의 사인(sign)을 들려 드렸다.

> "어르신, 아까 기도 중에 사실 제 손이 갑자기 뜨거워졌습니다. 아무래도 주께서 어르신의 몸을 속히 회복시켜 주시려는 신호인 것 같습니다."

"목사님, 사실 저도 그때 신기한 경험을 했습니다. 목사님의 손이 닿는 순간, 어떤 뜨거운 기운이 제 몸으로 확확 들어오는 것 같았습니다. 순간 제가 당황해서 어쩔 줄 몰랐습니다. 오늘 설교 말씀대로 성령님이 저를 회복시켜 주신다는 확신이 듭니다. 감사드립니다."

그다음 날 초정밀 검사 결과가 나왔는데 이제 더 이상 손쓸 수 없는 상황이었다! 보호자는 청천벽력 같은 결과를 듣고 절망했다. 병실에서 나랑 상담하다가 잠시 쓰러지기도 했다. 아직은 본인에게 말하지 말아 달라고 간곡히 부탁하셨다.

하지만 더 이상 숨길 수 없었다. 주치의는 환자 분에게 모두 다 말했다. 그런데 당사자는 자신의 결과를 듣고서도 전혀 요동하지 않았다! 하나님을 신뢰하는 절대적인 믿음이 그분에게 있는 것 같았다. 병실에 찾아갔을 때 그분이 들려주신 고백이다.

"목사님, 저는 목사님이 기도해 주실 때 하나님이 함께하신다는 확신이 들었습니다. 지금 정말 아무렇지도 않습니다. 하나님이 살아 계시고 저를 지켜주신다고 확신합니다. 제 생명은 하나님의 것이기 때문에 목사님이 기도해 주신 대로 이루어진다고 굳게 믿습니다. 만일 주님이 부르시면 가야지요."

옆에 있던 보호자도 며칠 전과는 완전히 달라져 있었다. 놀라운 평안함이 그분의 표정에 깃들여 있었다. 병실 심방하면서 이런 경우는 정말 처음 봤다. 부활의 소망이 아니고서는 절대 이런 상황이 일어날 수 없다.

하지만 환자 분의 증세가 더욱 악화되어 다른 병원으로 옮기게 되었다. 염려하시는 보호자 권사님의 마음을 안심시켜 드리며 수송 구급차 앞까지 배웅해 드렸다. 이후 다른 병원에 잘 도착하셨다는 연락을 받았다. 보통 퇴원한 환자나 보호자에게는 연락을 잘 안 하는데, 한 주가 지나 이분의 안부가 궁금해서 견딜 수 없었다.

> "권사님, 오늘도 고생 많으시죠? 박 집사님은 좀 어떠세요?"
>
> "목사님, 우리 남편 천국 가셨어요. 그런데 숨이 멈추는 순간에도 천사의 얼굴을 하고 평안한 모습이었습니다. 누가 봐도 신기할 정도로 환한 얼굴에 아주 평안하게 누워 계셨어요. 세계로병원에 다시 가고 싶다고 몇 번이나 말씀하셨는데 그게 자꾸 마음에 걸리네요."

소천 소식을 듣고 정말 가슴이 아프고 내 마음도 복잡해졌다. 지난달 하나님이 보여 주신 그 '사인'은 도대체 무어란 말인가? 고민하다가 이내 그 의미를 깨달았다. 어떤 상황에서도 하나님을 절대 신뢰할 수 있는 믿음! 심지어 그것이 죽음이라고 해도 전혀 요동치 않는 믿음! 죽음의 순간에도 하늘의 평안과 기쁨을 누릴 수 있는 믿음! 이 믿음이 이미 그분에게 심겼다는 뜨거운 사인이었다.

새 차를 선물 받다 (2023년 7월 18일, 창원 신촌동)
연초에 방송을 보고 연락 주신 권사님이 또 전화를 주셨다.

> "목사님, 요즘 기도하는 중에 계속 목사님이 생각나서 전화하네요. 혹시 필요한 거 없으세요?"
>
> "네, 권사님. 기도 감사합니다. 딱히 필요한 건 없습니다."
>
> "아니, 그러지 말고 말씀해 보세요. 원래 목사님들이 필요한 게 있어도 말을 못

한다는 걸 잘 알아요. 혹시 타고 다니는 차는 멀쩡해요? 차가 필요하면 말씀해 보세요."

그 순간 소름이 돋기 시작했다. 며칠 전에 아내가 아반떼(2009년식)를 몰고 가다가 엔진이 고장 나서 큰일 날 뻔했다. 곧바로 정비소로 갔다는데, 만약에 이 상태로 고속도로를 주행했으면 정말 대형 사고를 당했을 거라고 정비 기사님이 말했다고 했다.

권사님과 통화 중에 잠시 성령의 인도하심을 구했는데 그냥 말하라는 감동을 주셔서 지금 상황을 솔직히 말씀드렸다.

"사실 저희 차가 너무 오래되고 저희 6인 가족(장모님 포함)이 타고 다니기에는 정말 비좁긴 합니다. 최근에 엔진이 퍼져서 큰 사고가 날 뻔했고요."

"목사님, 그러면 얼른 새 차를 주문해 주세요. 제가 지금 병원에 입원 중인데 며칠 후에 퇴원하고 곧바로 차 값을 부칠게요. 하나님이 저한테 지금 가지고 있는 돈을 얼른 털어 버리라고 하셔서 저는 말씀에 순종하는 것뿐입니다. 가족들이 다 탈 수 있는 카니발 같은 큰 차로 주문하세요."

그 순간 이게 무슨 일인가 싶어서 무척 당황했다. 나는 정신을 가다듬고 권사님과 실랑이를 벌이기 시작했다. 10분 이상 서로가 거절하기를 반복했다. 내가 거절하면 권사님이 나의 거절을 거절하시고, 그걸 내가 거절하면 권사님은 또 거절하시고……. 결국 권사님의 강권에 못 이겨 깨끗하게 항복했다.

권사님과 통화를 마치고 나서 연초부터 아내에게 했던 말이 떠올랐다. 조만간 어느 분이 최소 천만 원 이상 후원하실 것 같다고. (그때만 해도 권사님을 알기 전이었다.) 그때마다 아내는 무슨 근거로 그렇게 말하냐고 비웃었지만, 나는 기도할 때마다 마음속에서 그런 확신이 솟구쳐 올랐다. 그것이 어느덧 현실로 이루어졌다. 그것도 천만 원의 몇 배가 넘는 차량 후원금으로. 아무튼 성령께서 주시는 생각은 저항할 수 없는 신적 확신을 가지게 한다.

카니발 타고 찾아뵙기 (2023년 7월 31일, 전남 여수)

차량 후원을 하신 권사님을 찾아뵈려고 가족들을 다 태우고 휴가차 여수로 출발했다. 권사님의 분부대로 2주 전에 신형 카니발(9인승)을 주문했는데, 때마침 한 대가 나온 게 있어 한 주 만에 새 차를 인계받았다. 이번 여름 휴가는 정말 편하게 보낼 것 같다. 그동안 휴가 때마다 무더운 날씨에 6인 가족이 정말 힘들었는데, 이제부터는 그럴 필요가 없어졌다. 이 은혜는 가족들에게 평생 기억될 것 같다.

창원에서 2시간이 걸려 권사님 댁에 도착했다. 연초부터 전화 통화만 가끔 했을 뿐이지 그동안 서로 본 적이 없었다. 대문을 열고 들어가는 순간 깜짝 놀랐다. 예상과는 전혀 달리 권사님은 정말 소박하게 살고 계셨다. 마당에 풀이 무성했고 여러 장독이 곳곳에 놓여 있었다. 몸이 많이 불편하셔서인지 집안 청소가 거의 안 되어 있고, 오래된 세탁기와 가전제품 등으로 온 집이 어지럽혀 있었다. 잡동사니들이 왜 그렇게 많이 쌓여 있는지 눈으로 보고도 의심할 정도였다.

"권사님, 저희가 청소를 좀 해 드릴까요?"
"아녜요, 목사님. 여기 있는 것들이 저한테는 선교 물품입니다. 국내 힘든 교회들마다 제가 보내려고 모아 둔 겁니다. 겉으로는 이래 보여도 쓸 만한 거예요.

그리고 저는 저를 위해서는 돈을 안 씁니다. 하나님이 주신 돈이니까 선교하는 일에 제 수입을 거의 다 씁니다.”

권사님의 말씀을 듣는 내내 우리 가족은 충격을 받았다. 몇 천만 원이 넘는 차량 후원금을 한꺼번에 보낼 정도라면 경제적으로 여유가 있고 사는 집도 크고 깔끔할 줄 알았는데, 당신이 사시는 모습을 보니 오히려 사역자들의 일상이 사치처럼 느껴졌다. 몸도 불편하신데 찾아오는 사역자들을 극진히 섬기시고 당신의 물질을 어떻게 하면 다 흘려보낼까를 항상 고민하셨다. 오래전에 남편을 여의시고도 주님을 굳건히 의지하며 당신의 여생을 복되게 보내고 계셨다.

오늘 처음 뵈었는데도 마냥 오래 알던 사이처럼 반기셨다. 자신의 물질과 재산이 선교하는 일에 쓰임 받는다는 자체를 최고의 기쁨으로 생각하셨다. 그동안 여러 선교사와 개척 교회 목사들을 돕다가 사기도 많이 당하셨다고 했다. 겉으로 그럴 듯한 명분을 내세우며 권사님의 물질을 빼앗으려는 삯꾼들 때문에 그간 속앓이를 많이 하신 모양이었다. 이제야 권사님이 처음 통화할 때 나를 그토록 테스트하신 이유를 깨달았다. 혹시 나도 그런 부류인가 싶어 노파심에서 그렇게 하셨던 모양이다.

하나님의 일하심은 참으로 신비롭다. 어떻게 이런 분에게 나 같은 사역자를 알게 하시고 심지어 일상의 필요까지 섬세하게 신경 쓰도록 섭리하시는 걸까. 이런 분들을 위해서라도 더욱 순전한 마음으로 선교 지원 사역에 힘써야겠다. 이번 여름 휴가는 우리 가족에게 평생 잊지 못할 추억이 될 것이다. 주께서 부디 권사님의 건강을 지켜 주시기를 기도한다.

순회 설교자로 살아가기 (2023년 8월 30일, 김해 푸른숲교회)

오늘부로 지난 2년간 주일 협동 사역으로 섬기던 교회를 결국 사임했다. 사임한 이유는 단 하나. 어정쩡하게 교회를 섬기는 내 모습이 하나님 앞에서 정말 죄송했기 때문이다. 아무리 협동 목사라고 해도 부서를 맡고 있으니 주일에 출타할 때마다 늘 마음에 걸렸다. 내 사역의 특성상 주일 집회가 많은데 그때마다 청년들을 간사님께 맡기고 나간다는 게 굉장히 무책임하게 느껴졌다.

정작 교회에서도 청년들도 다들 괜찮다고 했지만 나 스스로가 괜찮지 않았다. 청년부 분위기는 처음 부임했을 때보다 상당히 좋아졌지만 더 이상의 신앙 교육이 내 상황에서는 불가능했다. 이제는 청년부를 담당하는 전임 사역자가 와야 할 때라고 생각했다. 주일마다, 그리고 주중에도 청년들과 밀착해서 이들에게 목회적 돌봄을 힘쓸 수 있는 분이 부임해야 한다고 생각했다. 나는 '그분'이 오시기까지 세례 요한의 역할을 했을 뿐이다.

그때부터 나는 매주일 순회 설교자로 살아가기로 결심했다. 주일 오후에 병원 예배 시간만 겹치지 않으면 오전이나 오후나 설교를 요청하는 교회에서 하나님의 말씀을 힘써 증거하겠다고. 사실 당시까지도 그런 포지션으로 비슷하게 사역해 오고 있었다. 그때마다 담임 목사님과 성도들에게 어찌나 죄송한 마음이 들던지.

이제는 고정된 교회 사역을 완전히 내려놓고 주일마다 한국 교회 전체를 품고 순회 설교자로 살아가야겠다. 나에게는 '담임'보다는 '순회'라는 말이 잘 어울리는 것 같다. 선교지도 여러 곳을 순회하면서 교수 사역을 감당하고 있는 걸 보면.

나의 목양지, 세계로병원 예배실 (2023년 9월 3일, 부산 세계로병원)

　주일 협동 사역하던 교회를 그만둔 후로 이제는 병원 예배실이 나의 목양지라는 사실이 더욱 실감났다. 오늘 환우 예배 설교 중에 그런 마음이 마구 솟구쳤다. 전에도 그랬지만 지역 교회 담임 목사의 심정으로 병원 예배실에서 본격적인 목양을 시작했다. 오늘따라 몸이 아픈 환자들을 바라보며 설교하는데 나도 모르게 마음이 울컥했다. 당신을 찾아오는 병자들을 바라보시던 예수님의 마음이 이런 것이었을까.

　아픈 환우들 앞에서 고난을 주제로 설교하는 건 여러 모로 부담이 된다. 그럴지라도 복음을 믿는 우리의 인생길은 고난과 맞닿아 있으며, 주님을 사랑하기 때문에 그 고난이 의미가 있고 심지어 '행복'일 수가 있다는 사실을 역설했다. 우리의 주관적인 느낌으로서의 행복이라기보다, 우리의 환경이나 조건과는 무관하게 위로부터 부어지는 '신적인 행복감'이라고 해야 할까.

히스기야왕의 기도에서 그런 상태를 엿볼 수 있다. 선지자 이사야에게 죽음을 통보받은 후에 그가 하나님께 눈물로 기도하는 장면이다.

> 보옵소서 내게 큰 고통을 더하신 것은 내게 평안을 주려 하심이라 주께서 내 영혼을 사랑하사 멸망의 구덩이에서 건지셨고 내 모든 죄를 주의 등 뒤에 던지셨나이다 _사 38:17

하나님이 큰 고통을 더하신 이유가 큰 평안을 주려 하심이라니! 치유를 얻어 내기 위한 얄팍한 기도가 아니라, 하나님 앞에서 진심을 토로하는 히스기야의 눈물 어린 고백이다. 그것도 죽음을 앞둔 상황에서 말이다. 이것은 자신의 형편이나 상황과는 무관하게 위로부터 부어지는 신적인 평안이요 신적인 행복감이다! 히스기야의 그런 마음이 모든 환우들에게도 똑같이 재현되기를 원목으로서 늘 소망한다.

오늘도 환우들의 표정에서 변화가 일어나는 걸 목격했다. 하늘의 위로와 평안을 성령 안에서 느낄 수 있었기 때문이리라. 앞으로도 예배실로 찾아오는 영혼들을 주님의 심정으로 반기며 말씀과 기도로 힘써 섬겨야겠다. 주께서 더욱 은혜를 베풀어 주시기를.

인생의 후반전을 내다보며 (2023년 11월 8일, 창원 신촌동)

40년이 넘는 인생 이야기를 마침내 정리했다. 그동안 써 놓았던 일기들 중에 참신한 것들을 골라 매끄럽게 다듬었다. '적자생존'이라는 말이 있다. 적자생존(適者生存)은 환경에 적응하는 자가 살아남는다는 뜻이지만, 적자(write)생존은 글을 적는 자가 살아남을 수 있다는 뜻이다. 어릴 때 글 솜씨는 별로였지만 인생의 아픔을 겪으며 글로 표현하고 승화시키는 습관이 있었다. 글을 적으면서 살아왔다고 해도 과언이 아니다.

앞으로의 40년은 글로 어떻게 표현될지 참 궁금하다. 일상의 순간들을 포착해서 거기에 의미를 부여하고 창조주의 섭리를 하나씩 깨닫는 과정을 글로 담아 내고 싶다. 이제 인생의 후반전을 시작한다. 요즘 기대 수명이 늘어나 50부터 후반전이라고 하는 게 적절할까 싶지만, 또래에 비해 10년 먼저 살아온 사람 같다는 지인들의 말에 따라 나는 지금부터 인생의 후반전이라고 생각한다.

인생의 후반전에는 아마 더욱 성숙되어 있지 않을까. 성장보다는 성숙을 추구하고 싶다. 성숙 없는 성장은 영적 비대증을 가져올 뿐이다. 뭔가 많이 알고 많이 누리는 것 같지만 그건 격에 맞지 않는 요란스러운 외형이다. 인생의 전반전에서 성장에 집중했다면, 인생의 후반전은 성장과 함께 성숙에 더욱 힘써야겠다.

그러다 보면 하나님이 나를 지으신 창조 목적에 좀 더 가까워지고 있겠지 않을까? 사랑하는 아내와 아들 셋과 함께 그분이 이끄시는 인생의 후반전을 향해 전진할 것이다. 이웃을 사랑하고 세상을 섬기는 선교적 삶을 지금처럼 살 것이다. 주님이 다시 오셔서 온 세상을 아름답게 바꾸실 그날을 꿈꾸며.

참고 문헌

『성경전서 개역개정판』. 서울: 대한성서공회, 2005.

『성경전서 새번역』. 서울: 대한성서공회, 2001.

Novum Testamentum Graece. Edited by Barbara Aland, Kurt Aland, Johannes Karvidopoulos, Carlo M. Martini, and Bruce M. Metzger, 28th ed. Stuttgart: Deutsche Bibelgesellschaft, 2012.

The Holy Bible. English Standard Version. Wheaton: Crossway Bibles, 2016.

The Holy Bible. New King James Version. Nashville: Thomas Nelson, 1982.

권율. 『연애 신학』. 서울: 샘솟는기쁨, 2020.

손동희. 『나의 아버지 손양원 목사』. 서울: 아가페, 1994.

이재철. 『청년아 울더라도 뿌려야 한다』. 서울: 홍성사, 2002.

로이드 존스, 마틴. 『부흥』. 정상윤 옮김. 서울: 복있는 사람, 2007.

루이스, C. S. 『고통의 문제』. 이종태 옮김. 서울: 홍성사, 2005.

_____. 『순전한 기독교』. 장경철, 이종태 옮김. 서울: 홍성사, 2002.

싯처, 제럴드 L. 『하나님의 뜻』. 윤종석 옮김. 서울: 성서유니온선교회, 2002.

웨스트민스터 총회. 『원문을 그대로 번역한 웨스트민스터 소교리문답(영한대조)』. 권율 옮김. 서울: 세움북스, 2018.

Bauer, Walter. *A Greek-English Lexicon of the New Testament and Other Early Christian Literature, Revised and edited by Frederick William Danker*, 3rd. ed. Chicago: The University of Chicago Press, 2000.

Calvin, John. *Institutes of the Christian Religion*. Translated by Henry Beveridge. Peabody: Hendrickson Publishers, 2008.

Kennedy, John W. *The Torch of the Testimony*. Jacksonville: SeedSowers Christian

Publishing, 1984.

대구구지초등학교 홈페이지. "학교발자취 게시판". https://guji.dge.es.kr/gujie/hm/hist/selectHistList.do?mi=10040103 (2023년 11월 8일 검색).

대구소프트웨어마이스터고등학교 홈페이지. "학교연혁 게시판". https://dgsw.dge.hs.kr/dgswh/hm/hist/selectHistList.do?mi=10091614 (2023년 11월 8일 검색).

두산백과. "게실염". 『네이버 지식백과』. https://terms.naver.com/entry.naver?docId=1209856&cid=40942&categoryId=32774 (2023년 11월 8일 검색).

_____. "당뇨병". 『네이버 지식백과』. https://terms.naver.com/entry.naver?docId=926835&cid=51007&categoryId=51007 (2023년 11월 8일 검색).

_____. "묵동초등학교". 『네이버 지식백과』. https://terms.naver.com/entry.naver?docId=1171988&cid=40942&categoryId=34665 (2023년 11월 8일 검색).

_____. "영남일보". 『네이버 지식백과』. https://terms.naver.com/entry.nhn?docId=1127181&cid=40942&categoryId=31755 (2023년 11월 8일 검색).

예수원 홈페이지. "설립자 소개 게시판". http://www.jabbey.org/bbs/content.php?co_id=sel02 (2023년 11월 8일 검색).

한국민속대백과사전. "당산나무". 『네이버 지식백과』. https://terms.naver.com/entry.nhn?docId=1022189&cid=50222&categoryId=50228 (2023년 11월 8일 검색).

한국민족문화대백과. "달성산업단지". 『네이버 지식백과』. https://terms.naver.com/entry.nhn? docId=534447&cid=46631&categoryId=46631 (2023년 11월 8일 검색).

한국민족문화대백과사전. "강신무". 『네이버 지식백과』. https://terms.naver.com/entry.naver?docId=565506&cid=46655&categoryId=46655 (2023년 11월 8일 검색).

한국향토문화전자대전. "성요셉복지재단". 『네이버 지식백과』. https://terms.naver.com/entry.nhn?docId=2578028&cid=51931&categoryId=54239 (2023년 11월 8일 검색).